江苏沿江地区土地开发强度与布局研究

段学军　金志丰　等　著

科　学　出　版　社

北　京

内 容 简 介

　　控制土地开发强度、优化国土空间开发格局是当前国土资源管理工作中的重要课题。本书介绍了江苏沿江地区土地开发利用历程、现状与特征，分析了土地开发与经济社会发展的相互关系，评价了江苏沿江地区土地开发强度并分析了主要影响因素，探讨了土地开发强度阈值的确定方法、土地合理开发强度及土地开发优化布局的模拟与调控等问题，并结合江苏沿江地区土地开发的实际情况，提出了江苏沿江地区土地利用调控的政策建议。

　　本书可供政府管理和决策部门在工作实践中应用，也可供经济地理学、土地资源管理与资源环境学等领域的研究人员和高等院校师生参考阅读。

图书在版编目（CIP）数据

江苏沿江地区土地开发强度与布局研究/段学军等著. —北京：科学出版社，2016.11

　　ISBN 978-7-03-050838-6

　　Ⅰ.①江…　Ⅱ.①段…　Ⅲ.①土地资源–资源开发–区域开发–研究–江苏　Ⅳ.①F323.211

中国版本图书馆 CIP 数据核字（2016）第 283081 号

责任编辑：周　丹　沈　旭/责任校对：彭珍珍
责任印制：张　伟/封面设计：许　瑞

科 学 出 版 社 出版
北京东黄城根北街 16 号
邮政编码：100717
http://www.sciencep.com

北京教图印刷有限公司 印刷
科学出版社发行　各地新华书店经销
*
2016 年 11 月第 一 版　开本：720×1000　1/16
2016 年 11 月第一次印刷　印张：14
字数：283 000

定价：89.00 元
（如有印装质量问题，我社负责调换）

前　言

　　土地是一种有限的不可再生资源，同时也是人类生存和社会经济发展不可替代的物质基础和空间载体，是人类创造财富的基本源泉。土地利用是人类最古老最基本的生产活动，与人类生存与发展的许多社会及生态问题紧密相关。但近年来，以建设用地总量为表征的土地开发规模随着人口数量增长、经济水平提高及城市化进程加快而日益增长，建设用地"摊大饼"式的过度扩张也引发了土地利用效益低、结构不合理、生态环境恶化等一系列不能忽视的问题。合理控制土地开发强度，调整土地利用空间结构，促进生产空间集约高效、生活空间宜居适度、生态空间山清水秀，成为当下土地利用的主要目标。因此，如何控制建设用地的过度扩张，维持一个合理的土地开发强度，优化土地开发的合理布局，是当前国土资源管理工作中的重要课题。

　　江苏沿江地区是我国区域经济发展速度最快、经济总量规模最大的区域之一，该区域范围包括江苏省沿长江的南京、镇江、苏州、无锡、常州、扬州、泰州、南通 8 市，总面积 4.96 万 km^2。该区位于长江三角洲平原地区，以低山缓岗和平原为主，属亚热带湿润季风气候，气候温和，雨量适中，四季分明。该区处于我国沿海与沿江生产力布局主轴线的结合部，是长江三角洲的重要组成部分。2012 年，总人口达到 4941.2 万，地区生产总值 43575.2 亿元，分别占长江三角洲地区的 47.8%和 48.4%。伴随快速的工业化与城镇化，近年来江苏沿江地区建设用地快速扩张，建设用地面积从 1996 年的 78.1 万 hm^2，扩大到 2011 年底的 120.9 万 hm^2，增加了 54.80%，建设用地的快速扩张对生态环境的胁迫作用日益增大，严重影响了该区域的可持续发展。

　　依据区域土地利用自然条件与经济社会战略布局，科学确定土地开发强度，是落实协调经济发展和耕地保护、优化空间布局与协调区域建设用地需求政策的关键所在。本书通过梳理近年来有关土地承载力、建设用地空间布局、土地开发调控等方面的研究成果，对土地合理开发强度内涵进行了分析和界定，并建立了基于资源禀赋、生态安全、经济-生态价值损益的土地开发阈值确定方法，构建了基于社会经济发展要素关联分析和建设用地空间布局多情景模拟的土地合理开发强度确定和建设用地优化利用的理论研究框架，探讨了江苏沿江地区土地开发强度阈值和土地合理开发强度问题，并结合南通、泰州和太仓等典型城市的深入分析，建立建设用地节约集约利用以及布局优化模型，提出江苏沿江地区建设用地合理布局的方案思路以及对策建议。

　　本书是在多项省市课题的支持下,由段学军和金志丰总体策划编写,杨清可、秦贤宏等参与编写完成的。在课题研究、实地调研和数据收集过程中,得到了江苏省国土资源厅、江苏省土地勘测规划院、江苏省城市规划设计研究院以及南通、泰州、太仓等市国土资源局、城市规划局等有关领导、专家及同行的大力支持、悉心指导和热心帮助,在此一并表示最衷心的感谢。江苏沿江地区经济发达,土地利用变化快速,土地利用相关问题突出,特别是土地开发强度与空间优化布局的研究,涉及的要素众多,机理复杂,无论在理论上还是方法上,均需进一步完善和发展。由于作者水平有限,加之时间仓促,书中恐有不妥和疏漏之处,敬请广大读者批评指正。

段学军

2016 年 8 月

目　录

第一章 绪 论

第一节 背景与意义

控制土地开发强度，优化发展格局，是当前国土资源管理工作中的重要课题。党的十八大报告提出"控制开发强度，调整空间结构，促进生产空间集约高效、生活空间宜居适度、生态空间山清水秀，给自然留下更多修复空间，给农业留下更多良田，给子孙后代留下天蓝、地绿、水净的美好家园"；国家"十二五"规划纲要也提出"规范开发秩序，控制开发强度，形成高效、协调、可持续的国土空间开发格局"。同时，在省域层面，江苏省"十二五"规划提出"树立空间开发新理念""构建全省建设开发、农业生产和生态保护三大空间，进一步优化国土开发格局"。而依据各区域土地利用自然条件以及经济社会战略布局，科学确定土地开发强度，是落实协调经济发展与耕地保护、协调各区域建设用地需求政策的关键所在。

土地开发强度是指建设用地占总土地面积的比重，土地合理开发强度是指一定的经济发展水平下建设用地占总土地面积的最佳比重。开展土地合理开发强度研究主要具有如下意义。

（1）促进土地资源的集约高效利用

合理的土地利用应按照建设资源节约型社会的要求，严格控制建设规模，努力转变土地利用方式，加快由外延扩张向内涵挖潜、由粗放低效向集约高效转变。本书提出的土地开发阈值和合理开发强度的研究思路和方法，对于建设用地规模的确定、土地利用结构的优化、建设用地空间扩展管理以及土地资源高效利用有重要的现实意义。

（2）实现区域社会经济与资源环境的协调发展

从土地开发强度影响因素视角考虑区域自然条件、经济社会发展水平、粮食安全及生态承载力等的约束作用，研究区域土地开发合理规模，确定建设用地开发的最大规模，对于防止建设用地盲目扩张，避免区域土地过度开发引起的资源环境问题，实现区域社会经济与资源环境的协调发展，具有重要的指导意义。

（3）满足土地开发科学管理的需要

区域土地资源情况千差万别，经济发展速度、产业结构布局对用地的需求也各不相同。有限的土地资源必须合理配置才能发挥其最大效益。因此，确定土地开发的合理规模和限制规模是土地管理部门实现土地开发科学管理需要解决的重要问题。

（4）为土地利用总体规划的编制与实践提供政策依据

在全国土地利用总体规划中，要实现到 2020 年耕地保有量不得少于 18 亿亩[①]的目标，必须严格控制建设用地规模。因此，在土地利用总体规划中有关建设用地指标的分配，在城镇土地扩张中的规模控制等问题都成为焦点。土地开发强度阈值与合理开发强度的测算可以为这些问题的决策提供参考。

第二节　相关概念解析

一、土地开发强度

土地开发强度是用来衡量区域建设空间开发程度，并评估其合理性的一个重要指标。土地开发强度的内涵界定包括三方面的内容：一是对土地开发数量及变化程度的度量，即区域建设用地开发比例的度量，称为土地开发的"广度"；二是建设用地开发的结构、功能和效益，称为土地开发的"深度"；三是在社会经济生态等各影响因素的制约下建设用地开发的最大规模和最高投入强度，称为土地开发的"限度"。

中国科学院樊杰研究员（2013）在主体功能区划中把"国土开发强度"界定为"已建设用地占整个国土面积的比重"，实质上仅考虑了土地开发的"广度"。本书综合建设用地开发"广度""深度""限度"三方面的内涵，提出了土地开发的强度内涵，即一定时期内，结合区域自然社会经济条件，在维持社会经济生态系统稳定的前提下，建设用地的开发具有合理的空间和规模，此时的建设用地规模占国土规模的比重，称为土地开发强度。

二、土地集约利用

土地集约利用是在特定时段中、特定区域内的一个动态的相对的概念。它是指在现期和可以预见的未来条件下，在满足城镇发展适度规模、获得最大规模效益和集聚效益的基础上，以功能合理布局、优化用地结构和可持续发展为前提，通过增加集约要素投入、改善经营管理等途径来不断提高城市土地的使用效率并取得更高的经济、社会和生态环境效益。

---

① 1 亩≈666.67m²。

三、土地开发强度阈值

"阈值"一般来说就是指临界值，反映的是一种临界状态，是对某一事物数量限度和范围的度量，当事物本身数量变化超过临界值时，事物的状态就会发生改变。而土地开发强度阈值应该是对土地开发数量变化的某临界值的度量，当超过临界值时，土地利用系统的状态发生改变。

四、土地合理开发强度

从上述分析可以看出，土地开发广度和深度都有一定的限度。在同样的自然经济背景下，土地开发深度越大，土地利用越集约，相应的建设用地需求量就越小，即土地开发广度就越小。土地开发广度和深度都只能局限在一定的范围以内。土地开发广度和深度的关系，取决于区域人口、经济、资源和环境的相互关系（陈逸等，2013）。

因此，所谓土地合理开发强度，就是在土地开发限度的范畴内，合理的土地开发广度、深度的集合，即一定经济社会阶段和特定资源禀赋、地理环境背景下，经济社会发展与耕地资源保护相协调、生态环境保护空间与建设空间相协调、其他资源环境要素利用与土地资源开发利用相协调的区域土地开发空间、规模、结构的体现。需要指出的是，区域合理土地开发强度具有阶段合理性、区域差异性、要素协同性的特征，即合理土地开发强度是区域经济社会发展特定阶段的具体体现；不同地区由于发展阶段、资源禀赋、生态需求等存在差异，导致土地合理开发强度存在差异；同时，土地合理开发强度不仅是简单的建设用地占比，而是经济、社会、资源、环境等多要素相互作用的结果，土地合理开发强度体现了这些要素之间的协同性。

第三节 相 关 研 究

随着经济的发展，城镇化的推进，建设用地的空间扩展日益成为现在乃至将来一定时期内土地利用变化的主要特征，城市化带来的建设用地扩张已成为人类对土地利用的重要作用方式之一。人口的快速城市化导致城市空间的无序蔓延，给区域资源环境造成了巨大的压力，导致人地关系日益紧张。中国城市的快速增长始于改革开放以后。1978～2012年，中国的城市化率由18%上升到52%，城市建设水平、居民收入和生活条件都有了极大的改善，尤其是东部沿海地区的城市发展活力被充分释放出来。但与此同时，一些大城市边缘区的土地开发失控，建设用地无序蔓延情况严重，而区域经济差异引起的建设用地布局空间差异也日益明显。大量研究表明，城市化往往引起林地、草地、耕地和湖泊等土地类型向建设用地的转化，从而导致社会、经济和环境的进一步变化。一方面，耕地减少将给区域粮食安全问题带来一定的压力；另一方面，建设用地的大肆扩张对生态系统造成了持续强烈的人为干扰，给区域生态安全和社会经济的持续健康发展带来了严重的威胁。

为此，20 世纪 60 年代以后，西方社会开始关注城市扩展带来的各种环境问题及其经济社会后果。区域层面的区域管治、城市增长联盟，大都市区、城市层面的精明增长、增长管理、新城市主义、城市 TOD、城市增长边界，以及城市形态、社区尺度层面的紧凑城市、社区 TOD 等相关理论和对策相继提出。中国的城市化过程相对滞后，因此，20 世纪 90 年代以来人们才开始关注建设用地的快速扩张。研究的重点主要是建设用地扩张的驱动机制、扩张的形态和扩张的效应等，并且主要集中在案例研究和方法探讨上，而对于理论的研究则相对薄弱和零散。建设用地面积的过度扩张会带来大量的负面效应，学者们已经达成共识。然而，迄今为止，关于何为"过度"还没有足够明确和统一的认识，关于城市空间扩张是否超过合理限度的大部分论断都停留在经验判断的阶段。

中国目前正处于经济快速发展时期，城市化和基础设施建设对建设用地仍然有较高的需求，一定时期内土地利用变化仍然主要体现在农业及生态等其他用地类型向建设用地的转变。如何确定区域建设用地的合理规模、降低建设用地扩张对农业及生态空间的胁迫程度，已经成为事关生态安全、食物安全、经济安全的大问题。在现有的经济发展格局下，如何充分发挥土地资源的调控作用，支撑和保障国家均衡发展战略的实施，也是土地资源管理研究需要回答的问题。鉴于此，本书提出了"土地开发强度"这一概念，力图从强度的视角研究建设用地的合理开发规模和空间优化布局问题。

中国科学院樊杰研究员在主体功能区划中曾提出"国土开发强度"的概念，指的是"已建设用地占整个国土面积的比重"。在对比了我国与发达国家国土开发强度后，其认为我国存在着国土空间无序开发、国土开发强度过高等问题。由于国土是指一个主权国家管辖下的地域空间，包括领土、领空、领海和根据《国际海洋法公约》规定的专属经济区海域的总称，是一个比土地更为广义的概念，并涉及主权管辖的含义。本书研究的对象主要是建设用地规模，因此提出了"土地开发强度"的概念。

目前国内外与土地开发强度相关的研究主要集中在土地承载力、建设用地扩张、建设用地发展控制以及建设用地优化配置等方面。土地承载力一般指的是一个地区一定的生产水平下所能持续供养的人口。由于土地开发强度是一个地区一定的经济发展水平下建设用地的最佳规模，而人口数量直接影响建设用地规模，因而土地承载力与土地开发强度关系密切。此外，虽然区域土地开发强度和土地承载力承载的对象不同，但都受到区域自然经济生态等因素的多重制约。建设用地扩张的特征和模式决定着建设用地布局的基本形态；建设用地扩张的影响因素和驱动机制则引导着建设用地扩张的方向；建设用地扩张带来的经济、社会和生态的影响，更是制约其扩张规模的决定因素。此外，建设用地优化配置在于把土地利用方式与土地适宜性、经济目标进行合理匹配，从而形成合理的土地利用结构，这正是土地开发强度的研究目的。

一、土地承载力

土地承载力是区域土地开发强度确定的重要参考依据。1921 年，帕克和伯吉斯在有关的人类生态学研究中，提出了承载能力的概念。他们认为，可以根据某一地区的食物资源来确定区内的人口承载能力，这是最早的关于土地承载力的概念。20 世纪 70 年代开始，在人口急剧增长（主要是发展中国家）和需求迅速扩张（主要是发达国家）的双重压力下，以协调人地关系为中心的承载力研究再度兴起，而土地承载力的研究也得到了进一步的发展。其中，最具有影响力的就是联合国粮食及农业组织在发展中国家进行的土地人口承载力研究，其重点集中在（农业）资源承载力，一般是指一定地区的土地所能持续供养的人口数量，即土地人口承载量（population supporting capacity of land）（FAO，1982）。

我国人口承载力的系统研究开始于 20 世纪 80 年代，其中最有代表性的是由中国科学院自然资源综合考察委员会主持的"中国土地资源生产能力及人口承载量研究"（陈百明，1991）。该项研究探讨了无具体时间尺度的理想承载力，回答了中国不同时期的食物生产力以及可供养人口规模，并提出了提高土地承载力、缓解中国人地矛盾的具体办法。在此研究中，中国科学院自然资源综合考察委员会为土地资源人口承载力下的定义是："在未来不同时间尺度上，以预期的技术、经济和社会发展水平及与此相适应的物质生活水准为依据，一个国家或地区利用其自身的土地资源所能持续稳定供养的人口数量"。这个定义将经济、社会和文化等因素跟自然因素相结合，从理论和实践两个方面深化了土地承载力的内涵，在资源、资源生态、资源经济科学原理指导下，立足于资源可能性，开展了以系统工程方法为依据的综合动态平衡研究。

由于土地利用的目标不仅仅是保证粮食安全，还应该包括促进土地资源与社会、经济和环境相协调。土地作为经济社会发展和环境的承载体，其承载力研究不应局限于耕地，尤其是我国快速工业化、城市化对建设用地需求激增的背景下，更是如此。因此土地承载力的研究内容愈加丰富，不再仅仅围绕"耕地—粮食—人口"而停留在"养活多少人口"。孟旭光等（2006）认为，"土地承载力应该是在一定时期，一定空间区域，一定的社会、经济、生态环境条件下，土地资源所能承载的人类各种活动的规模和强度的限度"，土地承载力应该分成耕地人口承载力、建设用地承载力和土地生态承载力三个层次。据此提出了土地综合承载力的概念。从一定意义上说，土地综合承载力可以作为人类社会、经济、环境协调作用的中介和协调程度的表征。

二、建设用地扩张

建设用地的扩张与城市发展是密不可分的，因此，关于建设用地扩张的研究都是从城市入手。20 世纪 50 年代开始，伴随着高速工业化和城市化的发展，住宅、工业和商业呈现了郊区化的趋势，城市用地大规模扩张。与此同时，无限制增长的负面影响也不断涌现，如耕地的锐减、城市土地的低效利用以及对环境资源的破坏等。进入 20 世纪 60 年代，西方社会开始关注城市扩展带来的各种环境问题及其经济社会后果，城市蔓延（urban sprawl）也因此成为西方国家城市发展面临的主要问题（Whyte，1958；Guttmann，1961；Clawson，1962；Ottensmann，1977）。美国学者由此提出了"紧凑型城市"（compact city）（Jenks，2000；路易斯，2004）和"精明增长"（smart growth）（English et al.，1999）的概念，认为应该引导城市发展的速率和发展方向，保护农用地和开敞空间，控制城市蔓延（Preuss et al.，2004）。在实践工作中，学者们也提出了城市发展应该采取 TOD（transit-oriented development）模式（Li et al.，2010）、划定城市增长界限（urban growth boundaries，UGBs）（Gordon，2001）、分期分区发展（zoning）（王学锋和崔功豪，2007）等措施。从方法上来看，国外学者主要是通过构建计量模型来分析和模拟城市土地扩张，CA 模型（Batty，1998；Batty et al.，1999）、景观指数（Weng，2007）、自相似理论等得到了广泛应用（Sudhira et al.，2004）。另外还有学者关注土地利用变化对区域生态环境的影响，认为建设用地的扩张将改变区域大气环境（Turner et al.，2007），影响区域气候演变（Richey et al.，1989），对水循环和水环境的影响非常明显（Pereira，1973；Rogers，1994；Erin and Derek，2002），同时也对生态系统服务等产生重要影响（Turner et al.，1995；Vitousek，1994）。

改革开放以来，随着工业化、城市化进程加快和人口的持续增长，尤其是 20 世纪 90 年代以来，建设用地扩张和规模控制越来越成为中国土地利用研究的热点问题。国内学者对建设用地的研究大致分为：①建设用地扩张的特征和模式研究；②建设用地扩张的影响因素和驱动机制研究；③建设用地扩张的影响研究。

在建设用地扩张特征方面，主要是对城市土地扩张的动态过程进行实证研究，通过对特定时段空间信息的对比，计算分析指数，确定城市建成区扩张的面积、速度和空间方向。如王志宝和曹广忠（2010）通过构建建设用地空间变动函数，认为中国各个省区受社会经济阶段和可利用土地存量的限制，发达省市区的建设用地扩张速度、内部转变与欠发达省市区有明显差异。建设用地扩张的影响因素和驱动机制研究一直是国内学者研究的热点。黄季焜等（2007）分析了 20 世纪 80 年代末到 2000 年期间，中国建设用地在不同区域扩展的变动趋势和差异，认为经济增长带来的建设用地扩张和耕地减少可能在中西部地区会面临更严峻的挑战。另外对产业结构的调整（唐礼智，2007；王介勇和刘彦随，2009；孔祥斌等，2005）、对政策的主导作用（何流和崔功豪，2000；宋开山等，2008）、对经济密度（曹广忠和白晓，2010；何英彬等，2010）、收入差距（李海鹏等，2006；闵捷等，2009）、投资（吕卫国和陈雯，2009；杨山等，2010）和传统文化（摆万奇和张镱锂，2002）等因素的关注也比较多。总体而言，地理环境是建设用地扩张的基本条件和最重要的限制因素，经济发展和人口增长是建设用地扩张的根本动力，而交通等基础设施的建设、城市规划的指导和开发区建设等政策制度则引导了建设用地扩张的模式和方向（刘涛和曹广忠，2010）。

建设用地扩张影响研究主要集中在对经济发展支撑、生态环境的影响。毛振强和左玉强（2007）利用全国层面的数据分析了建设用地与非农产业两者之间的相互关系，表明两者之间有显著的相关性，认为在 1996～2003 年土地投入对我国第二、三产业发展的贡献率达到 14.79%；姜海和曲福田（2009）采用 1999～2007 年的分省数据，通过建设用地扩张的产出弹性和技术效率对建设用地扩张的影响展开了细致的分析，认为建设用地扩张对经济增长的贡献随着发展阶段演进逐渐减小。建设用地扩张对生态环境的影响研究比较多，研究视角、研究方法也更多样。大多数研究认为，建设用地的快速扩张将导致区域生态环境质量的下降。通过研究建设用地扩张和生态环境变化的关系，提出了城市发展空间引导和协调的方向和思路。陈爽等（2008）利用 1986 年、1996 年、2002 年 TM 影像解译了南京市土地利用数据，研究南京城市生态空间数量增减和质量变化，认为依据简单的面积调控难以控制生态空间的服务功能下降，生态空间保护必须依靠政府的多方面干预和调控行为。俞孔坚等（2010）运用景观安全格局理论和 GIS 技术，通过对水文、地质灾害、生物、文化遗产和游憩过程的模拟和分析，界定了最低安全标准下的景观格局，并以生态安全格局为刚性框架模拟北京城镇扩张格局。

三、土地开发调控

土地利用调控是控制土地开发强度，引导土地开发方向的有效手段，更是实现区域协调发展的基础和重要保障。土地开发调控研究最重要的方法是土地利用分区，并且在此基础上进行用途管制。1930 年，英国结合土地资源系统调查的研究成果编制了英国土地利用图，成为世界上最早实施全国性土地利用分区的国家。

20 世纪 50 年代，各国对农产品的需求量迅速上升，城市与工业的发展又占用了大量耕地，导致城乡之间、工农业之间以及农林牧之间的用地矛盾日益突出（刘彦随，1999）。在此背景下，如何协调土地资源在各部门的配置及解决土地生态环境恶化问题成为各国关注热点。从研究范围来看，已由少数发达国家扩散到世界多数国家；从目标和任务来看，已具有鲜明的目标及任务，土地利用分区已跨入实质阶段。美国、日本、澳大利亚和前苏联等国家也提出了极具代表性的土地利用分区方案，并应用到土地利用分区实践，取得了显著成效。同时，随着计算机技术迅猛发展以及新思潮的涌动，国外学者逐渐将新技术手段及新区划理念运用到土地利用分区研究（Amold，1989；Daniel and John，1990；Wu and Christopher，1998）。美国芝加哥地区实施的土地功能分区，在一定程度上解决了当时土地混合使用带来的问题（Daniel and John，1999）；Christopher 提出土地利用分区应体现实用性原则，并采用独立划分模型展开实证分析（Christopher，2005）。

中国土地利用分区思想最早萌芽可追溯到春秋战国时期的《尚书·禹贡》和《管子·地员篇》等地理著作。其中《尚书·禹贡》视山川和不同的土壤制定贡物和赋税，将全国划分为九州，可视之为世界上最早的土地利用分区著作。1933 年，时任金陵大学的教授卜凯（John Lossing Buck）在编著的《中国土地利用》中将中国划分为两大农业地带及八大农区，由此揭开了中国现代土地利用分区的序幕（张静，2007）。20 世纪 60 年代，我国在借鉴国外研究基础上，土地利用分区研究逐步开展。1963 年，由全国土壤普查办公室主持的全国土地利用分区研究，标志着我国土地利用分区的系统研究和全面发展（邓静中，1964）。早期土地利用分区主要服务于大农业生产的需求（许牧，1982），多以研究区域气候条件、土地类型、土壤性质、植被组成、农业生产特点及土地利用方向等指标，采用定性方法对区域土地利用进行分区（申元村和李昌文，1983；赵其国，1989）。

随着我国社会经济的快速发展，诸如土地利用效率偏低、土地利用结构及布局混乱、土地生态环境恶化等问题日益突出，逐渐受到人们普遍关注。与此同时，国家为了加强土地利用空间管制力度，完善土地利用宏观调控，迫切需要依据土地利用分区落实差别化的土地利用政策。在此背景下，土地利用分区理论研究也发生了较大转变。土地利用分区的内涵得到了深化，将土地利用的社会经济属性与自然属性一并纳入分区的参考指导，提高了分区的综合性、战略性、可操作性，并且将相关区划思想及理念引入到土地利用分区的具体过程中，进一步完善了区划基础研究。而土地用途分区特别是土地利用分区管制措施研究也得到了加强（罗俊等，2001；丛明珠等，2008）。《国民经济和社会发展第十一个五年规划纲要》明确提出，根据资源环境承载能力、现有开发密度和发展潜力，统筹考虑未来我国人口分布、经济布局、国土利用和城镇化格局,将国土空间划分为优化开发、重点开发、限制开发和禁止开发四类主体功能区,并对不同的功能区实施不同的区域政策,从而规范空间开发秩序,形成合理的空间开发结构。主体功能区划对于土地开发空间调控具有重要的指导意义。

四、土地资源利用的优化配置

土地利用优化配置,即相对于不合理的土地利用问题以及人类的期望和目标,对区域土地利用结构进行分层次合理地安排、设计、组合和布局,提高土地利用效率,并维持土地生态系统相对平衡和土地资源的可持续利用(刘彦随和杨子生,2008)。

土地利用优化配置作为区域可持续发展的重要途径和手段在国内外备受关注。世界范围的土地资源优化配置研究最早可追溯到各国土地制度的建立及相继开展的土地制度改革(陈梅英等,2009)。其中以德国区位布局理论的形成与发展最具影响力。但是直到20世纪70年代,随着人口、资源、环境和发展问题的日益凸显,世界各国的土地利用优化配置研究才进入实质性阶段。从研究内容来看,主要包括城市化、农业的发展与土地利用结构优化配置的机理研究,土地利用结构优化、特殊地域土地配置研究等(Stewart et al.,2004;Janssen and Herwijnen,2008;Ligmann-Zielinska et al.,2008;Marulla et al.,2010)。如何促使土地利用结构合理以及综合发挥其优势,成为土地利用优化配置的首要任务,也是解决土地利用存在的矛盾的根本途径(Sadeghi et al.,2009)。

国内自20世纪80年代后期至90年代以来,土地利用优化配置逐步成为土地利用规划的核心内容和土地资源科学管理的依据。建设用地的优化配置由数量配置发展到了空间优化。如早期刘彦随(1999)提出的运用系列模型研究县域土地利用优化配置的方法和后来郑新奇等(2008)采用基尼系数配置建设用地等都是数量配置。金志丰等(2008)采用互斥性矩阵分类法确定土地开发适宜性分区,将宿迁市区分为建设用地重点保障区域和农用地重点保障区域等6种类型区。段学军等(2009)把自然生态和社会经济要素纳入一个统筹分析框架,建立建设用地配置适宜性评价指标体系,并对2030年泰州市建设用地分布进行了优化模拟。

从研究角度来看,相关研究越来越重视建设用地开发利用的生态效益和综合效益。王汉花和刘艳芳(2008)以武汉市黄陂区为例,运用生态位模型对土地资源数量结构进行优化。赵丹等(2011)基于生态绿当量的概念,探讨了城市生态用地合理性的生态标准,构建了土地利用结构优化模型。另外,近年来“低碳型”土地利用结构和格局也逐渐成为热点。李颖等(2008)认为建设用地和耕地是主要碳源，而林地是主要碳汇，通过对江苏省 2010 年不同土地利用方式的碳排放量进行测算，从碳减排角度提出了土地利用结构优化的建议。

五、土地开发利用研究展望

首先，从研究内容来看，关于承载力研究，主要集中在资源的人口承载力研究，仅有少数学者涉及劳动力、经济等其他承载物，而对于区域建设用地的承载力，或者说建设用地开发容量的阈值研究则远远不够。关于建设用地扩张研究，主要集中在建设用地扩张的速度、形态、驱动力和生态环境效应等方面，其中建设用地扩张对生态环境的负面影响，学者们已达成共识。在建设用地管控方面，大多借助于规划或者土地分区来实施用途管制，区域之间土地开发的协调安排相对薄弱。

其次，从研究方法来看，相关研究注重区域内部的用地协调性，而对不同区域之间的协调性研究不够；注重县域指标的配置或多种指标的综合性把握，但对于关键性的单一指标研究不够深入；注重土地开发强度的概念提出，而对土地开发强度的内涵以及理论方法的把握不够。20 世纪 90 年代以来，中国建设用地扩张速度明显加快，并且增长的态势一直延续至今；随着新型城镇化战略的进一步实施，建设用地在今后相当长的时期仍将保持较快的发展速度。这种宏观趋势得到了绝大多数研究的证实。因此，开展区域建设用地开发的最大限度和合理强度的综合评估，并在此基础上进行区域土地利用调控管理研究，对于科学利用和保护土地资源，实现区域社会-经济-生态协调与可持续发展具有非常重要的现实意义。

第二章 理 论 基 础

第一节 土地开发空间理论

一、区位理论

区位，可以理解为客观物体分布的地区和地点。区位理论则是关于自然物体和人类活动的空间分布及其在空间中的相互关系的学说，是指导土地分区利用的基本原理。区位论产生的标志是 1826 年德国经济学家杜能发表的著作《孤立国同农业和国民经济的关系》（第一卷）。在此书中，杜能提出了农业区位论的观点。1909 年韦伯的《工业区位论》的发表，标志着工业区位论的诞生。20 世纪 30 年代，德国地理学家克里斯塔勒提出了中心地理论，即城市区位论。根据区位论与本书研究内容的相关性，以下简要介绍杜能的农业区位论和韦伯的工业区位论的内涵。

（一）杜能农业区位理论

农业区位理论是杜能提出的。杜能在《孤立国同农业和国民经济的关系》一书中对农业用地区位分析和选择的问题进行了深入的分析。

根据杜能的相关理论，可以得出在什么地方种植何种农作物最为有利，完全取决于利润，而利润是由农业生产成本 C、农产品的市场价格 P 与把农产品运到市场上的运费 T 三个因素决定

即利润＝农产品销售价-农业成本-运输费用。用符号表示：$\pi = P-C-T$。

图 2-1 表明了收入与运费的函数关系。图中 OC 表示某产品的生产成本（不包括运费），当到中心城市的距离增加时，总成本就沿着直线 CD 增加。由于在中心城销售一定量的产品的收入是常数 OR，所以，利润随着离中心城距离的增加而减少，在距离 ON 处达到"无利润边际"，即在此处生产无利可图。当距离大于 ON 时，该产品就无生产价值。

进一步扩展上述的分析，研究生产的产品为两种、三种或几十种的情况，每一种产品都与距离市场中心的远近存在上述关系，也都可以得到每一种产品的经济生产边界，也可以确定每一种产品在什么范围内生产是最有利可图的。

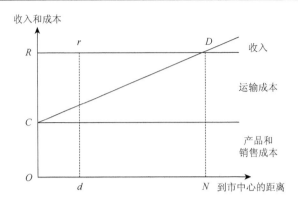

图 2-1　收入与运费的函数关系

　　另外，如果将上述图形转化为三维图形，平面轴分别表示地理方位，垂直轴表示空间状态，根据各种产品的经济生产范围就可以得到杜能圈。更进一步，如果放松杜能的假定，则杜能圈就不是同心圆，而是不规则的圆形了。由此可见，杜能已从理论上描绘了现实社会中区位分布的基本特征。

（二）韦伯的工业区位理论

　　第一个系统地对工业区位一般理论进行研究的是阿尔弗雷德·韦伯。其代表作有《工业区位理论——论工业区位》（1909 年）和《工业区位理论：区位的一般理论及资本主义的理论》（1914 年）。韦伯工业区位理论的核心是认为在选择工业区位时，要尽量降低生产成本，尤其是要把运费降到最低限度，以获得最大利润。韦伯在研究工业区位理论时，为了研究问题的方便，同时也为了重点分析经济因素对工业区位分布的决定性作用，作了若干假设：如所研究的地域单位是一个孤立的国家或地区，只探讨形成工业区位的经济因素，而其他地形、气候、技术、政治制度是相同的；工业原料地、燃料地、消费区和劳动力供应地为已知，其他矿藏生产条件、产品需要量、劳动力供应状况和工资不变；在这里有普遍存在的原料（如水和砂子），也有局部地区存在的原料（如煤和铁矿）；运费是重量和距离的函数，即运费同运距及运载吨位成正比，运输方式为铁路等。

　　根据上述假设的前提条件，理想的工业区位和企业厂址应当选在生产费用最小的地点。在影响生产费用的各项区位因素中主要是运费、工资成本和集聚三项因素。在运费、工资和集聚三者关系中寻求工业企业最优区位，并以此为基础，联系其他因素对区位的影响，这就构成了工业区位理论的基本思想。至于运费、工资和集聚因素三者对工业区位影响的具体分析，教材中已经有详细阐述，这里不再重复。需要指出的是，当放松韦伯的假定以后，基本结论仍如上述，工业企业区位选择就是要遵循成本最小、利润最大的原则。工业区位理论的基本观点和方法在工业企业厂址选择和房地产投资项目选址中有着广泛的应用。读者可结合现实社会的实际情况，运用区位理论的基本观点和方法进行分析，以期加深对理论的理解，同时可以使实际工作更有成效。

二、地域分异规律

地域分异规律也称空间地理规律，是指地理环境整体及其组成要素在某个确定的方向上保持特征的相对一致性，而在另一确定方向表现出差异性，因而发生更替的规律。

地域分异规律是在人们认识自然的过程中逐步获得并加深认识的。古希腊的埃拉托色尼根据当时对地球表面温度的纬度差异的认识，将地球划分为 5 个气候带，这是最早对气候分异规律的认识。中国 2000 多年以前的《尚书·禹贡》据名山大川的自然分界，将当时的国土划分为九州，这是中国最早对地貌分异规律的认识。19 世纪德国 A.von 洪堡经过实地考察，研究了气候与植被的相互关系，提出了植被的地域分异规律。19 世纪末，俄国 B.B.道库恰耶夫以土壤发生学观点进行土壤分类，并由此创立自然地带学说，同时指出它对地表各种自然现象的普遍意义。随着对陆地表面分异现象的深入研究，人们发现许多自然地带是不连续的，大的山系、大的高原还出现垂直带现象。这些现象的存在说明除了地带性的地域分异规律外，还有非地带性的地域分异规律在起作用。

对地域分异规律的认识，虽然目前没有取得一致的意见，但都承认有几种分异规律存在：①因太阳辐射能按纬度分布不均引起的纬度地带性；②大地构造和地形引起的地域分异；③海陆相互作用引起的从海岸向大陆中心发生变化的干湿度地带性；④随山地高度而产生的垂直带性；⑤由地方地形、地面组成物质以及地下水埋深不同引起的地方性分异。

目前对地域分异规律研究的明显趋势，是确定不同规模的地域分异规律和其作用范围。苏联学者把地带性规律分为两种规模：延续于所有大陆、数量有限的总的世界地理地带和在主要世界地理地带以内形成的局部性纬度地带。英国学者在自然地理研究中提出全球性规模的研究、大陆和区域性规模的研究和地方性规模的研究。一些中国学者认为，地域分异规律按规模和作用范围不同，可分为 4 个等级：①全球性规模的地域分异规律，如全球性的热量带；②大陆和大洋规模的分异规律，如横贯整个大陆的纬度自然地带和海洋上的自然带；③区域性规模的地域分异规律，其表现为湿度省性（又称经度省性）和带段性，如在温带大陆东岸、大陆内部和大陆西岸分布不同的区域性地带，垂直带性也是区域性的分异规律；④地方性的地域分异有两类：一是由地方地形、地面组成物质和地下水埋藏深度的不同所引起的系列性地域分异；二是由地方地形的不同所引起的坡向上的地域分异。

地域分异规律是认识自然地理环境特征的重要途径，是进行自然区划的基础，对于合理利用自然资源，因地制宜进行生产布局有指导作用。

三、土地利用结构与布局理论

土地利用结构是指区域内各种用地类型（主要为居住、工业、商业、文教、行政办公、绿地、交通、水域以及特殊用地等）面积之间的比例关系以及均质地域空间组合状况。如直接生产用地、间接生产用地和非生产用地的面积各自占土地总面积的比重；农业内部的农、林、牧、渔各业用地分别占总面积的比重等。在不同的历史时期、不同的社会经济条件下，人类社会对土地资源开发利用的广度和深度不同，土地利用结构不断发生变化。土地利用结构是不同地区社会、经济、文化职能在地域上的综合反映，是地区内部各种空间结构的基础，反映着不同时期土地利用的状况，如城市的扩大和发展使农地减少，而农地减少又促使土地的集约经营等。自然经济条件不同，土地利用结构也有很大差别。土地利用结构直接反映一定时期内的土地利用状况，可用来分析国民经济、区域经济、企业经济中各部门的作用程度、经济效益及其潜力以及开发的可能性。从经济发展的需要和可能，可以预测和规划今后一定时期内土地资源的开发利用及其发展趋势。

通过调整各类用地结构，合理安排地区内各类用地指标，实现区域内土地配置综合效益的最大化，最终实现土地的集约利用。所以，区域空间结构理论是开展城市土地集约利用的坚实的理论依据。土地利用结构优化是指通过土地资源的优化配置，使土地在时间和空间上得到合理安排和集约利用，以实现土地系统的最佳经济、社会和生态综合效益。根据土地利用结构与布局理论，分析不同结构与布局条件下土地集约利用状况，研究已有各种配置和布局对土地利用的影响，揭示土地集约利用的发展规律。因此，土地利用结构与布局理论对土地集约利用有重要的指导意义。

第二节　土地集约利用理论

一、人地关系理论

人地关系即人类与其赖以生存和发展的地球环境之间的关系，是在人类出现以后地球上就已客观存在的主体与客体之间的关系。人地关系及其观念是随着人类生产进步和人类社会发展而不断变化的。在人类社会的早期，社会生产力十分低下，人类生活在很大程度上依赖于自然界，在相当长的时期里，人类实际上是处于对大自然的纯依赖阶段。随着人类社会活动的进化，人类不仅不单纯地依赖自然环境，而且还改造环境、利用环境，驱使环境向着有利于满足人类需求的方向演化。实际上，自从人类在地球上出现以来，人类就开始适应自然和干预自然，即既依赖自然又改造自然，既顺应自然又变革自然，既受自然条件约束又去控制自然条件。在这种人与自然两重关系条件下，决定了人与自然关系的两重观念，在古代产生了诸如"环境决定论""征服自然论""天人交融论""天人之分论""因地制宜论"和"人地协调论"等。

近代西方学者阿布·杜波斯（Abe Duos）提出，天才与能力的分布会受到气候条件的生理影响，把自然环境作为社会发展的决定因素，认为人类的各种活动都要受到自然环境所制约，这就是所谓的"环境决定论"（简称决定论，determinism）。法国学者孟德斯鸠（Montesquieu，1689～1755）于1748年在他的《论法的精神》书中强调地区特征、特别是气候对制定法律的影响，提出了气候决定人生的观点。环境决定论违背辩证唯物论关于人类社会发展的决定因素不是地理环境而是社会制度的观点。环境决定论影响人类去能动地改造周围的环境而落入环境宿命论的境地，甚至掩盖了人地关系的实质性矛盾。

德国学者菲舍尔（Peahen Oscar，1826～1875）提出二元论（dualism），认为地理学只能对地球表面形态进行研究，而人类活动则不在其研究范畴之内。英国学者罗士培（Robby P M，1880～1947）提出适应论（adjustment），主要研究自然环境对人类活动的限制，人类社会对环境的利用和利用的可能性。美国学者巴罗斯（Barrows H H，1877～1906）提出人类生态论（holland ecology），认为研究目的不在于考察环境本身的特征与客观存在的自然现象，而是研究人类对自然环境的反映。

征服自然论（简称"征服论"）是指一味地从人类自身需求出发，不顾客观条件，不尊重客观规律，过分强调人的主观能动作用，盲目追求对自然的片面征服。这是一种与环境决定论完全相反的人地关系理论，其哲学基础是唯意志论。这种理论主张盲目地干预自然界，片面地征服自然界，大肆掠夺自然界，这样必然加速资源的贫化和枯竭，加剧环境的污染和破坏，从而导致人地关系的紧张和恶化。在过去的3个世纪，特别是20世纪五六十年代以来，人类征服自然取得了节节胜利，似乎人类战胜自然已成为毋庸置疑的问题。在我国的生产实践中，曾一度流行着一种唯意志论的征服论，宣扬什么"只怕想不到，不怕做不到""人有多大胆，地有多大产"的观点，实际上是盲目干预、任意支配甚至随心所欲地掠夺自然，结果不仅破坏了自然界，也给人们自身生存带来了严重危机。

"协调"一词源于古希腊文 harmonica，英语为 harmony，日语为和谐，其原意为联系、匀称、融洽、和谐、协调一致。早在 100 多年前，恩格斯在《自然辩证法》一书中指出："理论自然科学把自己的自然观尽可能地制成一个和谐的整体。"恩格斯提出的和谐原理，揭示了自然界对立中的统一，差别中的一致，反映了自然界作为一个整体的本质特征，是协调理论的先驱。

在我国古代、西方近代和当代国内外有关人地关系的论述中，尤其是"因地制宜"思想和"人地相关论"中包含有协调人地关系的积极因素，至今开展的区域规划中包括土地利用规划，从某种意义上讲可视为协调人地关系的实际运作。20 世纪 60 年代以来，人与环境之间的关系已成为整个社会所关注的重要课题。70 年代以后由于世界人口急剧增加，各种资源的日益减少和匮乏，以及人们对自然环境越来越密切的关注，协调论作为一种新型的人地观，普遍为人们所接受。可持续发展观可以说是人地协调论的进一步发展，如何协调地处理环境和人类活动的关系，已成为区域开发面临的主要研究任务。

人地关系协调的内涵可以概括为三层意思：一是人地关系中人类利用自然界时要保持自然界的平衡与协调；二是在开发利用自然的过程中要保持人类与自然环境之间的平衡与协调；三是在人地关系中人类要保持自身的平衡与协调。

二、可持续土地利用理论

按照世界环境和发展委员会在《我们共同的未来》中的表述，可持续发展是"既满足当代人的需要，又对后代人满足其需要的能力不构成危害的发展。"具体来说就是谋求经济、社会与自然环境的协调发展，维持新的平衡，制衡出现的环境恶化和环境污染，控制重大自然灾害的发生。《中国 21 世纪议程》认为，主要在保持经济快速增长的同时，依靠科技进步和提高劳动者素质，不断改善发展质量，提倡适度消费和清洁生产，控制环境污染，改善生态环境，保持可持续发展的资源基础，建立"低消耗、高收益、低污染、高效益"的良性循环发展模式。

土地可持续利用的思想，是 1990 年在新德里由印度农业研究会、美国农业部和美国 Rodale 研究所共同组织的首次国际土地持续利用系统研讨会上《可持续土地利用评价纲要》（FESLM）中正式提出的。不同发展水平的国家面临的土地问题不同，发达国家侧重生活质量的提高，因此强调资源利用的环保效益；而发展中国家则在提高经济效益的前提下，保证生态平衡，这也符合可持续土地发展的公平性准则。不同国家不同学者的观点涉及生态、经济、技术、社会、空间、人与自然相协调、世代伦理等诸多方面。然而从土地科学的范畴出发，建立一个具有可操作性的框架来统一各种背景知识和观点学者对土地可持续性的认识还是可能的，也十分必要。土地可持续利用是在人口、资源、环境和经济协调发展战略下进行的，这就意味着土地可持续利用是在保护生态环境的同时促进经济增长和社会繁荣。从与传统土地利用方式的比较看，土地可持续利用更加强调土地利用的可持续性、土地利用的协调性和土地利用的公平性。

在具体内容方面，可持续发展涉及可持续经济、可持续生态和可持续社会三方面的协调统一，要求人类在发展中讲究经济效率、关注生态和谐和追求社会公平，最终达到人的全面发展。这表明，可持续发展虽然缘起于环境保护问题，但作为一个指导人类走向 21 世纪的发展理论，它已经超越了单纯的环境保护。它将环境问题与发展问题有机地结合起来，已经成为一个有关社会经济发展的全面性战略。在可持续发展指导下，土地利用的目标不再把国内生产总值（GDP）作为发展的唯一尺度，而是以经济、社会和生态环境的多目标协调发展为指导原则，追求综合发展，寻求土地的可持续利用。可持续发展理论要求我们提高土地利用的生态效益，促使土地利用向生态集约利用方式迈进。可持续利用理论是土地集约利用的指导思想，土地集约利用是实现可持续发展的重要手段，可持续发展理论为土地集约利用指明了方向。

第三节　资源承载力理论

一、资源稀缺理论

资源配置是经济学研究的重点内容，是以资源的稀缺性为前提的。资源的稀缺性理论主要指由于人类不断增长的物质需要，需要大量的资源作为源源不断的基础，然而可利用的资源在一定时期内是有限的。

马尔萨斯（1789）提出了资源具有物理数量上的有限性和经济上的稀缺性，以人口增长力量远远超过土地所能提供的人类生存所需的生活资料力量这一对矛盾或不平衡力量为基点，建立起他的自然资源的绝对稀缺理论和人口理论。其后，英国经济学家约翰·斯图亚特·穆勒（1848）在《政治经济学原理》中提出资源绝对稀缺的效应会在自然资源的极限到来之前就表现出来。20 世纪以来，理论界逐步开始研究应用市场的资源配置功能来解决资源问题。新古典经济学派乐观派认为，市场机制的自发运行可以解决资源与可持续发展的矛盾，从而避开绝对稀缺的悲惨境地。

资源稀缺性理论对土地承载力的研究具有重要的基础作用。土地相对于人类不断发展的需求具有稀缺性。城镇化的发展会改变土地用途的配比，如建设功能在城镇化中会对生产功能产生挤出效应，在一定时期和技术水平下，用于生产功能补充的未利用地是有限的，同理，用于支撑城市扩张的建设用地也具有稀缺性。因此，一方面为了满足人口增长对粮食生产的需求，城镇化的发展不能不加限制地占用耕地资源。在生产技术水平提高速度慢于耕地减少速度的条件下，必须采取措施保护耕地，同时，通过保护和增加耕地的供给，减少无效和低效使用，提升土地的粮食生产承载力。另一方面，城镇化的发展不能一味追求规模效应，还应高度重视城市质量的发展与环境社会的适应程度，这就需要不断提高土地资源的建设承载力和承载质量，通过提升城市土地的使用效率解决资源的稀缺性问题。

资源的稀缺性理论还要求城镇化的发展和土地资源承载力的提高具有持续性，不能贪功冒进。短期内高强度的土地利用会对未来承载力产生很大影响，因此，提升土地承载力的过程中还应注意提升承载力的上限控制，尤其要重视承载力内部各子系统之间的平衡，如建设承载和生产承载的博弈，经济承载对环境的影响等。

二、资源配置理论

资源配置理论是经济学研究的核心内容，与资源稀缺理论密不可分。古典经济学很早便开始了资源配置理论。亚当·斯密（1776）提出市场对稀缺资源配置的机理与作用。新古典经济学进一步发展了资源配置理论，认为资源最优化配置存在于完全竞争的市场环境下，帕雷托进而提出了帕雷托最优，即资源分配的一种理想状态：如果从一种分配状态到另一种状态的变化中，在没有使任何人境况变坏的前提下，也没有一个人变得更好。资源优化配置过程伴随着人类社会发展的进程。由于资源稀缺性前提的存在，某类发展方向中资源投入的增加必然会导致其他发展方向资源投入的减少，因此，资源配置就成为解决这种矛盾的关键。

土地资源优化配置处于不断调整和完善过程中，政府和市场起到重要的调节作用。土地作为一种稀缺资源，资源配置理论要求土地资源的使用要遵循最优配置的原则。首先，土地资源承载力中各承载子系统之间需要进行优化配置。土地资源综合承载力由不同的承载子系统构成，不同子系统代表了不同的承载方向和承载重点，因此，提升综合承载力首先要在各承载子系统之间实现优化配置，既要重视发展优势承载力，也要注重弱势承载力的发展，更为重要的是实现子系统间互为促进的机制。

其次，计划和市场在城镇化发展中具有重要作用，价格对土地的供求和配置产生重要影响。政府对土地供应和分配也具有引导作用，要避免发展中消极的外部效应，减少由于利益驱动引起的土地配置低效现象。因此，需要模拟计划和市场等不同城镇化发展模式下土地承载力的影响和走势，从而制定相应的措施，在保证国土安全前提下，将各项经济活动限定在土地资源承载力阈值之内。

最后，土地资源承载力的提高是以土地资源优化配置为前提的。土地资源优化配置的目标就是以最少的土地投入取得更多的效益，即不断提升综合承载力，强调土地的集约、持续利用。粗放式城镇化发展会带来农地资源减少、土地生态环境恶化等问题，抑制了土地资源承载力的持续提高。因此，必须对土地在不同用途之间进行分配，实现土地资源对城镇化发展的基础保障作用，同时也缓解粮食生产承载的压力。土地资源配置要求各用途土地之间保持动态的调整关系，既要考虑土地的当前承载能力，更要关注未来的持久发展。

第四节 景观生态理论

景观生态学（landscape ecology）强调空间格局、生态学过程与尺度之间的相互作用，同时将人类活动与生态系统结构和功能相整合作为景观生态学的重要学科特点的研究优势。其空间异质性被广泛地认为是景观生态学的核心问题。

景观生态学起源于东欧和中欧，其概念最初是由德国区域地理学家 Troll 于1939 年在利用航片研究东非的土地利用时首次提出的。1982 年 10 月，"国际景观生态协会"（international association for landscape ecology，IALE）在捷克斯洛伐克召开的一次国际景观生态学研讨会上正式成立，标志着景观生态学进入了一个新的历史发展时期。1987 年，景观生态学的旗舰刊物——《景观生态学报》（Landscape Ecology）正式创刊。另外，20 世纪 80 年代以来的遥感与 GIS 技术的出现极大地推动了景观生态学的研究与应用。景观生态学是研究在一个相当大的区域内，由许多不同生态系统所组成的整体（即景观）的空间结构、相互作用、协调功能、及动态变化的一门生态学新分支。景观生态学以整个景观为研究对象，强调空间异质性的维持与发展，生态系统之间的相互作用，大区域生物种群的保护与管理，环境资源的经营管理以及人类对景观及其组分的影响。

我国学者肖笃宁将景观生态学的核心概念总结为：景观系统整体性和景观要素异质性、景观研究的尺度性、景观结构的镶嵌性、生态流的空间聚集与扩散、景观的自然性与文化性、景观演化的不可逆性与人类主导性及景观价值的多重性。

以土地利用的景观生态理论探讨景观生态学的发展从一开始就与土地规划、管理和恢复等实际问题联系密切，它注重土地利用如何影响物质流和能量流，注重结构和过程的相互关系分析，使其在空间土地利用规划中得到广泛应用。景观生态学属于宏观尺度生态空间研究范畴，其理论核心集中表现为空间异质性和生态整体性，表现在土地规模利用上就是土地地块和地类之间的空间异质和利用整体性以及如何在景观生态理论的指导下进行土地规整、集中的规模利用状态发展，同时不对生态环境造成破坏。

景观生态学理论在土地利用活动中的具体应用体现在景观生态规划设计上。欧格里恩对景观规划和景观设计分别作了明确的界定：景观规划是在大范围（1∶50000～1∶1000）重建一个土地利用格局或引入一个新区，它需要回答三个问题，即何种土地利用类型、布局在何处及规模是多大；景观设计则是在小范围内（1：500～1：1）构建一个新的景观结构。景观生态规划，即通过景观空间结构的安排来保证其生态整体性的实现。景观生态设计，即应用生态学原理创建丰富、多样、多产的并服务于人与自然的景观。景观生态设计利用景观生态学的整体性观点来提供待设计景观的框架，而对景观组成成分间动态相关的理解和认识的加深，形成了景观生态设计的方法论基础。景观生态规划与生态设计融合到一起，即景观生态规划设计。景观生态规划设计是以生态学原理为指导，以谋求区域生态系统的整体优化功能为目标，以各种模拟、规划方法为手段，在景观生态分析、综合及评价的基础上，建立区域景观优化利用的空间结构和功能，并提出相应的方案、对策及建议的一门综合的应用技术。这些理论在土地利用中具有很大的实践与借鉴价值。

第三章 土地利用空间布局的技术与方法

土地利用的空间布局技术主要包括土地利用空间数据的获取与整理、土地利用空间数据整合以及土地利用空间数据管理信息平台等多个方面。通过多技术集成实现土地利用空间数据从获取、处理到使用过程的整合，满足土地利用空间布局数据交换、发布和应用的需求，增强土地利用空间分析的可持续使用与数据对比能力。

土地利用数据主要分为基础地理空间数据、土地利用现状数据和土地利用规划数据，从空间结构上可以分为矢量和栅格数据。空间数据具有不确定性、时态性、连续性、图形和属性逻辑的一致性等特征。研究土地开发与利用空间数据的种类和特征，针对不同数据特征采用不同的数据获取和采集方法，通过对数据整合与集成以及多源异构数据的转换，最终构建土地开发与利用空间数据库。

第一节 土地利用空间数据的获取与处理

一、土地利用空间数据的获取

（一）基于遥感与 GIS 的空间数据获取

随着遥感和 GIS 技术在土地调查监测评价中的广泛应用，基于遥感的土地调查监测数据的处理和提取技术也日趋完善。图 3-1 是利用遥感处理系统进行多尺度自动分类识别研究的示例结果。

基于纹理、梯度、边缘特征的多证据组合变化检测技术正被深入研究。在计算机识别土地利用变化信息研究过程中，发展了"基于土地利用图斑单元变化的自动检测方法"，该方法是将土地利用图与遥感影像图相叠加，在土地利用图斑边界及其类别信息引导下，以完整图斑单元或像素为单位，按类别分层计算影像上待检测处的影像特征值，按照设定的判别规则，从知识库中选取土地利用数据上图斑类型对应的遥感信息特征值进行比较判断，即可自动检测出变化的区域。

对于变化检测的结果，当然最后均需要人工进行分析、判别、取舍，并对选定的疑似变化区域作出标识、编码，同时与 GIS 系统数据进行叠加，经分析形成变化监测范围的大小、面积，生成初步统计数据、图件，结合其他外围信息，可

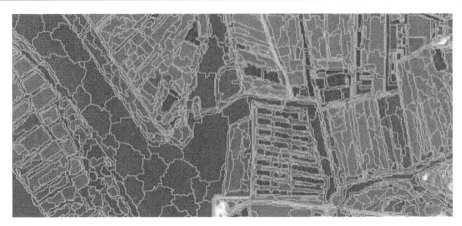

图 3-1　利用遥感处理系统进行多尺度自动分类识别研究示例图

以确定对变化区域进行外业检查的方案。对于江苏沿江地区土地利用变化快、范围广、变化点分散的特点，RS 与 GIS 的结合是快速、准确获取变化区域的方法之一。

（二）GPS 与 GIS 的空间数据获取

随着 GPS 和计算机技术的发展，基于掌上电脑（PDA）和 GPS 的硬件集成系统在土地野外调查中呈现出良好的发展态势。利用 PDA 可满足野外土地变更调查数据存储及连续工作的要求，通过注入 PDA 的土地变更调查 GIS 系统软件，可实现土地利用图件的实时更新；同时，将 GPS 卡与数码摄像头（DC）集成到 PDA 上，利用 GPS 实现变更图斑的测量，解决变更区域大、形状不规则、周边没有明显地物或控制点情况下需要布设导线控制点进行补测的问题；利用 DC 对野外实景进行拍摄，可替代野外人工绘制草图的工作。

利用 RS 影像作为调查底图，寻找和判读变化源（变化图斑、线状地物等）；对于无法通过 RS 影像判读或判读不准确的，到实地进行调查，利用 GPS 采集坐标信息，如通过 RTK 或 CORS 采集高精度的点位坐标信息，或者通过 PDA 与 GPS 接收机的集成，这样既利用了遥感在大批量数据采集上的优势，同时又结合了 GPS 在单点采集精度高的特点，互为补充，做到 GPS 与 GIS 的有效集成。这种集成，从数据流的角度来看，其基本思想是把 GPS 测得所在位置的坐标信息发送到网络服务器，然后通过无线网络下载所在位置的矢量数据和调查底图（遥感影像），利用网络差分 GPS 技术（CORS）采集发生变化图斑、宗地等坐标信息，将采集得到的实时数据通过串口或者蓝牙技术实时导入 PDA 中，并采用 PDA 记录相关属性信息，最后将发生变化的部分上传至网络服务器，然后进行数据处理形成土地利用调查空间数据库。

采用此方法可使 GPS 的定位信息在电子地图上获得实时、准确而又形象的显示，利用它可以进行漫游、查询、定位、纠正，线状地物宽度、地类代码、权属性质、权属单位名称等属性信息的输入、记录以及面积等参数的计算、显示及记录。

（三）数字摄影测量采集方法

数字摄影测量是基于数字影像和摄影测量的基本原理，应用计算机技术、数字影像处理、影像匹配、模式识别等多学科的理论与方法，以提取所摄对象的几何、地理信息为目的的空间数据采集方法。其作业步骤包括相片控制测量、空中三角测量（内定向、相对定向、绝对定向）、数字地面模型（DEM）生成、正射影像（DOM）生成、地物地貌立体测绘过程。依据立体测图和外业调绘的先后次序的不同，可分为"先内后外"和"先外后内"的作业模式（图3-2）。

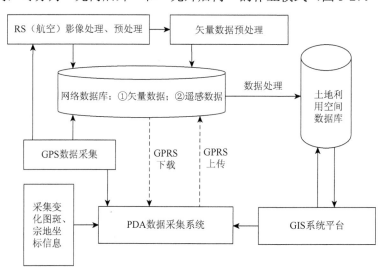

图 3-2　3S 技术数据采集集成框架

（四）土地利用空间数据采集技术集成框架

应用以 3S 为主的集成技术进行土地调查和基础地理信息采集，不管是初始建立调查数据库，还是在已有数据库基础上进行实时变更，其工作流程均可分为四步。第一步，数据的处理和准备，包括对遥感影像的几何校正、正射影像图的制作、坐标的转换、影像融合等；第二步，根据遥感影像判读变化源，或者通过航空摄影测量生产正射影像或矢量数据；第三步，实地调查、调绘，或通过影像与土地利用现状图叠加，对判读不准确的图斑利用 GPS 和 GIS 集成系统进行实地的数据采集；第四步，建立或变更土地利用数据库，利用 GIS 系统更新数据库的成果，保证数据的实时同步。

二、土地利用空间数据处理技术

（一）多源异构空间数据转换

根据调查分析，目前国土资源系统形成的空间数据主要有 MapInfo、ArcGIS、AutoCAD、MapGIS 等几种格式。这几种数据格式支持的要素类型见表 3-1。

表 3-1　各种 GIS 平台支持的要素类型

要素类型	MapInfo（tab/mif）	ArcGIS（Shp）	ArcGIS（E00/Coverage）	ArcGIS（SDE/Geodatabase）	AutoCAD（dxf/dwg）	MapGIS（wt/wp/wlwat/wap/wal）
Point	√	√	√	√	√	√
Line	√	√	√	√	√	√
Polygon	√	√	√	√	√	√
Text	√	×	√	√	√	√
Aggregate	√	√	×	√	×	√
Circles	√	×	×	×	√	√
Ellipticalarc	√	×	×	×	√	√
Ellipses	√	×	√	×	√	√

当数据从一种格式转换为另一种格式时可能会发生冲突，如拓扑关系错误、图形组合、符号样式会丢失等。目前，地理空间信息共享的方式分为三种：空间数据转换、空间数据的无缝集成、空间数据的互操作。空间数据的互操作是最理想的解决方案，但实现困难较大；多源空间数据无缝集成（seamless integration of multisource spatialdata，SIMS）的目标是能够无差别地直接读取各类型的数据，但支持的数据格式非常有限；使用目前常见的一些转换工具也只能解决数据格式的转换，无法解决要素类型和语义的冲突等问题。真正的信息共享还应保证在语义一致性前提下获取数据，实现语义共享。

（二）多尺度空间数据集成

GIS 中，同时存在几种不同比例尺的空间数据的现象被称为 GIS 的多比例尺性，而相应的 GIS 被称为"多比例尺 GIS"（multi-scale GIS）或"多分辨率 GIS"（multi-resolution GIS）。

多比例尺 GIS 的表现形式主要有两种，一是"无级比例尺数据表达"（data representation on varying scale），即在 GIS 中，建立一个较大比例尺的主导数据版本，其他比例尺（或分辨率）的空间数据是从该版本衍生或派生而来。另外一种就是"多重表达数据库"（multiple representation database），即在 GIS 中，独立建立对应于多种比例尺的多个空间数据库。

目前，采用"无级比例尺数据表达"实现起来还存在诸多技术难题，普遍采用的是"多重表达数据库"方式实现多尺度空间数据集成（图3-3）。

图3-3 数据库比例尺的处理

（三）不同类型空间数据的整合

由于业务类型的不同造成了土地空间数据类型的不同。不同业务类型数据在相同区域范围的基础地理数据上的空间定位，按照要素分层在物理上分层存储，其数据的物理组织方式如图3-4所示。根据整合对象的数据特征以及数据组织形式，

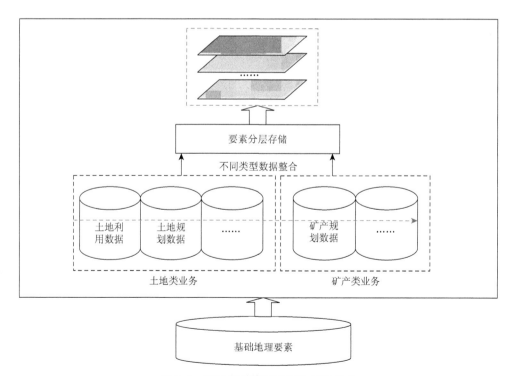

图3-4 不同类型数据的物理组织方式

整合的重点是实现空间定位的一致性，主要内容归纳为数据格式、数学基础（含大地基准、高程基准、投影及其参数、比例尺等）、要素分层、属性值表达和实体对象等。

第二节　建设用地空间布局基本方法研究

建设用地空间布局是一项具有很强的综合性和高度的复杂性的空间决策工作。建设用地演化过程中表现出不均匀性、多样性、差异性、随机性、无序性等复杂特点。目前，国内外常用的优化布局模型主要是数量优化、空间优化和效益优化 3 种模型的组合，具体包括：多目标规划模型（multi-objed planning，MOP）、系统动力学模型（system dynamics，SD）、人工生命的进化计算（遗传算法 GA）、元胞自动机（CA）、人工免疫系统、以人工神经网络为代表的网络动力学模型、智能优化算法等。近些年来发展起来的基于 GIS 的优化模型显示出较大的优越性，空间优化模型主要有 CA 与 GIS 的耦合模型、GA 与 GIS 的耦合模型等。主要模型方法比较详见表 3-2。

表 3-2　建设用地空间布局主要模型方法比较

模型方法	基本思想及优点	缺点
线性规划法	静态模型，主要求解线性方面的问题	对非线性问题解决能力差，不能反映约束条件随时间变化的情况
随机模型	主要代表模型为马尔可夫链模型，用于土地利用结构的演变规律分析	只适合于短期的预测
经验统计模型	主要代表为 CLUE 模型，它具有动态多尺度土地利用变化空间分析的复杂性特征	无法将变化落实到具体的变化地点上，CLUE 模型难以充分反映土地利用微观格局演化
系统动力学模型	研究反馈系统结构、功能和动态行为的一类模型，对复杂系统进行动态仿真实验，考察在不同情景、不同参数或不同策略下的变化行为	实现比较困难，各变化之间逻辑关系难理清。作为一种宏观数量模型，在反映土地利用空间分布特征方面还存在明显不足
多目标规划方法	具有多目标性、多方案的特点	量纲不一致，各目标没有统一的衡量标准或计量单位，因而难以比较
元胞自动机模型	比较有效地反映土地利用微观格局演化的复杂性特征。它不仅具有时间特征，且具有空间模拟能力	对影响土地利用变化的社会、经济等宏观因素往往难以有效反映
群体智能优化算法	群体智能是新兴的用于寻找全局最优解的算法，已经广泛地应用于许多领域，取得很好的效果	目前除了 GA，其余算法均停留在仿真阶段，尚未能提出完善的理论分析，有效性方面没有给出数学解释
混合模型	将两种或两种以上的模型组合，取其各自的优点，而克服其缺点的一种方法。比如系统动力学与元胞自动机的复合决策模型，能够从宏观上反映复杂系统结构、功能与动态行为之间的相互作用关系，同时比较有效地反映土地利用微观格局演化的复杂性特征	

CLUE 模型主要针对较小尺度区域开发的，不适用于较大尺度的区域研究。因此，荷兰瓦赫宁根大学的 P.H.Verburg 等学者组成的"土地利用变化和影响"研究小组开发了 CLUE-S（conversion of land use and its effects at small region extent）模型，该模型是 CLUE 模型的扩展。该模型适用于小尺度区域的研究。

与上述模型相比，CLUE-S 模型在综合不同层面（生态环境和社会经济）、不同时空尺度下的土地变化驱动要素，反映不同地类的竞争关系等方面具有优势，被广泛运用于土地利用变化模拟的研究中，其范围包括不同尺度的热点研究区域和生态脆弱区。然而，在实际运用过程中，CLUE-S 模型也暴露出模型在处理参数敏感性、邻域效应和空间自相关等方面的不足。邻域效应和空间自相关是土地利用演变过程空间异质性的体现，二者反映出距离的空间变化对土地位置和影响要素的内在影响。已有一系列研究借助地理加权回归、空间自回归、元胞自动机等模型考虑土地变化过程中邻域效应和空间自相关的作用。由于 CLUE-S 模型对于土地利用概率的判断利用 logistic 回归实现，这就为通过地理加权回归或空间自回归等改良的回归模型对 CLUE-S 模型进行改进提供了可能，从而实现对邻域效应和空间自相关的体现。例如，段增强等（2004）在回归分析中引入了邻域丰度因子和交互因子，以考察邻域各类土地类型间的作用；吴桂平等（2010）引入了 auto-logistic 方法，在传统 logistic 模型的基础上考察了空间权重的影响。考虑到建设用地开发与利用涉及社会经济与生态环境等多个层面地类之间的协调，因此，借助 CLUE-S 模型在反映用地竞争关系方面的优势，能够在模拟过程中从全局需求的角度充分考虑各类用地的空间竞争，实现对用地的合理分配，从而为模拟不同模式与情景下的建设用地空间变化特征提供支持。

第三节　CLUE-S 土地利用空间布局模型介绍

一、CLUE-S 模型原理与框架

虽然系统动力学、元胞自动机等相关模型在土地利用系统变化的模拟上取得了长足进展并得到广泛应用，但是土地利用系统的动态模拟理论和方法仍然缺乏系统性，存在对驱动因素研究不足和模拟结果精度与解释不到位等诸多问题。因此，在目前土地节约集约利用的大背景下，对土地利用系统演进的影响因素复杂，随着区域经济结构的不断优化，产业结构升级与转型等因素对土地利用系统变化影响的不确定性增加。如何精确模拟区域土地合理开发强度，揭示土地利用系统动态演进规律，成为研究的重点和难点问题（刘彦随等，2011）。为此，本书运用 CLUE-S 模型，对江苏沿江地区土地开发阈值、合理开发强度以及不同情境下的建设用地开发利用空间布局进行模拟。

　　CLUE-S 以区域用地结构变化模拟和栅格尺度用地类型分布驱动机理分析为手段，从宏观和微观两个方面出发，反映系统的探测、表征土地利用系统演化的时空过程，实现区域土地利用系统结构变化与演替格局的动态模拟。

　　自从 CLUE-S 模型被开发之后，被国内外诸多学者广泛应用。Verburg 等（2002）以欧洲大陆为研究区域，通过 CLUE-S 模型对未来 30 年间的土地利用空间分布格局变化进行了模拟。该研究选用栅格大小 1km×1km 规模尺度，运用全球经济模型和综合评估模型对研究区域未来土地利用需求进行预测，同时针对研究区域的经济社会发展状况，选择了经济全球化、欧洲大陆市场化、全球协作和区域一体化四种情景，然后模拟了这四种情景下欧洲的土地利用类型转化情况和土地利用空间格局分布。

　　由于 CLUE-S 模型引入中国的时间较晚，因此，其在中国的应用主要集中在2004 年之后。摆万奇等（2005）以大渡河上游地区为研究区域，选取的驱动因子包括地形、高程、距水系距离、距道路距离和距城镇距离，以 1967 年和 1987 年土地利用数据为基础，对 1987 年和 2000 年的土地利用空间格局分布进行了模拟。在此基础上，针对研究区域实际情况，选取了三种不同情景，并用 2000 年土地利用现状数据模拟了三种情景下 2010 年的土地利用变化。谭永忠等（2006）以社会经济发展较快的浙江省海盐县为例，通过 CLUE-S 模型对该区域土地利用空间格局变化进行了有效的模拟和预测。基于 1986 年土地利用数据，结合自然和经济社会驱动因子，分别模拟了 1995 年和 2000 年的土地利用空间格局变化。然后与实际土地利用数据进行对比验证，结果表明模拟结果与实际情况比较吻合。最后对研究区 2020 年的土地利用空间格局变化进行了三次不同情景的模拟预测。

　　CLUE-S 模型相比其他空间模型而言，它的独特优势在于可以定量的分析和模拟社会经济因子的驱动力，近年来得到广泛应用。

（一）CLUE-S 模型原理

　　CLUE-S 充分考虑了与自然、生态、社会经济等相关应用模型的链接，通过设计区域用地结构变化的不同情境，提炼服务于土地利用规划、环境保护、自然资源管理的决策参考信息。用户可以在 CLUE-S 中输入非线性的需求变化、不同的转换规则和不同用地结构演替模式下的驱动因子，模拟分析区域土地利用系统的复杂变化。为了准确模拟土地利用系统结构变化的未来可能的情境，CLUE-S 还考虑了地形地貌、环境、贸易、制度安排与土地管理政策等宏观层次的影响（图 3-5）。

　　CLUE-S 假设土地利用系统变化受区域历史土地利用系统演替格局和栅格内部以及周边栅格驱动因子的共同影响。尤其是在区域尺度上，决策者做出的土地利用规划决策将会对区域土地利用系统动态变化产生重大影响。

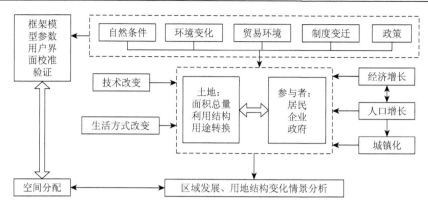

图 3-5　CLUE-S 的基本框架图

另外，CLUE-S 还考虑到用地类型分布的区域限制。例如，需要将不可能发生某一用地类型分布的区域作为限制区域，单独划分出来，不输入模型进行运算。最后需要说明的是，CLUE-S 仍然需要考虑其模拟结果的不确定性，由于受区域土地用途转换规则和非线性需求变化的影响，输入参数和外生变量都是随时间变化的。

（二）CLUE-S 模型功能

CLUE-S 模型包括四个主要模块，即空间分析模块、土地需求模块、区域发展情境与空间布局模块。

1. 空间分析模块

空间分析模块又称统计分析模块，是整个模型的基础部分，为主体模块提供必要的参数及关系结构数据。该模块主要分析各种土地利用类型空间布局与自然生态、社会、经济等影响因素之间的相互作用关系及其空间表现形式，其分析结果将很大程度上决定着未来土地利用时空格局变化和空间分布格局。

2. 土地需求模块

土地需求模块主要实现从全国尺度分析及预测农产品的需求量。该模块主要考虑人口增长及人口结构、饮食结构的变化，并综合考察全国农产品的进出口贸易状况变化，在时间序列分析的基础上，构筑预测期内各年度农产品的需求变化趋势；在此基础上，结合各种农作物产量的预测，为判断预测期内各种土地利用类型的面积变化奠定基础（图 3-6）。

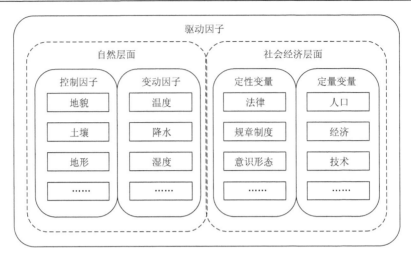

图 3-6　土地利用变化驱动因子分类图

土地需求模块采用区域用地结构变化 SD 模型估算。SD 模型是一种实现系统分析、运行和输出的大型决策分析模型，其特点是由状态变量、流量函数、辅助变量、流线等模型基本要素构成决策反馈环，以解决复杂的用地结构非线性变化问题。SD 模型涉及人口增长、经济发展、种植业和养殖业等与土地利用系统动态息息相关的社会经济有机体，将用地结构变化看作与社会经济行为普遍联系的动态过程，注重体现它们之间的动态反馈关系。它具有仿真时间长、模拟效果好、预测精度高的特点，在解决多变量问题，尤其在分析土地利用系统变化驱动因子之间的反馈关系上具有优势。

在模型结构方面，基于土地利用系统动态模拟的设计目的，可将 SD 模型设置为用地结构模块、人口模块、经济模块、农业生产模块等，各个子模块之间有着促进或制约的反馈关系（图 3-7）。

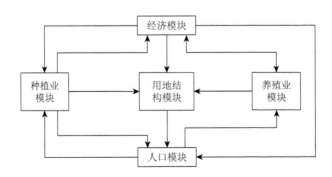

图 3-7　SD 模型的基本框架图

3. 区域发展情景

区域发展情景为土地利用变化提供了宏观背景，是开展土地利用模拟的前提与基础。本书首先根据江苏沿江地区社会经济发展的特征给出基准情景。基准情景以过去和当前的发展特点为基础，分析其发展变化的趋势，并据此推导出可能情景。在基准情景的基础上，本书又设计了三种增长方案：高、中、低方案。此外，考虑到人口增长、城市化、环境保育、发展生物能源战略与实施农业补贴等政策对土地利用变化的影响，本书在基准情景的基础上设计了环境保育、农业补贴与生物能源发展战略等方案，为开展土地利用时空格局预测与模拟奠定基础。根据社会经济、生态环境保护的具体情景设置了基准情景、经济发展情景和生态环境保护情景三种土地开发利用情景，具体情况与说明如下：

基于基准情景、经济发展情景和生态环境保护情景通过 CLUE-S 模型来模拟2015 年、2020 年与 2025 年的不同土地利用类型合理的面积，进而支持相应时间节点的江苏沿江地区以及各城市的土地开发强度测算。其中，基准情景模拟综合考虑了江苏沿江地区经济、社会、生态平衡发展的情况，其模拟结果符合其发展的实际情况；经济发展情景是指优先保障社会经济发展，充分满足旅游休闲、高端制造业以及新兴工业发展的用地要求；而生态环境保护情景即在维持生态环境质量的基础上考虑到存量土地利用，进而对建设用地总量和土地开发强度加以控制。

为判断未来土地的开发强度，即利用政策和技术合理控制土地开发，同时又能保障社会经济发展目标的实现。我们设置四个准则：生态环境协调性，经济发展支撑性，实施成本经济性和土地利用集约性。其中：

生态环境协调性：是指判断开发强度是否超出阈值，如果超出阈值范围，我们认为生态环境协调性差，距阈值越远协调性越好。

经济增长支撑性：判断是否能支撑社会经济发展目标，接近于趋势预测及GDP 目标预测的结果则对经济增长支撑性较好。

实施成本经济性：指如果要实施开发强度的控制，成本是否经济。

土地利用集约性：判读不同方案的土地集约利用水平。

4. 空间分布模块

空间分布模块是整个模块的核心部分。该模块利用统计分析模块输出的不同情景下土地利用时空格局与自然生态条件、社会经济因素之间复杂相互作用关系的分析结果，根据土地需求模块所确定的土地利用变化目标，考虑人口模块分析预测各因素的变化特征，在空间上对各种土地利用类型进行优化布局和动态分配（图 3-8）。

空间动态分配首先需要计算进行分配的栅格数量。对于需要分配的栅格，模型将计算不同用地类型的分配概率 $L_{i,k}$，共包括三种不同的情况。

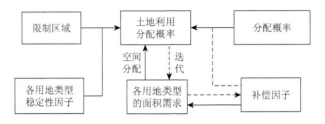

图 3-8　CLUE-S 用地结构变化空间分配步骤

（1）如果在前一模拟年份，某用地类型已经存在，并且它的稳定性小于 1，空间分配模块将计算该用地类型的分布概率、补偿因子与稳定性因子的和，作为该用地类型的分配概率：

$$L_{i,k} = P_{i,k} + C_k + S_k$$

其中，$L_{i,k}$ 为栅格 i 中第 k 种用地类型的分配概率；$P_{i,k}$ 为栅格 i 中第 k 种用地类型的分布概率；C_k 和 S_k 分别是补偿因子和第 k 种用地类型的稳定因子。

（2）当补偿因素 S_k 接近于 0 时，$L_{i,k}$ 由分布概率 $P_{i,k}$ 和补偿因子 C_k 组成，即

$$L_{i,k} = P_{i,k} + C_k$$

（3）排除一个栅格分配呈现需求减少的用地类型的可能性。

如果空间分配允许考虑稳定性的设置，则将具有最高 $L_{i,k}$ 的用地类型分配给那些待分配用地类型面积不足的栅格。

二、CLUE-S 模型空间数据处理

CLUE-S 模型对不同土地利用需求进行的优化模拟，是在不同类型数据的基础上进行的，包括地质、地貌、水文等自然本底条件数据，GDP、人口、固定资产投资等社会经济发展数据。数据类型不同，统计数据的空间范围和尺度各异。因此，需要对不同属性单元的数据进行叠置，以综合原有的空间或属性信息。对于同一属性信息，如面状数据，由于涉及不同的空间单元（如行政单元、汇水单元、缓冲区等），同样需要按照一定的数学模型进行分析计算，将其空间及属性信息综合到统一的研究单元（张维阳，2013）。

土地利用类型是整体面状、无空间划分单元的属性信息；生态环境的作用空间是自然区域划分，但在苏南这样的冲积平原河网地区，河流纵横交错，汇水情况复杂，而且人口分布密集，管网排污等人为干扰已经破坏了原有的自然

汇水过程，自然区域划分存在一定的难度；社会经济活动统计数据是基于行政单元的统计数据；工业企业污染源是空间点位信息，农业农药、化肥污染却是面源信息，这些因素的作用区也是不易清晰划定的。本书采用一定大小的格网对区域空间进行分割，从而使研究单元统一。根据用地类型对生态环境影响的尺度效应，空间模式对比的便利，排污点源影响范围和研究区的地质、地貌与水文特征等因素，选取格网单元大小为 500m×500m。

（一）点与面的叠置处理

点与格网面的叠置是通过点状属性在格网内的判别完成的，从而为每个点状数据建立新的属性，以每个栅格为统计单元分析点状信息，得到一个新的属性表，不仅包括原有属性，还包括点落在哪个格网内的目标标识（图 3-9）。

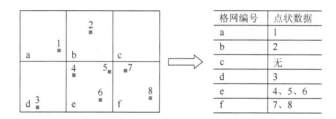

格网编号	点状数据
a	1
b	2
c	无
d	3
e	4、5、6
f	7、8

图 3-9　点与面的叠置处理

（二）面与面的叠置处理

多边形与格网间的叠置是指将不同多边形的属性纳入到格网单元中，将格网单元承载的多个多边形属性按照一定的逻辑运算结果合并或进行统计提取，包括取均值、取最值、求和、按所占面积权重加和等。本书中涉及的三种面与面叠置情形如表 3-3 所示。

表 3-3　面与面的叠置处理

叠加情形	叠加图示	转换算法	适用情形
格网单元被多个叠加单元分割		$C_i = \sum_{j=1}^{n} S_j \times \dfrac{AW_{ij}}{A_i}$	人口集聚、产业布局、农业面源污染的空间统一

叠加情形	叠加图示	转换算法	适用情形
格网单元与一个叠加单元部分（或全部）重叠	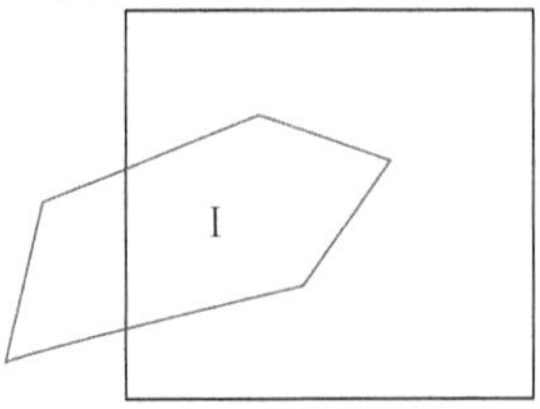	$C_i = S_j$	水质监测点作用区的空间统一
格网单元与多个叠加单元部分（或全部）重叠	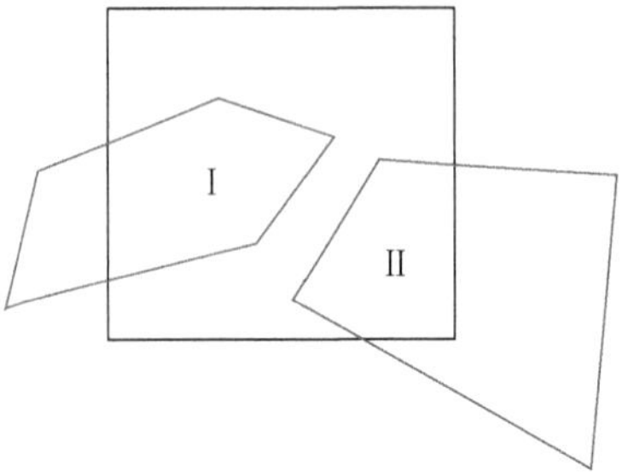	$C_i = \overline{S}_j$	水质监测点作用区的空间统一

注：其中，C_i 是指格网单元 i 的属性指数；AW_{ij} 是指格网单元 i 内第 j 个叠置单元的面积；A_i 是格网单元 i 的面积；S_j 是第 j 个叠置单元的某属性指数。

第四章　江苏沿江地区土地开发利用特征

第一节　江苏沿江地区发展与土地开发历程

一、江苏沿江地区开发战略

（一）江苏沿江地区开发面临的机遇

江苏沿江地区是长江三角洲经济区的重要组成部分，区位优势明显，产业基础良好，经济实力雄厚。在面临着极佳发展机遇的同时，也存在着一些不容忽视的问题，如缺乏统筹规划，开发布点无序，开发方式雷同，没有形成特色；南北差距明显，长江南岸沿江经济带初步形成，而长江北岸沿江经济带尚未形成，南北差距较大；过江通道偏少，阻隔了生产要素的跨江流动，资源环境重视不够，土地和岸线资源缺乏高效利用，发展的可持续性受到挑战。

在经济全球化和加入世界贸易组织（WTO）的大背景下，江苏沿江地区经济发展也面临一系列发展机遇。一是就全球经济格局而言，经济全球化正成为一种基本特征，资本和技术流动加快，以上海为中心的长江三角洲正成为全球制造业、资本和技术转移的首选地区。新一轮江苏沿江开发，可以构筑承接国际产业转移的新平台，提高江苏在长江三角洲和长江流域的外资吸引力，进而提升整个区域的竞争力。二是江苏沿江地区基础设施日臻完善，为江苏沿江地区的进一步开发创造了坚实的物质基础。润扬大桥、南京长江三桥、苏通大桥的开工建设，为两岸联动开发创造了基本条件。三是目前江苏沿江地区正面临国际产业和资本加速向长江三角洲地区集聚的极好机遇，苏南部分发达地区已进入产业扩张期和调整期，需要拓展新的发展空间，并有条件进行跨江开发；苏中地区高速公路、跨江桥梁、深水港建设和产业基地也已经形成一定规模，整合两岸资源，沿江联动开发，实现优势互补，推动沿江区域共同发展的条件已经成熟。

2003 年，《江苏省沿江开发总体规划》出台，规划明确提出"把江苏省沿江地区建设成为国际制造业基地、走新型工业化道路的先行区、长江流域对外开放的重要门户和缩小江苏省南北差距的传导纽带"的战略定位。并提出形成沿江基础产业带、特色鲜明开发区、可持续发展示范区、发达基础设施网、现代物流网的"一带两区两网"开发格局。规划内容涉及产业发展与布局、岸线资源开发与布局、基础设施建设与布局、环境治理与生态建设等方面。规划的战略意图，旨在更加主动地利用沿江地区的比较优势，由沪宁沿线为主变为"沿线"与"沿江"合力支撑与促进，提高区域整体竞争力，提升江苏省在长三角地区的地位与作用；同时，在江苏省域经济发展中，江苏沿江地区具有承南启北的重要地位，对于苏中和苏北地区的发展具有较强的辐射和带动作用，期望能够缩小南北差距，促进区域协调发展。

（二）江苏沿江地区开发的具体实施战略

1. 实施跨江整合，重组产业带

江苏沿江区域开发的主要资源是岸线和水土资源，事实上，长江岸线资源要比土地资源更加宝贵。充分利用长江岸线特别是深水岸线和丰富的水资源，抓住国际产业资本向长江三角洲转移的机遇，有利于加速形成产业集聚和企业集群态势，重构沿江产业带，加快沿江制造业带（包括重化工和生物医药产业）、沿江高技术产业带和沿江生产服务业基地的建设。

2. 开发江苏沿江北部，再造新经济增长点

江苏沿江南北区域受自然条件的限制，尤其是行政区的分割，制约了江北地区经济要素的自由流动，特别是南北两岸难以进行有效的整合。这些都严重制约了江苏沿江北部经济的崛起，制约了江苏苏中地区（长江北岸）融入苏南板块，对江苏沿江地区整体竞争力提高极为不利。江苏经济处在工业化中后期，要实现经济总量的快速增长，减小苏南、苏中和苏北的区域发展差异，选择合理发展大城市战略，再造区域增长极非常必要。因此，江苏省审时度势，把握机遇，确定了建设南京江北新区，组建"两江（江阴、靖江）"跨江特大城市，培育新的地区增长点的空间战略。

3. 南北联动，跨江发展

长江南岸经济发达，开发实力雄厚，但岸线已所剩不多；北岸岸线资源丰富，但经济薄弱，开发能力不足。因此，江苏省提出沿江联动，跨江开发，发挥沿江深水岸线优势，整合长江岸线、水、土资源，调整完善港口布局，提高集疏运能力，让各种要素各尽其用，加快建设沿江重化工制造业（主要包括冶金、机械、石油化工、造船等）基地；强化苏南的辐射，带动苏中、苏北地区的发展；通过加快交通、能源、通信等基础设施建设，为沿江开发提供有力的支撑，营造良好的外部环境。沿江两岸联动开发，主要包括：产业及产业园区联动、区域基础设施联动和城市群重组。

（三）江苏沿江地区开发战略实施成果

通过实施沿江开发战略，江苏沿江地区经济社会快速发展，主要体现在以下几个方面。

1. 经济发展水平明显提升

2010 年，江苏沿江 8 市实现 GDP 总值 32499.04 亿元，占全省经济总量的78.99%。按户籍人口计算，人均 GDP 为 79368 元，高于全省平均水平 44.06%。规模以上工业增加值 17372.64 亿元，增长 15.4%，规模以上工业利税总额 6992.98 亿元，增长 33.6%；财政总收入 8984.16 亿元，约占全省的 76.5%，增长 36.6%；地方一般预算收入 2984.91 亿元，约占全省 73%，增长 29%。

2. 产业结构进一步优化

2010 年，江苏沿江 8 市一、二、三产业的比重为 3.55∶55.04∶41.41，二、三产业发展较快，特别是第三产业上升幅度较大，产业结构进一步调轻。目前，江苏沿江地区基本形成了四大产业集群：一是以整车制造为龙头，以发动机机械传动件和汽车电子设备制造为重点的汽车及零部件产业集群；二是以南通大型油轮、泰州的散装和集装箱货船、南京的汽车滚装船组成的船舶制造业产业集群；三是依托石油化工、精细化工企业，重点发展市场容量大、技术含量高、附加价值高的新材料产业集群；四是以芯片设计制造和新型显示器为重点，延伸发展配套产品，形成差别化的电子信息产业集群。同时，通过成组配套的科技计划项目支持和重大科技成果在江苏沿江地区推进转化，江苏沿江地区软件、集成电路、数字化视听、新型纺织机械、高性能材料、太阳能综合利用等具有自主知识产权的高新技术产品群也显现快速发展态势。

3. 外向型经济势头良好

2010 年，江苏沿江 8 市进出口总额 4492.33 亿美元，增长 40.27%，约占全省96.44%。其中出口 2605.91 亿美元，增长 37.79%，约占全省 96.32%。全年外商直接投资 240.49 亿美元，增长 13.91%。世界 500 强企业卡特彼勒公司投资 4000 万美元在无锡建立研发中心，目前已完成一期工程建设。县级市江阴年到账外资就达 7.5 亿美元，且投资的项目主要集中在信息软件和新能源产业。引进外资质量的提高，对促进江苏沿江地区产业的转型升级，优化江苏沿江地区产业结构起到了重要作用。

4. 城乡居民收入稳步增长

2010 年，江苏沿江 8 市城镇居民可支配收入为 24527 元，比上年增加 2501 元，增长 11.4%。农村居民人均可支配收入 11500 元，比上年增加 1345 元，增长 13.3%。收入的增加带来了消费水平的提高。2010 年，江苏沿江 8 市社会消费品零售总额 10596.29 亿元，约占全省的 78.6%，比上年增长 18.7%，形成了对经济的有效拉动。

5. 资源消耗下降，生态环境明显改善

江苏沿江各地在岸线开发和园区建设中，十分重视土地和岸线资源的集约使用，提高产出效益。把投资集约度和产出效益作为沿江岸线和建设用地使用的重要条件，对进区企业和项目确定为单位土地投资门槛值和单位土地产出目标值，加大了节能减排和对环境保护的力度。2010 年，在 GDP 比上年增长 12.6%的情况下，江苏沿江地区单位 GDP 能耗完成了"十一五"下降 20%的目标；工业废水排放量、化学需氧量排放总量和氨氮排放总量均达到了国家下达的"十一五"减排指标。江苏长江干流水质良好，总体达到地表水环境质量 II 类标准，10 个断面水质有 9 个符合水域功能要求，达标率为 90%。41 条主要入江支流的 45 个控制断面中，有 39 个符合 2010 年水质目标要求，达标率为 86.7%。南京、苏州、无锡、常州、南通、扬州、镇江、泰州 8 市饮用水源地水质均达标。除南京、常州外，其他 6 市空气质量均达到二级标准。空气中二氧化硫排放量、烟尘和工业粉尘排放也超额完成年度减排任务。同时，加大了环境政策创新力度，出台了一系列加强环境保护的相关文件和政策措施，使江苏沿江地区的生态环境明显改善。江苏沿江的张家港、常熟、昆山、江阴、太仓 5 市获得国家生态市称号，扬州市获得了联合国人居环境奖，无锡、张家港、昆山、江阴、太仓还被评为全国生态文明建设试点单位。

二、江苏沿江地区土地开发历程

1996 年，江苏沿江地区建设用地面积达到了 78.1 万 hm²。从 1996 年至 2000 年，建设用地的扩张速度有所减缓，年均增长率下降为 1.9%。然而进入 2000 年后，随着经济的高速发展，城镇化水平提高，城镇人口集聚发展，使得城镇用地面积快速增加，年均增长率达到 2.0%。到 2011 年，建设用地面积已达到 120.9 万 hm²，占该地区总面积的 20.68%（图 4-1）。

结合江苏沿江地区的建设用地扩张与经济发展历程（图 4-1），从 20 世纪 90 年代中期到现在，江苏沿江地区的土地开发可以划分为 3 个阶段。

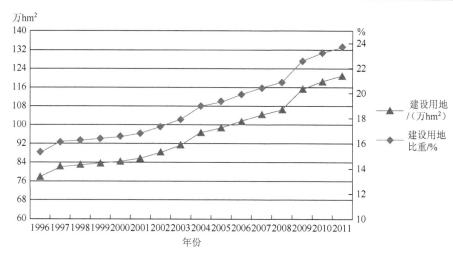

图 4-1　1996～2011 年江苏沿江地区建设用地面积与比重变化情况

（一）1996～2003 年：江苏沿江地区土地开发迅猛，区域差距扩大

随着改革的深化，江苏沿江地区的经济发展和土地开发都进入全面发展、欣欣向荣的时期。1996 年，江苏沿江地区的建设用地面积仅为 78.1 万 hm²，而到 2003 年，建设用地面积已达到 91.4 万 hm²，年均增加 1.90 万 hm²。GDP 由 1980年的 4457.4 亿元增加至 2003 年的 10000.9 亿元，经济的发展对建设用地面积扩展起到了明显的推动作用。

由于社会历史等多重因素，江苏沿江地区内部的区域经济差异明显。苏南的经济基础相对较好，文化与教育水平较高，乡镇企业蓬勃发展，第二、三产业比重迅速提高，整体经济水平得到提升。相比之下，苏中的经济水平较低，发展亦较缓慢。但是在这一阶段，苏南的建设用地由 45.72 万 hm² 增长到 55.46 万 hm²；苏中土地开发增幅较大，由 32.36 万 hm² 扩大至 35.93 万 hm²。

苏中地区由于地理区位、交通条件、经济基础和科技、文化等条件的局限，相对于苏南的土地开发速度仍然偏低。苏锡常等城市及其农村，在向市场经济推进的过程中，积极向国内外开拓市场，以乡镇企业为主体的苏南模式取得很大的成功。苏中地区也积极争得这种商机，随着对外开放的力度加大，多方引进外资，进入快速发展轨道。区域经济的发展有其客观规律，由不均衡到均衡是一个较长的过程，其中还存在许多不确定的因素，所引起的动态变化也很明显。

（二）2003～2009 年：土地开发速度下降，用地效率提高

从 2003 年开始，江苏省启动沿江开发战略，建设用地面积增加较前一阶段更

为迅速，2003～2009 年建设用地从 91.4 万 hm² 增长至 115.2 万 hm²，年均增长率为 3.93%。地区生产总值也由 10000.9 亿元猛涨至 27544.3 亿元，此阶段的用地效率提升显著。这一阶段，苏南、苏中的建设用地增长幅度明显，分别为 17.55%、9.95%。

2003 年后，江苏沿江地区开发战略逐步实施，对域内社会经济促进作用显著。2010 年，江苏沿江 8 市实现 GDP 32499.04 亿元，比上年增长 13.2%，占全省经济总量的 78.99%。按户籍人口计算，人均 GDP 为 79368 元，高于全省平均水平 44.06%。规模以上工业增加值 17372.64 亿元，增长 15.4%。江苏沿江地区作为江苏经济发展的主体，在江苏成为面向国内外的制造业大省的背景下，其第一产业的比重逐步下降降至 3.8%，但绝对量仍有较大增长，作为国民经济基础的地位和作用并未动摇，现代农业规模不断提高，农业产业化迅速扩展，经济发展水平上依然呈现苏南—苏中梯度格局。

（三）2009 年以后：苏南土地开发热度回升，苏中发展稳健

截至 2011 年，苏南、苏中的建设用地增量比为 1∶0.30，区域土地面积比为 1∶0.75。可见这一时期，苏南地区建设用地开发热度高，所剩容量不多，而苏中地区开发较为适度。

第二节　江苏沿江地区土地利用现状及特征

一、江苏沿江地区土地利用现状

2011 年，江苏沿江地区土地总面积 510.1 万 hm²。农用地 277.2 万 hm²，占土地总面积的 54.34%，其中，耕地 185.2 万 hm²，园地 16.6 万 hm²，林地 16.9 万 hm²，草地 1.9 万 hm²，其他农用地 58.5 万 hm²。建设用地面积为 120.9 万 hm²，占土地总面积的 23.70%，其中，城镇村及工矿用地占地面积 102.1 万 hm²（包括村庄建设用地 51.7 万 hm²、城市建制镇 45.4 万 hm²、采矿用地 3.1 万 hm²）；交通运输用地面积为 23.5 万 hm²；水域与水利设施用地面积为 157.9 万 hm²，其中，水库面积为 1.9 万 hm²，水工建筑面积为 4.2 万 hm²。未利用地面积为 9979.6hm²，占土地总面积的 0.20%。

江苏沿江地区土地利用特征如下：

（1）农用地尤其是耕地比重较大。江苏沿江地区农业发展条件优越，土地开发利用历史悠久，地类结构以农用地占绝对优势，占全区域土地总面积的 54.34%，其中，耕地是最主要的农用地类型，主要分布在苏中平原和滨海地区，其中南通、泰州、扬州和南京四市的耕地面积最大。

（2）耕地面积减少较快，区域差异明显。江苏沿江地区耕地面积从1996年的233.7万hm^2减少到2011年末的185.2万hm^2，减少了48.5万hm^2，年均减少3.2万hm^2。其中，苏南耕地面积从120.1万hm^2减少到82.5万hm^2，减少了37.6万hm^2；苏中面积由1996年的113.6万hm^2，减少到2011年的102.7万hm^2，减少了10.9万hm^2。

（3）建设用地扩展较快。江苏沿江地区社会经济发展非常迅速，GDP从1996年的4457.4亿元增加到2011年的38768.2亿元。随着工业化、城市化与交通基础设施建设进程的加快，建设用地也呈现快速扩张的趋势。建设用地面积从1996年的78.1万hm^2，扩大到2011年底的120.9万hm^2，增加了54.80%。

（4）土地利用效益不断提高。江苏沿江地区单位建设用地GDP产出从1996年的57.09万元/hm^2，增加到2011年的320.79万元/hm^2。

（5）土地利用的区域差异较大。苏南地区已经成为城镇与工业密集区，城镇化、工业化水平远高于苏中地区。苏中地区目前仍是传统的农业地区，但随着江苏沿江和沿海开发战略的进一步实施，将形成农用地和建设用地并重之势。

二、江苏沿江地区建设用地利用特征

（一）建设用地比重大，扩展速度快

江苏沿江地区的建设用地在土地利用结构中占很大比重，2011年占土地总面积的比重达23.69%。近15年来，建设用地面积从1996年的78.1万hm^2，扩大到2011年底的120.9万hm^2，增加了54.80%。尤其是"十一五"期间，随着经济的快速发展，城镇化与交通基础设施建设速度加快，各项建设占用耕地越来越多，呈现快速扩张的趋势。

（二）建设用地分布与变化的地区差异显著

江苏沿江地区建设用地的空间分布呈现出明显的地区特点，建设用地总面积呈现出苏南大于苏中的特点，但增加的面积和速度不同。1996~2011年，苏南建设用地面积增加了31.4万hm^2，苏中增加了11.0万hm^2，年均增长速度分别为4.54%、2.26%。可以看出，这15年来，苏南地区由于城镇化和工业化进程的加快，建设用地年均增长速度和增加面积均位于首位。

（三）各类建设用地均呈增长态势，尤以交通用地增幅最高

由于城市化发展加快，加之基础设施建设用地需求大，以及产业结构进一步调整优化，"十一五"期间，江苏沿江地区建设用地的增长在数量上和结构上都

发生了巨大的变化。从三类建设用地的增长趋势来看，以居民点及工矿用地增长数量最大，2011 年该类用地比 1996 年增加了 52.8hm²，增幅为 40.68%；以交通用地的增长速率最快，增幅为 54.54%；水利设施用地减幅为 19.22%。

（四）建设用地产出效益高，但地域空间差异性大

"十一五"期间，江苏沿江地区单位 GDP 占地低于全国平均水平，单位 GDP 占地 13.0hm²/亿元，土地集约化利用水平较高，但内部差异明显。江苏沿江地区各城市中，单位 GDP 占地最高的为南通市，为 17.4hm²/亿元，最低的为扬州市，为 7.8hm²/亿元，南通市耗地率为扬州市的 2.23 倍。

第三节　土地开发与经济社会发展关系

一、建设用地对人口承载的贡献

江苏沿江地区总人口从 1996 年的 3859.1 万人增长到 2011 年的 4113.4 万人；人均建设用地占有量从 1996 年的 202.3hm²/万人上升到 2011 年的 293.8hm²/万人，人均建设用地占有量增加了 45.2%。建设用地增长速率超过人口自然增长率，导致人均建设用地面积明显增大。

利用近 16 年江苏沿江地区建设用地与人口规模的数据建立二者之间的相关关系，进行曲线拟合，可以发现，建设用地与人口增长之间的二次曲线拟合效果显著，二者之间具有相当大的相关性。为反映两者之间的定量关系，以人口规模作为自变量 X，以建设用地规模作为因变量 Y，采用回归分析的方法拟合两者之间的关系模型（图 4-2）。

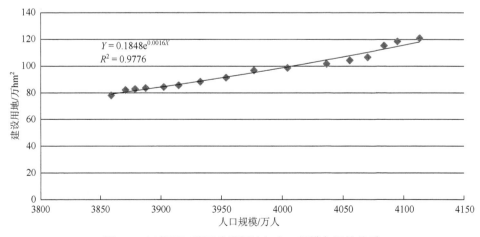

图 4-2　江苏沿江地区建设用地与人口规模之间的关系

从图 4-2 的拟合曲线方程的相关系数可以看出，江苏沿江地区建设用地规模基本可以用总人口规模来反映；从模型回归系数可以看出，江苏沿江地区人口总量每增加 1 万人，建设用地增加约 5.1 万 hm²，但随着城市化进程的推进，人口增长对建设用地的需求将进一步增大。

二、建设用地增长对经济发展的贡献

（一）江苏沿江地区建设用地增长

1. 建设用地综合扩展模型分析

本书引入建设用地综合扩展模型对江苏沿江地区 1996～2011 年建设用地扩展的特征及其对经济发展的贡献进行了分析。我国学者张文忠曾利用该模型对珠江三角洲的土地利用变化做过研究。根据模型分析结果，把江苏沿江地区建设用地的扩展类型分成了剧烈扩展型、强扩展型及弱扩展型。

$$UL_c = \prod_{i=1}^{3} UL_i$$

其中，UL_c 表示建设用地综合扩展系数。

$$UL_1 = (\sqrt[t]{S_t/S_0} - 1) \times 100$$

其中，UL_1 为建设用地扩展速度系数，反映研究单元的建设用地增长速率；S_t 表示各研究单元末期建设用地面积；S_0 表示各研究单元基期建设用地面积；t 表示研究时段。

$$UL_2 = P_t - P_0$$

其中，UL_2 为建设用地扩展结构系数，反映研究单元建设用地比例的变化；P_t 表示各研究单元末期建设用地在所有土地类型中所占比例；P_0 表示各研究单元基期建设用地在所有土地类型中所占比例。

$$UL_3 = (S_t - S_0)/(A_t - A_0)$$

其中，UL_3 为建设用地扩展规模系数，反映研究单元建设用地扩展与整个研究区域的对比关系；A_t 表示所有研究单元末期建设用地面积之和；A_0 表示所有研究单元基期建设用地面积之和。

最后，将 UL_2、UL_3 进行归一化处理后，再代入公式，可以计算出各单元研究期内建设用地的综合扩展系数。

2. 分析结果

按照上述模型计算出江苏沿江地区 8 个地级市的建设用地综合扩展系数，采用 Jenks 自然最佳断裂点分级方法将这 8 个地级市划分为三种扩展类型（表 4-1）。

剧烈扩展型：$UL_c \geq 1$，包括苏州、无锡、常州 3 个城市，这 3 个城市均分布于苏南地区，虽占地面积不大，却凭借它们优越的地理区位成为江苏沿江地区经济实力突出的优势板块，亦是经济发展最快的增长极，经济社会发展对建设用地的需求十分强劲。

强扩展型：$0.2 \leq UL_c < 1$，包括南京、南通、扬州 3 个城市，其经济社会的发展具有较高的水平，建设用地的发展速度也相对较快。

弱扩展型：$0 < UL_c < 0.2$，包括镇江、泰州 2 个城市，其社会经济发展水平相对较为缓慢，建设用地的扩展速度也相对慢一些。

表 4-1　江苏沿江地区各市建设用地增长类型

城市	UL_1	UL_2	UL_3	UL_C	扩展类型
苏州	3.3323	0.1115	0.2057	2.9227	剧烈扩展型
无锡	3.2197	0.1305	0.1191	1.7055	剧烈扩展型
常州	3.685	0.114	0.103	1.5538	剧烈扩展型
南京	2.2974	0.084	0.1143	0.9456	强扩展型
南通	2.1572	0.0551	0.1206	0.8069	强扩展型
扬州	1.9344	0.1436	0.0527	0.4229	强扩展型
镇江	1.472	−0.0355	0.0482	0.0908	弱扩展型
泰州	0.6162	−0.0514	0.0262	0.0131	弱扩展型

（二）建设用地增长对经济发展的贡献

1. 建设用地增长与经济发展的相关性分析

采用弹性系数法分析江苏沿江地区的建设用地增长与经济社会发展的关系。首先，利用居民消费价格指数将 1996～2011 年 GDP 进行修正处理，减少通货膨胀对 GDP 数据的影响（图 4-3）。1996～2011 年期间，江苏沿江地区 GDP 的年均增长率为 13.08%；在同一时期内，建设用地增加了 28.04%，年均增长率为 1.66%。所以，建设用地相对于该地区 GDP 增长的弹性系数是 0.13，即每增加 0.13% 的建设用地，就可以增加一个百分点的地区生产总值，建设用地的投入对经济增长的贡献还是较为明显的。

在 1996～2011 年期间，江苏沿江地区生产总值快速增长。在这一过程中，大量其他用地类型向建设用地转变，建设用地面积快速增长。虽然建设用地的增加与 GDP 的增长都呈现增长的趋势，但是，建设用地的增长速度明显小于 GDP 的增长速度。通过 SPSS 对建设用地总量与地区生产总值进行相关分析，其中 Pearson 相关系数达到 0.978，积差检验结果达到 0.01 的显著水平，说明建设用地总量与地区生产总值在 0.01 的显著水平上呈现正相关的关系（表 4-2）。

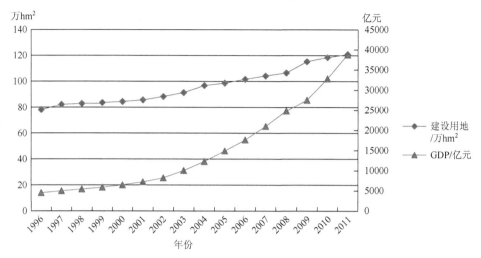

图 4-3　建设用地总量与地区生产总值对比曲线

表 4-2　建设用地总量与地区生产总值相关性分析

		建设用地	GDP
建设用地	Pearson Correlation	1	0.978**
	Sig.（2-tailed）	.	0
	N	16	16
GDP	Pearson Correlation	0.978**	1
	Sig.（2-tailed）	0	.
	N	16	16

从图 4-4 可以看出，建设用地增量与 GDP 增量无明显的相关关系，建设用地增量的波峰与波谷的变化与经济增量的波峰与波谷的变化在时间上存在着超前的对应关系。超前的时段为 1～2 年左右，说明建设用地增长对经济发展的带动具有明显的滞后性，即建设用地增长对经济发展的贡献并不一定在当年完全显现，一般会滞后一些时间。

2. 建设用地的利用效率分析

在 1996～2011 年期间，江苏沿江地区生产总值的年均增长率为 13.08%，与此同时，江苏沿江地区建设用地平均每年新增约 3.20 万 hm²。因此，GDP 每增长一个百分点需要消耗土地资源为 0.23 万 hm²。总体上看，在经济持续快速增长的同时，建设用地的效率也呈现着上升的趋势，土地集约化利用的程度不断提高。

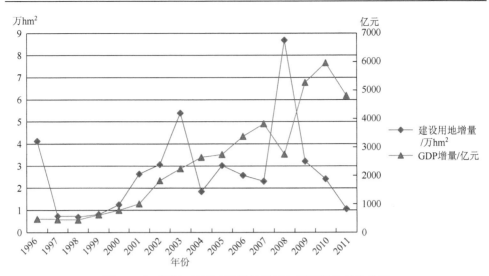

图 4-4　江苏沿江地区建设用地增量与经济增量对比曲线

1996 年以来，江苏沿江地区建设用地的效率逐年上升。建设用地效率从 1996 年的 57.09 万元/hm² 提高到 2011 年的 320.79 万元/hm²，建设用地效率增长了 5.62 倍（图 4-5）。

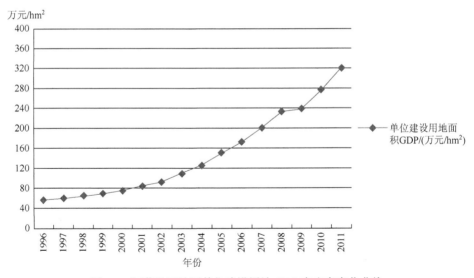

图 4-5　江苏沿江地区单位建设用地 GDP 产出率变化曲线

3. 建设用地对经济增长的贡献

利用柯布·道格拉斯函数计算建设用地对经济产出的贡献。公式如下

$$Y = aK^{\beta_1}L^{\beta_2}U^{\beta_3}$$

其中，Y代表产出增长率；a代表科技进步率；K代表资本增长率；β_1代表资本产出弹性系数；L代表劳动增长率；β_2代表劳动产出弹性系数；U代表建设用地增长率；β_3代表建设用地产出弹性系数。

两边取对数，整理后得到

$$\ln Y = \ln a + \beta_1 \ln K + \beta_2 \ln L + \beta_3 \ln U$$

运用多元回归分析求出 $\ln a$，β_1，β_2 和 β_3。

各成分的贡献为

$$\frac{a}{Y} + \frac{\beta_1 K}{Y} + \frac{\beta_2 L}{Y} + \frac{\beta_3 U}{Y} = 1$$

表 4-3　相关数据统计表（1）

年份	二、三产业产值/亿元	二、三产业从业人数/万人	固定资产投资/亿元	建设用地面积/hm²
2000	5874.4	1376.2	2088.9	844401.1
2001	6622.2	1374.6	2334.5	856860.8
2002	7608.4	1408.3	3056.5	883243.2
2003	9429.6	1591.9	4866.1	913892.7
2004	11626.4	1703.6	6021.4	967844.0
2005	14184.6	1887.6	7411.9	986219.5
2006	16827.9	2038.0	8763.0	1016443.8
2007	20131.9	2210.5	10388.2	1042234.7
2008	23807.3	2348.3	12164.9	1065316.9
2009	26496.8	2477.4	14770.8	1152220.6
2010	31647.7	2629.0	18052.8	1184355.2
2011	37443.8	2671.9	20299.3	1208505.6

表 4-4　相关数据统计表（2）

年份	二、三产业产值年增长率/%	二、三产业从业人数年增长率/%	固定资产投资年增长率/%	建设用地面积年增长率/%
2000	11.42	3.05	10.27	1.51
2001	12.73	−0.12	11.75	1.48
2002	14.89	2.45	30.93	3.08
2003	23.94	13.04	59.20	3.47
2004	23.30	7.01	23.74	5.90
2005	22.00	10.80	23.09	1.90
2006	18.64	7.97	18.23	3.06
2007	19.63	8.46	18.55	2.54
2008	18.26	6.23	17.10	2.21
2009	11.30	5.50	21.42	8.16
2010	19.44	6.12	22.22	2.79
2011	18.31	1.63	12.44	2.04

利用表 4-3、表 4-4 数据进行拟合，得到

$\ln a$=2.483，β_1=−0.181，β_2=0.815，β_3=0.260，R_2=0.996。

历年各要素对经济产出的贡献率计算结果见表 4-5。

表 4-5　江苏沿江地区经济发展相关要素贡献率　　（单位：%）

年份	劳动力贡献率	资本贡献率	建设用地贡献率	技术贡献率
2001	−4.83	73.28	3.43	28.13
2002	−6.37	99.40	3.19	3.78
2003	−5.51	167.54	2.49	−64.52
2004	−4.40	109.12	4.49	−9.21
2005	−3.38	97.01	1.48	4.89
2006	−4.18	64.25	2.77	37.17
2007	−4.10	93.41	2.43	8.26
2008	−2.15	103.51	2.42	−3.78
2009	−3.11	149.09	16.78	−62.77
2010	−2.13	87.64	2.72	11.77
2011	−1.09	59.76	2.16	39.16

由于 2009 年土地利用类型的数据来自"二调"数据，与此前的数据来源与分类标准均有较大的不同，造成数据衔接上存在一定的问题。因此，2009 年建设用地对经济产出的贡献率出现了一个突变值，使得拟合结果的准确度可能受到了较大的影响。若不考虑 2009 年的突变值，建设用地对经济产出的贡献率大致呈现随年份降低的趋势。

为了避免数据来源不同的影响，利用 2000～2008 年的数据进行拟合，得到另一个结果：

$\ln a$=−15.644，β_1=−0.147，β_2=0.429，β_3=4.357，

R_2=0.994。

据此得到历年各要素对经济产出的贡献率（表 4-6）。

表 4-6　江苏沿江地区经济发展相关要素贡献率（修正后）　　（单位：%）

年份	劳动力贡献率	资本贡献率	建设用地贡献率	技术贡献率
2001	−3.92	38.57	57.45	7.90
2002	−5.17	52.32	53.47	−0.62
2003	−4.48	88.19	41.74	−25.46

续表

年份	劳动力贡献率	资本贡献率	建设用地贡献率	技术贡献率
2004	−3.57	57.44	75.22	−29.09
2005	−2.74	51.07	24.73	26.95
2006	−3.39	33.82	46.35	23.23
2007	−3.33	49.17	40.71	13.45
2008	−1.75	54.49	40.63	6.63

从表 4-6 可以看出，建设用地对经济产出的贡献率较大，但在 2001～2008 年大致呈逐年递减的趋势。建设用地的增加对江苏沿江地区的经济增长有着非常大的促进作用，但经济的增长正在逐渐摆脱对建设用地增加的依赖。

4. 不同建设用地增长类型对经济发展的贡献

选取建设用地相对于 GDP 增长的弹性系数、建设用地产出率以及单位 GDP 增长的耗地率 3 个指标来分析四种不同的建设用地类型。计算结果表明（表 4-7），建设用地的开发强度与以上 3 个指标并没有明显的相关关系，但是不同的建设用地扩展类型对经济增长却有着不同的贡献。从建设用地拉动经济增长方面看，剧烈扩展型的弹性系数为四类中最大的为 0.26，这种类型对经济增长的拉动是最缓慢的。从建设用地的经济产出效率来看，苏锡常为代表的剧烈扩展型最高，在 2011 年建设用地产出率为 4.14 亿元/km^2，其次为强扩展型、建设用地产出率为 2.52 亿元/km^2，最低为弱扩展型，2011 年建设用地产出率为 1.63 亿元/km^2。从 GDP 增长对建设用地的消耗情况来看，剧烈扩展型则最高，单位 GDP 消耗的建设用地面积为 312.97hm^2。因此，不同类型的建设用地对经济社会增长的拉动与效率是不同的。

表 4-7　2011 年不同建设用地扩展类型对经济增长的贡献

	用地弹性系数	建设用地产出率/（亿元/km^2）	GDP 增长的耗地率/hm^2
剧烈扩展型	0.26	4.14	312.97
强扩展型	0.14	2.52	203.42
弱扩展型	0.13	1.63	176.25

5. 不同时期建设用地对经济的贡献分析

"九五"期间，江苏沿江地区 GDP 年均增长为 9.29%，建设用地年均增长为 1.18%，建设用地相对于 GDP 增长的弹性系数为 0.13，在这一时期江苏沿江地区整体的经济发展水平、建设用地开发强度落后于"十五"及"十一五"期间,但是从弹性系数上看,建设用地每增加0.13%即可增加一个百分点的GDP产出其他两个时期基本均衡。在1996~2000年,建设用地年均增长2.04万 hm²,GDP增长一个百分点消耗0.22万 hm²的建设用地。在建设用地产出率方面,这一期间建设用地产出率增长了36.13%。

在"十五"期间,江苏沿江地区GDP年均增长为16.61%,建设用地年均增长为2.1%,建设用地相对于GDP增长的弹性系数为0.13,即增加0.13%的建设用地,GDP就可增加一个百分点的产出。与此同时,江苏沿江地区建设用地在2001~2005年年均增长3.23万 hm²,即GDP年均每增加一个百分点占用建设用地面积0.31万 hm²。从建设用地的产出率上看,"十五"期内建设用地产出率增长了69.97%(表4-8),是"九五"期间的近两倍。

表4-8　不同时期建设用地的贡献率分析

时期	建设用地弹性系数	经济增长的建设用地消耗/万 hm²	建设用地产出增长率/%
"九五" (1996~2000)	0.13	0.22	36.13
"十五" (2001~2005)	0.13	0.31	69.97
"十一五" (2006~2010)	0.12	0.29	56.79

"十一五"期间,江苏沿江地区GDP年均增长13.80%,建设用地年均增长1.69%,建设用地相对于GDP增长的弹性系数为0.12,说明"十一五"期间经济增长消耗的建设用地小于"十五"期间。2006~2010年,江苏沿江地区建设用地年均增长4.20万 hm²,GDP每增长一个百分点消耗0.29万 hm²的建设用地,低于"十五"期间的0.31万 hm²。建设用地的产出率方面,2010年比2006年增长了56.79%,小于"十五"期间的增长率。

以上三个时期的对比,主要采用了建设用地的弹性系数、建设用地的消耗以及建设用地产出率三项指标。从比较结果上看,"十一五"期间内建设用地的消耗低于"十五"期间,总体上呈下降趋势,建设用地相对于GDP增长的弹性系数的对比同样增长速度情况下,建设用地增长速度"十一五"期间最低。"九五"期间建设用地产出率相对较低,主要受当时的经济发展结构和模式所制约。从建设用地产出增长率来看,"十五"期间建设用地产出增长率明显高于"十一五"和"九五"期间,建设用地投入对经济的拉动作用不同时期存在明显差异,建设用地大量增加并不意味着会带来更多的经济增长。因此,是通过土地资源的节约集约利用,使单位建设用地产出实现最大化才是符合经济社会发展需求的发展模式。

第五章 江苏沿江地区土地开发强度评价

第一节 国内外比较与经验借鉴

一、与典型国家、地区的比较分析

江苏沿江地区与江苏全省的情况大体类似，正处在向完善的社会主义市场经济体制转轨的时期。市场经济的发展历史很短，而许多发达国家和地区市场经济发展历史较长，在工业化、城市化和走向发达市场经济化的过程中，积累了大量土地利用的经验和教训，对江苏沿江地区的土地开发有很大的借鉴作用。在此，我们以我国台湾地区、日本和美国为例，研究了几个典型的发达国家或地区经济社会发展与土地利用之间的相互关系。

（一）中国台湾

台湾地区的人地关系与江苏沿江地区相似，研究台湾地区在经济发展过程中土地开发的趋势、特征及其政策，将会为江苏沿江地区处理经济发展与建设用地的关系提供有益的借鉴。

台湾建设用地的扩张与 GDP 总量的相关性很强，建设用地量随地区生产总值上升而呈现较缓的对数增长状。在 1970~1980 年，单位建设用地的 GDP 产出量不高。20 世纪 70 年代，台湾经济发展进入了重工化阶段，台湾的基础设施出现了严重的瓶颈现象。为促进经济发展，台湾当局大力发展基础设施，1973 年起先后实施 10 项建设和 12 项建设，大力开展交通建设、能源供应建设和重化工业建设。同时，台湾正处于出口导向经济发展时期，建立起一个以出口加工区为依托，以轻纺、家电等加工工业为核心的产业支柱，但是高新技术等产业的比重不大，故 10 年间 GDP 随建设用地的增加量为 70.18 万美元/hm^2（图 5-1）。

1980~2000 年，单位 GDP 随建设用地量的增加急剧上升，20 年来单位 GDP 随建设用地的增加量为 358.68 万美元/hm^2。这一时期正是台湾经济逐渐步入转型的时期，资本和技术密集型工业占制造业的比重逐年提升，单位面积建设用地的资金技术投入量增大，产出量逐年升高，建设用地趋于集约化利用，用地面积增长缓慢，趋于稳定。

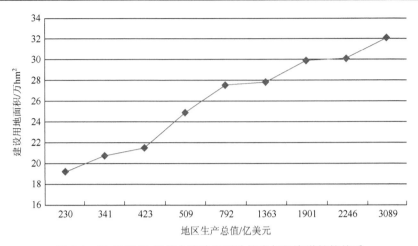

图 5-1　20 世纪 70 年代台湾建设用地扩张与经济增长的关系

（二）日本

日本曾经在 20 世纪 60～90 年代保持了较高的经济增长速度，林毅夫（2002）认为中国目前的发展阶段与日本 20 世纪 60 年代早期的发展阶段相似，而且中国同样也具有保持较高发展速度的潜力。因此，研究这一阶段日本的土地利用问题，对于正处于相似发展阶段的江苏沿江地区来说，具有重要的借鉴意义。通过 GDP 增长与建设用地面积变化的关系可将日本的土地开发分为三个阶段（图 5-2）。

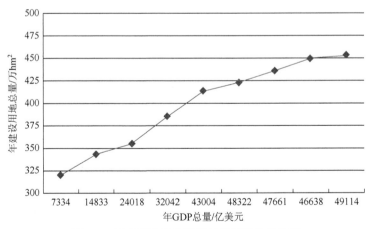

图 5-2　日本建设用地扩张与经济增长的关系

第一阶段：建设用地数量稳定增加，且用地效率高。在 1970～1980 年，日本处于工业化发展的加速时期，土地需求极为旺盛，各种工业及建设用地激增，在此期间每年平均增加的建设用地数量为 3.4 万 hm^2，单位建设用地 GDP 产出量高达 484.04 万美元/hm^2。该时期，日本实现了"产业结构高度工业化"，成为仅次于美、前苏联的第三经济大国。此前，分别在 1962 年、1969 年制定了第一次和第二次全国综合开发计划。"一全综"和"二全综"分别提出了据点式开发模式和大规模项目开发模式，加大了新产业城市建设、特别地区建设及高速铁路、高速公路等现代化高速交通体系建设，将工业地区与地方圈用高速交通线连接起来。两者的共同点是重视经济开发，因而建设用地不断增加。70 年代初开始，经济发展迅速，GDP 增长加快，日本城市化水平高达 76%。

第二阶段：建设用地数量急剧增加，但用地效率有所下降。在 1980～1990 年，年均增加的建设用地数量为 58697.67hm^2，单位建设用地 GDP 产出量降至 323.46 万美元/hm^2。1973 年的中东石油危机，成为日本经济由高速增长向稳定增长的转折点，也是日本城市化水平逐渐稳定的转折点。在进入 20 世纪 80 年代以来，走向 21 世纪的前夕，随着国际、国内环境的变化，日本经济正在从外贸主导型走向内需主导型，从贸易大国走向金融大国，逐步成为经济结构的高度化、信息化、高龄化和国际化的社会。1980～1985 年期间再次出现了人口向东京大城市圈集中的新高潮，与此同时，许多地区再次出现了人口减少的现象，土地开发利用又出现新的不均衡现象。为了纠正集中于东京一极的现象，实现土地的均衡发展，在这样背景下，1987 年 6 月提出了"第四次全国综合开发计划"（简称"四全综"）。该计划充分运用前三次土地综合发展中的成果，提出了多极分散的开发方式。改进由于东京一极化造成的弊端。首先，调整地区产业结构，搞活地区，不仅需要发展工业，而且需要实施多样的产业振兴措施；其次，土地主轴虽已正式形成，但为了加速地方圈的发展，必须加速旨在将主要城市联系起来的全国性网络的建设。

第三阶段：建设用地波动后低幅增长，用地效率回落。1990 年到 2006 年，平均每年的建设用地增量为 2.3 万 hm^2，单位建设用地 GDP 产出量降至 154.06 万美元/hm^2。1990 年后，进入后工业化发展时期的日本，城镇建设用地需求不再旺盛如前，政府开始通过制定大量政策、法规以及采取有关措施来促进农业的发展，实现耕地的规模化经营。但是由于日本经济整体发展缓慢，特别是地价高涨，导致了日本 90 年代的金融危机，并致使建设用地利用率进一步下降。金融危机后，日本经济增长有所回升，但发展趋于稳定。

（三）美国

美国市场经济发展早，城市化水平较高，而且其城市化还有一些其他国家无法比拟的明显特点。在 19 世纪末以前，美国联邦政府实行对城市生活不加干预的自由放任政策，即使其后有此类干预，也较其他国家少而轻。因此，美国城市化的进程较少受外来偶然或不确定因素诸如战争、自然灾害等的干扰，城市化的阶段性特征表现得甚为明显。在美国，市场经济对城市化的影响直接而强烈，这使美国的城市化进程有着清晰的脉络，我们可以从中找出规律性的认识。

美国的土地规划经历了四个阶段：第二次世界大战后，美国登上了资本主义世界的高峰。原子能技术、宇航技术、电子计算机技术发展为标志的新科学技术革命在美国的兴起，推动美国经济高度现代化的发展。尽管美国经历了经济滞胀和1979～1982年、1990～1992年的三次经济危机，但是总体来说美国经济仍然在发展。20世纪80年代中期和1992年以来经济发展出现少有的好势头。因此，美国的人均GDP从二战后逐渐变为趋于J型的增长曲线。在20世纪40年代到70年代期间，美国的GDP增量呈较稳定的增长特征。自20世纪80～90年代之后，GDP增量有了很大的提高。

1940年以后，美国建设用地数量一直处于上升的状态（图5-3）。尤其是20世纪50年代中期及80年代初期，经济的高速增长对建设用地的需求产生了较大的刺激作用。但是，由于经济已经发展到了比较成熟的阶段，且全球的环境问题也日渐受到人们的重视，经济建设对于土地的利用也趋于内部挖潜，土地集约节约利用的概念也日益被人们所接受。因此，在20世纪90年代后，其面积一直处于下降区间。因此，美国建设用地面积先是随经济发展呈明显的上升趋势，而经济发展到了比较平稳的时期时，随着人均GDP的增长，建设用地面积变化不大。

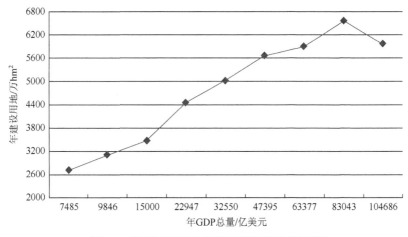

图 5-3　美国建设用地扩张与经济增长的关系

显然，美国的建设用地随GDP的增加而增加，迈过拐点后再逐渐下降，呈现出土地利用需求的"倒U型"曲线。该规律在1965年由美国经济学家J·G·威廉逊提出，通过对世界上24个国家的区域发展趋势进行研究，得出经济增长与平衡发展间的"倒U型"规律。

该理论认为：经济增长与平衡发展是相互制约的，即布局过于集中，随着总体经济增长，区域差异逐渐扩大，并导致某些资源的匮乏和生态环境的破坏，经济增长下降。这就是该理论反映的集中与分散、效率与平衡的矛盾核心。

从美国的 GDP 变化过程不难看出，在发展初期，城镇建设面积的扩展为 GDP 增长带来了巨大动力，使得美国迅速改变了经济欠发达的面貌，当发展重心位于加快发展速度、提高经济效率上时，土地用于产业建设与城市扩张是必然的趋势。然而，当经济发展到一定程度以后，集聚已不能适应资源和环境的约束要求，地域间经济差距扩大、经济效率和增长速度下降等客观现实要求建设用地趋向分散布局，即呈现出由集中过程向分散过程的"倒 U 型"曲线。

二、与东南沿海其他地区的比较分析

通过与东南沿海省市如浙江、广东、山东、上海等比较，研究经济社会发展水平相似地区的土地开发强度及其环境效应，将为确定江苏沿江地区土地开发的合理强度与开发容量提供借鉴。

（一）总体经济社会发展状况比较

从经济总量看，2010 年江苏沿江地区与浙江、广东、山东、上海相比，并不逊色，经济总量大于上海与浙江，GDP 占全国的比重约为 4.03%，尤其在人均 GDP 方面，更是高于山东、浙江、山东，仅次于上海，位于长三角经济发展核心区域，经济水平较高（表 5-1）。以占江苏 48.21%的土地，集中了全省 62.14%的人口，集聚了 79.21%经济总量，说明江苏沿江地区承载社会经济活动的能力较强，是驱动江苏省发展的主要动力。

表 5-1　2010 年江苏沿江地区与浙江、广东、山东、上海发展情况比较

行政区	建设用地占全国的比重/%	土地面积占全国的比重/%	GDP /亿元	GDP 比重 /%	人均 GDP /元	总人口 /万人	总人口比重 /%
上海	0.73	0.09	17166.0	3.93	74548	2303	1.73
浙江	3.01	1.11	27722.3	6.34	50899	5447	4.08
广东	4.77	1.89	46013.1	10.53	44069	10441	7.83
山东	6.84	1.65	39169.9	8.96	40853	9588	7.19
江苏全省	5.6	1.12	41425.5	9.48	52642	7869	5.89
沿江地区	4.03	0.54	32811.3	7.51	67192	4883	3.66

（二）建设用地效益比较

江苏沿江地区平原辽阔，土地肥沃，GDP 总量占全国 7.51%，占江苏省的 79.2%，

是江苏经济发展的主体。但较之同样作为 GDP 大省且发展阶段相近的浙江、广东、山东，江苏的土地利用效率偏低（图5-4、图5-5）。2010 年江苏建设用地比例为 5.6%，在四省及上海市中排名第二，建设用地人口密度为 3623 人/km²，土地人口承载量位列五省市的第四位；但其单位建设用地 GDP 产出仅为 190.70 万元/hm²，在五省市的中位列倒数第二，仅为第一位上海市的 31.66%，为第二位广东省的 76.68%。这种高消耗低增长的模式必将成为江苏更深更广发展的瓶颈。

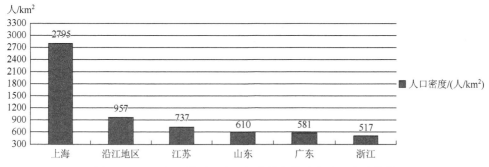

图 5-4　2010 年江苏沿江地区与其他相关省市人口密度比较

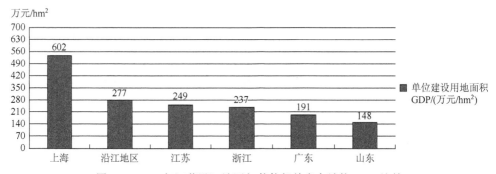

图 5-5　2010 年江苏沿江地区与其他相关省市地均 GDP 比较

上海市毗邻江苏，是中国的经济和金融中心。2010 年，上海市的建设用地占全国比例仅为 0.73%，单位建设用地 GDP 高达 602.34 万元/hm²，位列第一。"十一五"以来，上海进入了转型发展的新阶段，丰富的智力资源、规范的商务环境、较高的城市开放度以及世博会的后续效应，为上海未来发展提供了坚实基础。上海市正努力建设"四个中心"和社会主义现代化国际大都市，将对建设用地效率的提升有更大的促进。

处在珠江三角洲的广东省，比位于长三角核心地区的江苏沿江地区更具有经济实力，一直走在中国经济改革开放的前列，GDP 从 1989 年至 2010 年连续21 年居全国第一，但其经济发展对建设用地的依赖性却与江苏沿江地区相近。

2010 年广东省的建设用地占全国比重为 4.77%，而江苏沿江地区为 4.03%，广东省建设用地利用效率低于江苏沿江地区，2010 年广东省单位建设用地 GDP 产出为江苏沿江地区的 68.94%。

浙江省是江苏的邻省，与江苏沿江地区的社会经济联系较为密切，山区面积比重高达 70.4%，是全国人均平原面积最低的省份。2010 年，浙江省的建设用地比重仅为 11.09%，城市人口密度位列第六位，而单位建设用地 GDP 产出率高达 237.17 万元/hm^2，位列六省市、地区的第四位。"十五"时期以来，浙江省经济迅速发展，土地利用效率在各省市中相对较高。面对土地资源严峻的现实，浙江省提高紧迫感和危机感，不断完善用地机制，强化土地集聚集约利用，深挖用地潜力，不断提高土地利用效率。

2010 年，山东省地区生产总值占全国比重为 8.96%，GDP 总量列第三位，建设用地占全国比例为 6.84%，位列六省市、地区第一位。山东建设用地利用效率在五省市中最低，人口的土地承载量最小，单位建设用地 GDP 产出仅为上海和江苏沿江地区的 24.58%、53.42%，经济发展对建设用地数量扩张的依赖较强。

三、相关实践经验启示

（一）强化土地开发集约度，提高建设用地利用效率

江苏沿江地区的建设用地效率远远落后于世界发达地区，经济增长过于依赖土地占用、城市扩张。必须充分珍惜较好的土地资源优势，挖掘土地开发潜力，不断完善用地机制，强化土地集约利用，不断提高土地利用效率，缩小与其他土地利用先进国家或地区的差距，实现土地开发的健康、持续、稳定发展。

（二）把握土地开发与经济发展客观规律，增强科学性与合理性

美国和日本的土地开发与经济发展的关系已经越"倒 U 型"曲线的拐点，而台湾的对数模型又揭示了建设用地集约化的趋势。随着江苏沿江地区经济拐点的临近，必须处理好建设用地与资源环境的关系，进行合理科学规划与决策。根据建设用地发展实际，科学把握建设用地的长期发展趋势，深入研究建设用地发展战略，加强建设用地规划的综合性。

（三）优化建设用地空间形态

科学合理的建设用地空间形态具有优化管线路网配置、优化各类公共服务设施布局、优化居民活动范围、优化城市与周边区域空间关系的作用，能切实有效地提

高建设用地利用效率和减少资源消耗。江苏沿江地区 8 个城市目前仍具有较大的集约用地潜力，未来必须将促进建设用地形态优化作为土地开发的一项重要工作来抓。

（四）强化工业集聚发展

以主体功能区规划和三大产业带为依托，优化整合江苏沿江地区工业布局。建设用地指标向开发区和工业功能区倾斜，提高工业集聚发展水平，最大限度发挥土地资源的集聚利用效率。顺应国家宏观调控要求，稳步推进开发区提升扩容，对发展趋势好、潜力大的开发区适当增加土地供应；对发展状况不好、土地闲置的开发区，则应推迟或停止供地。严格开发区内部管理，统一规划道路等基础设施，逐步提高生产性项目建设用地的比例。

（五）实行差别化的土地开发政策

主体功能区规划实质是通过土地空间分区实施分类指导的区域政策。土地利用总体规划是对土地资源开发利用保护的重要调控途径之一，同样是基于分区空间的指引和管制。各区域之间的资源环境禀赋、经济增长阶段都有所不同，积累下来的土地资源开发问题以及未来土地开发潜力也不完全一样，考虑到区域实际，不同的区域应该采用不同的土地开发政策。因此，必须制定差别化、分类指导的土地开发政策，才能增强政策的针对性和可操作性，提高政策的实施效果。

第二节　建设用地开发强度的分区评价

一、基于主体功能区的分区评价

本书根据《江苏省主体功能区规划（2011-2020 年）》，将江苏沿江地区各县、市分为三类：优化开发区、重点开发区、限制开发区（图 5-6）。

江苏沿江地区各类型区县、市自然与社会经济条件差异较为显著。优化开发区经济发展水平较高，1996～2011 年，GDP 由 3296 亿元增加至 29831 亿元，人均 GDP 在 2011 年达到 128130 元/人。相比而言，重点开发区与限制开发区的 GDP 无论是增长速度还是增加量，均远小于优化开发区（图 5-7），尤其是人均 GDP，重点开发区与限制开发区分别为 62660 元/人、60645 元/人，远低于优化开发区。由于优化开发区多是中心城区和较为发达的县级市，信息、技术、资本等高级生产要素比较集聚，是城镇化比较成熟与人口高度集聚的区域，因此人口密度比较高，高达 1001 人/km^2。重点开发区和限制开发区的人口密度相对较低，重点开发区为 840 人/km^2，限制开发区为 554 人/km^2。

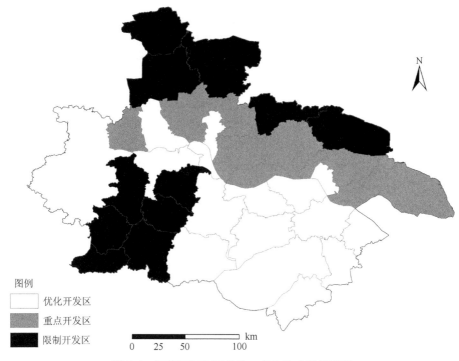

图 5-6　江苏沿江地区各县、市主体功能类型图

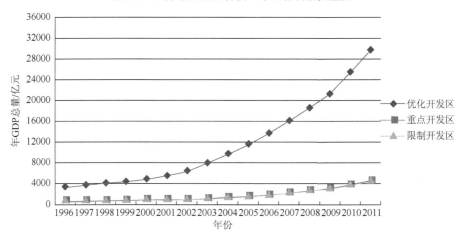

图 5-7　1996～2011 年江苏沿江不同类型区 GDP 增长情况

从区域土地开发与利用情况看，江苏沿江地区不同类型区内建设用地开发利用情况不同（图 5-8）。1996～2011 年，优化开发区建设用地面积由 36.69 万 hm² 增加至 72.35 万 hm²，年均增长率为 4.63%；与之相对应，重点开发区内的建设用地面积由 17.02 万 hm² 增加至 22.62 万 hm²，年均增长率为 1.91%；限制开发区内的建设用地面积增长最慢，1996～2011 年的年均增长率只有 1.32%，建设用地面

积由 1996 年的 21.26 万 hm^2 增加至 2011 年的 25.88 万 hm^2。优化开发区由于自然环境基础与发展条件显著优于重点开发区和限制开发区，使得其经济发展、城镇化进程以及对外来人口的集聚远快于后两种类型区，造成的结果是对资源环境的压力偏大。其中，土地开发强度增长很迅速（图 5-9），优化开发区的土地开发强度由 1996 年的 17.15% 增加至 2011 年的 31.26%，已经接近或超过了资源环境对经济社会发展的承载能力；而重点开发区的土地开发强度由 1996 年的 15.09% 只增加至 2011 年的 20.05%，经济发展对资源利用压力相对低一些，但利用效率有待提高；限制开发区由于自身条件限制，多位于集中式饮用水源地、生态涵养区等生态敏感区，开发利用程度较低，土地开发强度由 1996 年的 12.85% 增加至 2011 年的 15.56%。

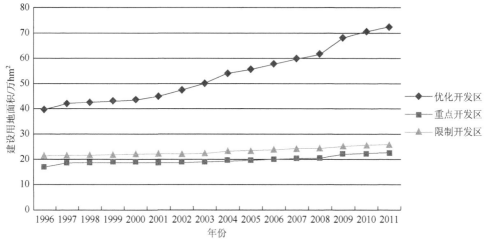

图 5-8　1996～2011 年江苏沿江不同类型区建设用地增长情况

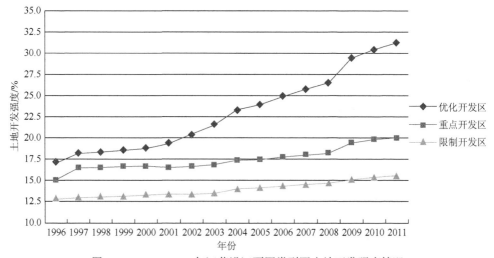

图 5-9　1996～2011 年江苏沿江不同类型区土地开发强度情况

二、基于苏南与苏中的分区评价

按苏南、苏中划分，苏南地区包括位于长江以南的苏州、无锡、常州、镇江、南京 5 城市，苏中地区则包括位于长江以北的南通、泰州、扬州 3 城市。

从区域社会经济发展情况看，苏南与苏中地区差距较大（图 5-10）。在 1996～2011 年，江苏沿江地区的 GDP 由 4457.4 亿元增加至 34310.8 亿元，增加 6.70 倍。其中，苏南的 GDP 由 3297.2 亿元增长到 29635.1 亿元，增加 7.99 倍；苏中也由 1160.2 亿元增加到 9133.1 亿元，增加 6.87 倍。总体上，苏南地区经济发展快于苏中地区，尤其是 2001 年后，由于中国加入 WTO，受全球化影响强烈，经济加速与世界接轨，成为世界上重要 FDI 投资集聚地，经济发展进入快车道。虽然从 2003 年起，江苏省逐步实施沿江开发战略，苏中地区经济发展受益良多，但是较苏南地区，发展差距仍旧明显。

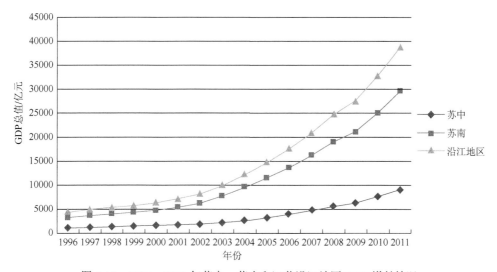

图 5-10　1996～2011 年苏中、苏南和江苏沿江地区 GDP 增长情况

从区域土地开发与利用情况看，苏南与苏中地区差距亦较大（图 5-11）。在 1996～2011 年，江苏沿江地区的土地开发强度由 15.31%增加至 23.69%，建设用地面积由 78.1 万 hm² 扩张到 120.9 万 hm²。其中，苏南地区的土地开发强度由 1996 年的 16.28%增加至 2011 年的 27.53%，建设用地由 45.7 万 hm² 扩张到 77.9 万 hm²，增幅高达 70.5%。与之相对应，苏中地区的土地开发强度由 1996 年的 14.11%增加至 2011 年的 18.99%，建设用地面积也由 32.3 万 hm² 增加到 44.1 万 hm²，增幅为 36.5%，由于基础条件与经济发展较苏南地区相对滞后，其建设用地增长速度慢于苏南，如

江苏沿江地区土地开发强度与布局研究

图 5-12 所示：从土地开发与利用来看，苏南土地面积总计 280.8 万 hm^2，1996 年其土地开发强度为 16.28%，以年均增长率 0.75% 的速度升至 2011 年的 27.53%；苏中的土地面积总计为 229.3 万 hm^2，土地开发强度从 1996 年的 14.11% 升至 2011 年的 18.79%，年均开发速率为 0.33%。

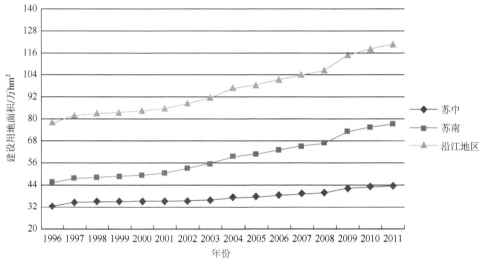

图 5-11 1996～2011 年苏中、苏南和江苏沿江地区土地开发面积变化情况

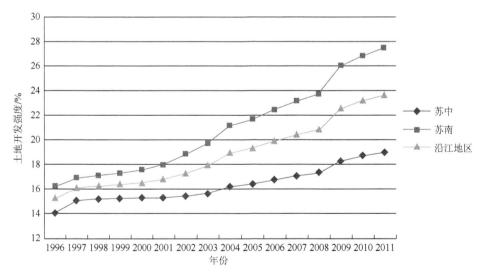

图 5-12 1996～2011 年苏中、苏南和江苏沿江地区土地开发强度变化情况

近十年来，随着苏南提升、苏中崛起，江苏沿江地区整体上建设用地规模逐

年扩大。建设用地增长率基本为苏南＞苏中，该趋势与地区经济发展和城市化进程密不可分。1998～2000年，苏中建设用地增长率呈下降趋势，苏南则呈上升趋势，但是增长速度较为缓慢；2000～2004年，苏南苏中建设用地增长率都呈逐年攀升趋势，此时苏南用地需求最大，发展也最快；2004年以后，苏南、苏中建设用地增量再次得到控制，处于小幅增长的阶段。

三、基于市辖区与县（市）的分区评价

1996～2011年，江苏沿江地区各市辖区与县（市）经济发展水平和速度均较快，市辖区的GDP由1996年的2120.9亿元增加至2011年的18151.6亿元，年均增长率为15.39%；县（市）的GDP由1996年的2367.6亿元增加至2011年的20616.6亿元，年均增长率为15.52%。两类地区经济发展均较快，1996～2011年的经济增长速度分别超过江苏全省0.35%与0.48%（图5-13）。

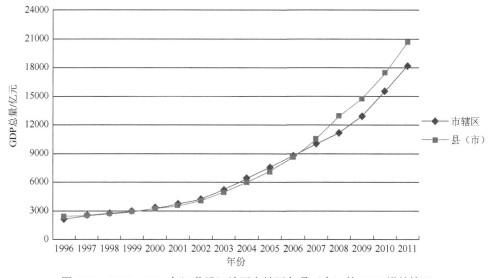

图 5-13　1996～2011 年江苏沿江地区市辖区与县（市）的 GDP 增长情况

从1996～2011年江苏沿江地区市辖区与县（市）建设用地增长情况看，市辖区与县（市）虽然总量相差较大，但是均增长较快。市辖区建设用地面积由1996年的25.93万hm²增加至2011年的47.11万hm²，年均增长率为4.06%；县（市）建设用地面积由1996年的52.15万hm²增加至2011年的73.74万hm²，年均增长率为2.34%。土地开发强度方面，市辖区由1996年的17.99%增加至2011年的32.68%，而县（市）由1996年的14.23%增加至2011年的20.13%（图5-14、图5-15）。市辖区的土地开发强度年均增加速度为0.98%，明显快于县（市）的0.39%，这

主要是由于市辖区经济发展过程中人口集聚，城市扩张较快。同时，市辖区内设置的开发区、保税区数量较多，且是地级市经济发展的重点，获得的建设用地指标也多，使建设用地更容易快速扩张。

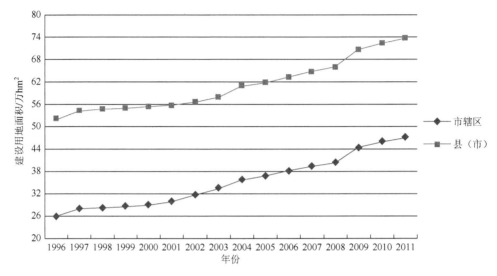

图 5-14　1996～2011 年江苏沿江地区市辖区与县（市）建设用地增长情况

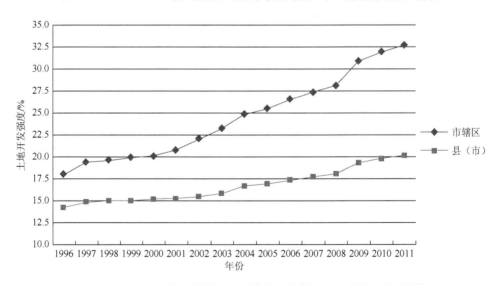

图 5-15　1996～2011 年江苏沿江地区市辖区与县（市）土地开发强度情况

四、基于城镇与村庄用地的分类评价

1996～2011 年，江苏沿江地区社会经济快速发展，建设用地快速扩张，从内部细分，主要是城镇建设用地的扩张起主导作用（图 5-16、图 5-17）。城镇建设用地由1996 年的 33.91 万 hm² 增加至 2011 年的 69.18 万 hm²，而村庄用地除了在 1996～1998年有少量的上升外，在 1998～2011 年呈现平稳的下降，由 1998 年最高的 46.69 万 hm²降至 2011 年的 43.27 万 hm²。这主要是由于江苏沿江地区 1996～2011 年处于快速的城镇化进程，二、三产业较第一产业发展快，人口逐渐从乡村向城镇迁移，使得城镇建设用地面积扩张较大，而对于村庄建设用地的减少，除了受人口迁出影响外，主要是由于农村人口减少过程中的迁村并点、耕地占补平衡等政策的影响。

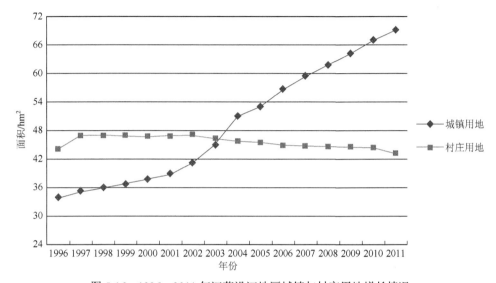

图 5-16　1996～2011 年江苏沿江地区城镇与村庄用地增长情况

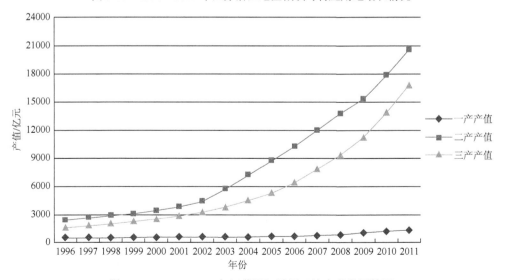

图 5-17　1996～2011 年江苏沿江地区三次产业发展情况

第三节　建设用地利用的驱动机制分析

一、建设用地利用情景模拟的数据需求

江苏沿江地区土地利用类型变化影响因素复杂，本节研究综合考虑了自然因素、社会因素、经济发展因素多层面的影响因素。其中，自然条件因素包括至城市中心距离、距高速公路、省级公路、一般公路的距离、距主要河流距离，根据江苏沿江地区"通江达海"这一优越的地理条件，采用距海岸线距离、距长江岸线的距离两指标，同时考虑基本地理地貌要素，增加了地面高程（DEM）指标；社会因素中考虑发展水平和人口集聚情况，采用人均 GDP 和人口密度两项指标；经济因素中主要考虑产业结构、工业发展状况等方面，分别采用了产业结构高级度、工业化水平两个指标。具体采用因素指标、指标定义与指标量纲情况见表 5-2。为了提高模拟结果的空间精度，利用指标、变量空间处理方法，将所有的自然背景数据、气候数据、区位条件数据和经济社会数据在 500m×500m 的栅格水平上做了离散化处理。

表 5-2　建设用地变化时空模拟采用的空间控制变量

因素层	指标层	定义	量纲
自然因素	至城市中心的距离	各栅格质心到最近地级市城区中心距离	km
	距公路的时间距离	各栅格质心到最近公路的最短时间距离	hour
	距铁路的时间距离	各栅格质心到最近铁路的最短时间距离	hour
	距港口的时间距离	各栅格质心到最近港口的最短时间距离	hour
	距航空港的时间距离	各栅格质心到最近航空港的最短时间距离	hour
	土地开发适宜性	综合洼地、沙土液化、软土、地面沉降等条件的开发适宜性	-
社会因素	人均 GDP	空间化 GDP 密度	元/人
	人口密度	基于人口分布模型的空间化人口密度	人/km²
经济因素	产业结构高级度	衡量三次产业结构比重	-
	工业化水平	工业产业占 GDP 的比重	%

分析需要江苏沿江地区 2010 年的土地利用矢量数据，由 Landsat TM/ETM 遥感数据解译获得。Landsat TM 影像精度为 28.5m×28.5m，目前已经广泛应用于土地利用调查等领域。在 2000 年土地利用调查中，按照国家土地分类标准将土地资源分为耕地、林地、草地、城乡工矿建设用地、水域和未利用地 6 个一级分类，其分类标准见表 5-3。值得注意的是，该分类系统与国土资源部土地利用现状分类

体系具有明显的差别。如国土资源部土地利用分类体系中有园地类别,中国科学院分类指标体系未将园地单独分类,而是将园地类归为林地。两种分类体系除耕地具有可比性之外,其他用地不具有可比性。

表5-3 土地利用分类系统

一级类型		含义
编号	名称	
1	耕地	指种植农作物的土地,包括熟耕地、新开荒地、休闲地、轮歇地、草田轮作地;以种植农作物为主的农果、农桑、农林用地;耕种三年以上的滩地和滩涂,包括旱地和水田2个二级类型
2	林地	指生长乔木、灌木、竹类以及沿海林地等林业用地,包括有林地、灌木林、疏林地和果园、桑园等木本园地
3	草地	指以生长草本植物为主,覆盖度在5%以上的各类用地,包括以牧为主的灌丛草地和郁闭度在10%以下的疏林草地
4	水域	指天然陆地水域和水利设施用地,包括河渠、湖泊、水库坑塘等
5	城乡工矿建设用地	指城乡居民点及县镇以外的工矿、交通等用地
6	未利用地	目前还未利用的土地,包括难以利用的土地与滩涂用地

二、土地利用类型变化的驱动机制分析

土地利用格局是土地利用系统状态的具体表征,土地利用系统的动态变化结果最终以一定的土地利用类型结构和空间布局,即土地利用格局来呈现。

从某种意义上来说,各种驱动力因子对土地利用类型面积变化的影响决定着未来土地用途时空格局的基本特征。各驱动力因子对某种土地利用类型某一时间截面空间分异的影响,可以通过各种土地利用类型面积变化与驱动力因子之间建立的模型进行测度。通过以往研究经验和江苏沿江地区实际的空间尺度,本书经过测试,将由矢量数据转换过来的栅格数据尺度选择为500m。

江苏沿江地区500m栅格尺度上以1996~2010年各建设用地面积为因变量,各驱动力因子为解释变量的估计结果,如图5-18~图5-20所示,从空间角度显示诸因素对土地利用类型影响程度。

同时,为了定量精确说明各因素对建设用地利用的影响,本书采用Logistic模型进行回归分析,通过采用不同指标进出模型的方法,以及考虑指标的多重共线性等原因,共得出5种模型,具体运行结果见表5-4,可以显而易见地表现出各种驱动力因子对各种土地利用类型的影响程度。而驱动力因子对土地利用类型面积变化的影响,很好地反映出相应的驱动力因子对土地利用类型的影响。

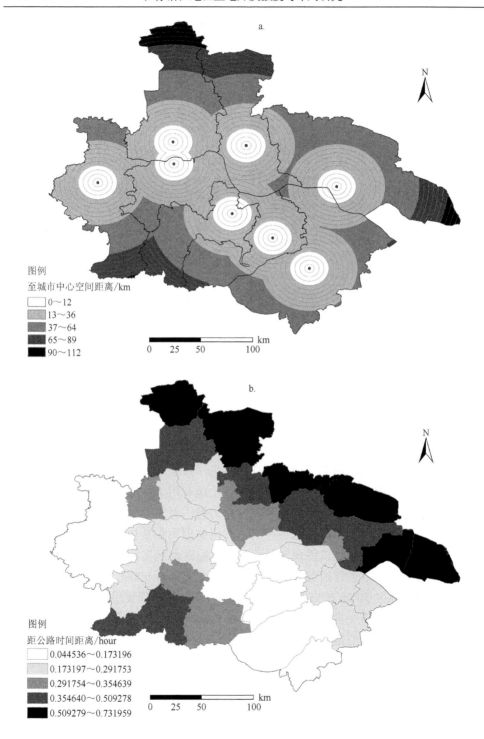

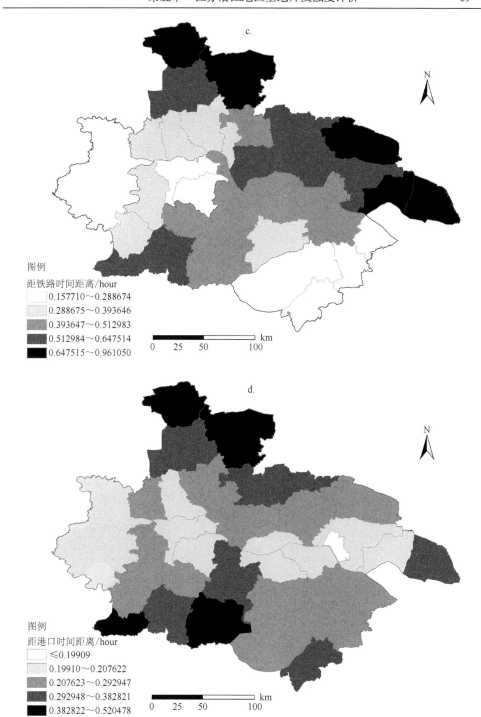

图例

距铁路时间距离/hour
- 0.157710～0.288674
- 0.288675～0.393646
- 0.393647～0.512983
- 0.512984～0.647514
- 0.647515～0.961050

图例

距港口时间距离/hour
- ≤0.19909
- 0.19910～0.207622
- 0.207623～0.292947
- 0.292948～0.382821
- 0.382822～0.520478

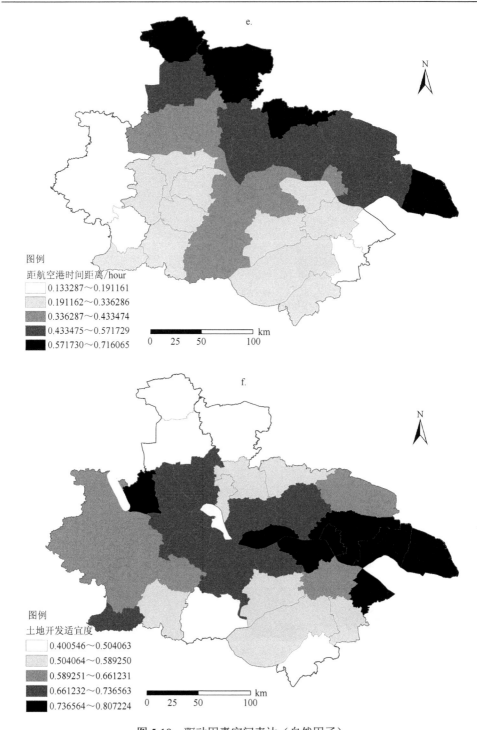

图 5-18　驱动因素空间表达（自然因子）

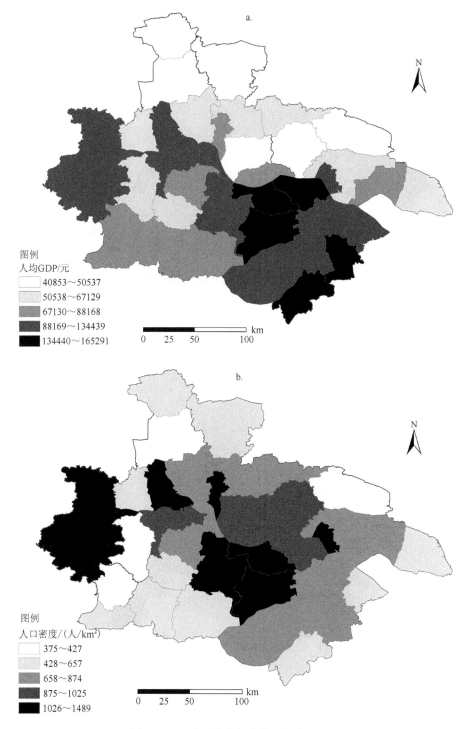

图 5-19　驱动因素空间表达（社会因子）

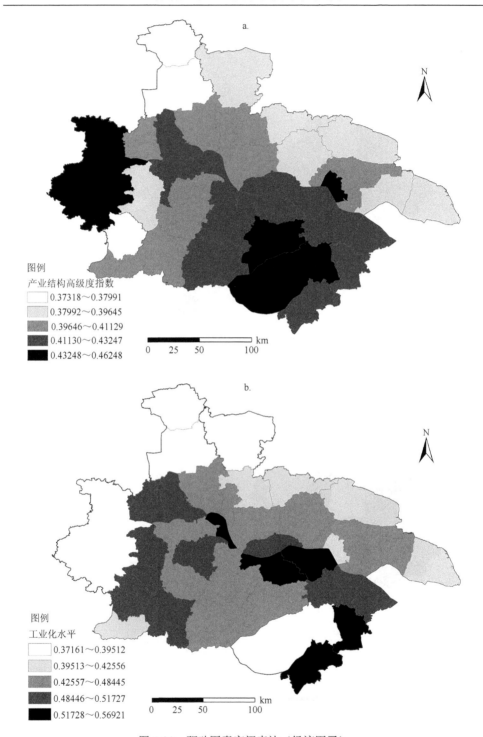

图 5-20　驱动因素空间表达（经济因子）

表5-4　各种驱动力因子回归系数表

影响因素	模型一	模型二	模型三	模型四	模型五
至城市中心的距离	−0.03				
距公路的时间距离	3.304***	0.16*			0.85**
距铁路的时间距离	−0.845*	0.407**	−0.238**	−0.43**	0.444
距港口的时间距离	3.561*		0.461*		1.535**
距航空港的时间距离	−1.903**	−0.442*		−1.008	1.927
土地开发适宜性		1.199**	0.837*	4.489***	−1.306*
人均 GDP		0.154	−0.915		1.651
人口密度	0.001**			0.628*	
产业结构高级度		0.173**		−0.433	
工业化水平	0.003	0.012		−0.007	
常量	−2.911	1.106	−4.728	−8.007	−5.141

注："*"表示10%水平上显著，"**"表示5%水平上显著，"***"表示1%水平上显著。

自然因素：至城市中心的距离对建设用地的影响不显著，虽然进入模型，但是作用强度较小，与一般理解存在较大不同，这主要是由江苏沿江地区比较特别的建设用地空间分布特征导致的。江苏沿江地区地处长江中下游，濒临沿海，主要以平原为主，适宜开发，城镇工矿用地利用较为集中，但是村庄建设用地比较分散，从景观格局角度分析，相对破碎，呈"满天星"状的散乱分布状态。交通因素对建设用地影响相对明显，但是作用方向不同，距公路的时间距离对建设用地呈现正向促进作用，模型一中的 Beta 值达到 3.304，具有较高置信水平。同时，模型三与模型五中的 Beta 值也是正向的。由于江苏沿江地区"通江达海"的地理区位优势，无论依托上海的国际枢纽中心，还是长江干流上各大内河港口，对促进城市经济发展与外来人口集聚均有显著促进作用，使得建设用地扩张较为迅速。而距铁路的时间距离对建设用地分布影响不大，且在不同模型中的作用程度与方向不同。江苏沿江地区地处长江中下游平原，土地适宜性条件较好，便于建设用地的开发与利用。

社会因素：以人均 GDP 反映社会发展水平，在模型五中的 Beta 值为 1.651，对建设用地具有正向促进作用。人口密度对建设用地也具有类似的作用，在模型四中的系数值为 0.628，也具有正向作用。

经济因素：产业结构高级度指标进入模型二和模型四，影响程度较低，Beta系数只有 0.173 和−0.433。江苏沿江地区经济基础较好，在全国各地区中已经率先进入工业化发展中后期，目前正处于产业结构升级与转型阶段，对土地占用相对工业化发展前期与中期弱。工业化水平反映工业产值在经济中的占比。从回归运算的结果中可以看出，在模型一与模型二中，系数值分别为 0.003 与 0.012，虽有正向促进作用，但是作用强度不显著，而且在模型四中的回归系数为 –0.007。总体上看，工业化作为建设用地的一个驱动因素，但是其作用强度明显低于距公路的时间距离与距港口的时间距离等影响因素。

第六章 江苏沿江地区土地开发强度阈值研究

第一节 江苏沿江地区土地开发的影响因素分析

一、土地开发与影响因素关联分析

（一）自然条件因素

一个区域的地质、地形、水文、气候等自然条件是影响土地开发强度的基础性因素。土地和其他物品的最大区别在于土地不是人为创造的，而是自然的产物，人类可活动和可开发利用的空间是有限的。同样，土地的自然区位是固定的，土地的自然禀赋与综合质量也是相对固定的，存在着不同程度的区域差异。土地利用方式发生变化的驱动力主要集中在自然和社会两个系统，其中地形、气候、土壤、水分等是主要的自然系统驱动力。在人类对土地资源开发利用的过程中，地形因素通过如坡度、坡向、坡形等的表面形态、海拔高度、相对高度、山体走向等的空间分布以及盆地、山地、丘陵等各种不同形态的类型组合，组成千姿百态的地表景观，影响着人类对土地资源的开发方式和开发程度。相关研究表明，建设用地变化通常集中在海拔和坡度比较低的区域。水文和气候决定着人类生存和生活的环境，早期的城市发展大多集中在水资源丰富的区域，气候适宜或水文气候条件较好的区域往往分布着更多的建设用地。自然条件对土地开发强度的影响尤其在生态脆弱区更为明显。除了自然因素等的制约，人类不合理的建设用地开发活动还可能带来一系列的生态环境问题。如在生态脆弱区的建设用地开发容易导致自然植被退化、水土流失严重、自然灾害频繁、水资源短缺等问题，甚至会引发地质灾害。因此，研究合理的土地开发强度必须首先考虑自然因素的制约，保护必要的生态用地，不能突破区域的环境容量。

（二）经济发展因素

大量研究和历史经验表明，建设用地结构和布局的变化与经济发展是相互促进，互为因果的。社会经济发展对土地开发利用具有多方面的影响：首先，社会经济是土地开发利用的基本背景之一，它影响了土地开发利用的方向；其次，它是土地开发利用的基本保障条件及构成土地开发的市场，因此，社会经济影响着土地开发利用的可能和效益；再次，经济环境和土地的开发利用相互影响、相互制约，影响着区域经济发展和土地长期开发与可持续利用。下面分别从 GDP、产业结构、固定资产投资和居民生活几方面对经济要素与建设用地关系进行分析。

1. GDP 与建设用地扩展的关系

经济发展水平对土地利用的影响较大，一个地区土地利用结构的形成和演变与该地区的经济发展水平密切相关。1996 年江苏沿江地区 GDP 为 4457.4 亿元，到 2011 年增加至 38768.2 亿元，约为 1996 年 GDP 的 8.70 倍。从人均 GDP 指标来看，1996 年江苏沿江地区人均 GDP 为 11550.4 元，到 2011 年增加至 94248.2 元，约为 1996 年人均 GDP 的 8.16 倍。从 1996 年到 2011 年，江苏沿江地区建设用地由 78.1 万 hm² 增加至 120.9 万 hm²，共增加了 42.8 万 hm²。可以看出，经济发展水平的提高，对建设用地扩张具有明显影响。江苏沿江地区的苏南、苏中两大次区域经济发展水平差异较大，建设用地的变化也存在差异。从图 6-1 可看出，江苏沿江地区建设用地扩展与经济发展水平的提高具有一致性，土地开发强度与 GDP、第二、三产业产值呈正相关关系。

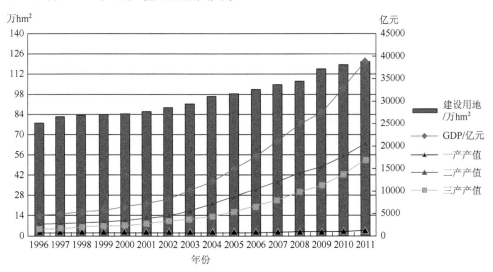

图 6-1　1996～2011 年江苏沿江地区建设用地总量变化与经济发展水平的关系

为更好地反映经济发展水平和建设用地的关系，以生产总值为自变量 X，以建设用地为因变量 Y，对建设用地和 GDP 建立回归方程，如图 6-2 所示。

从江苏沿江地区 GDP 和建设用地面积之间的关系曲线可以看出，建设用地面积与 GDP 具有很高的相关性，判定系数高达 0.9647。建设用地面积与 GDP 之间关系的回归曲线为：$Y=0.00012X+77.363$（$R^2=0.9647$）。

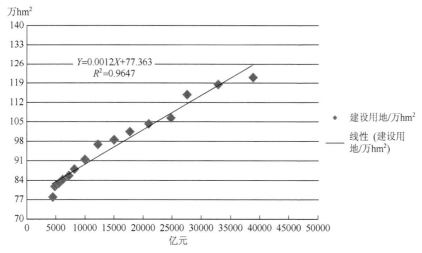

$Y=0.0012X+77.363$
$R^2=0.9647$

图 6-2　江苏沿江地区建设用地面积与 GDP 的关系曲线

不同发展水平地区的 GDP 总量与土地开发强度的关系不同，如表 6-1 所示。随着经济总量的不断提高，土地开发强度逐步增大。在 GDP 处于 243.9 亿~642.4 亿元阶段时，土地开发强度介于 14.24%（1996，泰州）和 18.87%（2003，镇江）之间，在该阶段，一般情况下的土地开发强度为 15.02%；在 GDP 处于 643.0 亿~1138.0 亿元阶段时，土地开发强度介于 16.66%（2003，扬州）和 17.05%（2008，泰州）之间，在该阶段，一般情况下的土地开发强度为 16.76%；在 GDP 处于 1151.0 亿~2073.4 亿元阶段时，土地开发强度介于 15.47%（2005，常州）和 25.18%（2012，镇江）之间，在该阶段，一般情况下的土地开发强度为 20.98%；在 GDP 处于 2075.8 亿~7514.7 亿元阶段时，土地开发强度介于 16.92%（2008，南通）和 28.09%（2012，苏州）之间，在该阶段，一般情况下的土地开发强度为 19.67%。

表 6-1　经济发展水平与土地开发强度的关系

GDP 发展阶段/亿元	建设用地比重/%		
	最大值	最小值	中位数
243.9~642.4	18.87（2003，镇江）	14.24（1996，泰州）	15.02（2001，泰州）
643.0~1138.0	17.05（2008，泰州）	16.66（2003，扬州）	16.76（2006，泰州）
1151.0~2073.4	25.18（2012，镇江）	15.47（2005，常州）	20.98（2000，苏州）
2075.8~7514.7	28.09（2012，苏州）	16.92（2008，南通）	19.67（2005，苏州）

2. 产业结构调整与建设用地扩展的关系

（1）三次产业结构

在经济发展过程中，产业的集聚和产业结构的演变都会对建设用地规模和结构产生影响。由于各产业部门的土地利用率、产出率不同，不同的产业结构必然会有不同的土地利用结构与之相适应。在工业化和城市化水平都较低的时期，第一产业处于主导地位，所占用地比重最大，土地利用主要是以农用地为主，第二、三产业比重偏低，建设用地所占比重相对较小。随着城市化和工业化进程的加快，农用地和农业人口不断向第二、三产业转移，土地利用结构开始发生变化，农用地比重下降，建设用地比重上升，相应之前比重偏低的第二、三产业用地比重在整个建设用地利用结构中不断上升，甚至超过第一产业用地比重。

产业结构的调整过程，一般可以看做是产业的"退二进三"的过程，第一产业在整个产业结构的比重持续下降，二、三产业比例上升，这必然加大了对建设用地的需求。江苏沿江地区经济快速发展，产业结构也处于不断变化中，在国民经济结构中，工业已经成为区域经济发展的主导产业。江苏沿江地区 GDP由 1996 年的 11550.4 亿元增加到 2011 年的 94248.2 亿元，第三产业在国民经济发展中的地位也逐年提高，到 2011 年，第三产业的产值为 16816.3 亿元，比 1996年的 1529.1 亿元增加了 15287.2 亿元，产业结构进一步优化，综合经济实力也不断加强。从三次产业结构的比重来看，由 1996 年的 11.0∶54.7∶34.3 变为 3.5∶53.2∶43.4，第一产业比重下降了 7.5%，第二产业比重下降了 1.5%，第三产业比重上升 9.1%，单位建设用地二、三产业产值也不断增加，建设用地集约度和利用效率不断提高（表 6-2）。

表 6-2　1996～2011 年江苏沿江地区三次产业结构变化

	建设用地/万 hm²	一产比重/%	二产比重/%	三产比重/%	GDP/亿元	单位建设用地二、三产业产值/（万元/hm²）
1996	78.1	11.03	54.66	34.30	4457.4	50.8
1997	82.2	10.12	54.29	35.59	4921.7	53.8
1998	82.9	9.42	53.78	36.80	5364.0	58.6
1999	83.6	8.90	53.47	37.63	5794.9	63.1
2000	84.4	8.30	53.65	38.05	6406.5	69.6
2001	85.7	7.78	53.39	38.83	7181.0	77.3
2002	88.3	7.01	54.03	38.96	8181.9	86.1
2003	91.4	5.71	57.25	37.03	10000.9	103.2
2004	96.8	4.99	59.20	35.81	12237.2	120.1
2005	98.6	4.66	58.91	36.44	14877.3	143.8
2006	101.6	4.47	58.39	37.14	17614.9	165.6
2007	104.2	4.07	57.49	38.44	20985.1	193.2
2008	106.5	3.99	56.48	39.53	24796.8	223.5
2009	115.2	3.80	55.58	40.62	27544.3	230.0
2010	118.4	3.55	54.43	42.03	32811.3	267.2
2011	120.9	3.42	53.21	43.38	38768.2	309.8

从图 6-3 可以看到，从 1996 年到 2011 年，江苏沿江地区建设用地面积不断增加，与第一产业比重呈负相关关系，与第二、三产业比重呈正相关关系，特别是与二产比重的关联性较强，说明第二产业快速发展对建设用地扩张的推动最为明显。

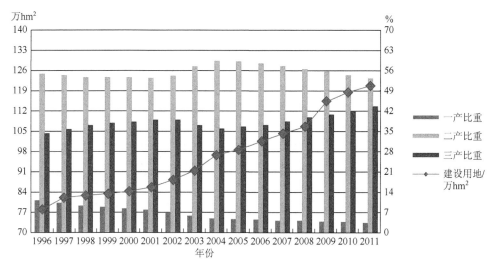

图 6-3　1996～2011 年江苏沿江地区各产业比重与建设用地面积关系

（2）产业结构的高级度

为了说明江苏沿江地区各城市间产业结构发展的情况，本书引入产业结构高级度指数这一概念。顾名思义，产业结构高级度是指产业结构从低水平向高水平发展的动态过程，是产业结构重心由第一产业向第二产业和第三产业逐次转移的过程。利用三次产业比重向量与对应坐标轴的夹角会随着产业比例的变化而变化来构造产业结构高级化指数。$IH=\theta_1+\theta_2$，其中，θ_1 用于度量二、三产业相对一产转移的效应；θ_2 用于度量二产向三产转移的效应。θ_1 与 θ_2 值越大表明转移水平越高，相应 IH 值越大表明产业结构高级化的水平就越高。$\theta_1=\pi-\mu_1-\mu_2$，μ_1 与 μ_2 分别为向量（X_1，X_2，X_3）与向量（0，1，0）、（0，0，1）、（1，0，0）的夹角，x_1，x_2，x_3 分别为一、二、三产业增加值占 GDP 的比重。$\theta_2=\pi/2-\theta_1$，σ_1 为向量（x_1，x_3）与向量（0，1）的夹角。计算二维和三维夹角的公式为

$$\theta=\arccos\left[\frac{\sum_{i=1}^{n}(x_i x_{i,0})}{\left(\sum_{i=1}^{n}x_i^2\right)^{\frac{1}{2}}\left(\sum_{i=1}^{n}x_{i,0}^2\right)^{\frac{1}{2}}}\right]$$

根据 IH 指数，对江苏沿江地区及其各城市的产业结构高级化程度进行评价，结果如表 6-3 所示。

表 6-3　江苏沿江地区历年产业高级度指数　　　（单位：%）

年份	一产比重	二产比重	三产比重	产业高级度指数
1996	11.0	54.7	34.3	35.8
1997	10.1	54.3	35.6	36.1
1998	9.4	53.8	36.8	36.4
1999	8.9	53.5	37.6	36.6
2000	8.3	53.6	38.0	36.8
2001	7.8	53.4	38.8	37.0
2002	7.0	54.0	39.0	37.1
2003	5.7	57.3	37.0	36.8
2004	5.0	59.2	35.8	36.7
2005	4.7	58.9	36.4	36.8
2006	4.5	58.4	37.1	37.0
2007	4.1	57.5	38.4	37.3
2008	4.0	56.5	39.5	37.5
2009	3.8	55.6	40.6	37.7
2010	3.5	54.4	42.0	38.1
2011	3.4	53.2	43.4	38.3

三次产业结构的变化对建设用地利用的变化具有显著影响。随着经济发展阶段的不断演进，整体上第一产业比重不断下降；第二产业比重在工业化中期上升明显，在工业化后期和发达经济阶段，其比重是不断下降的；第三产业比重在工业化中级阶段不断下降，但是在工业化后期和发达经济阶段，其比重是不断上升的。

通过表 6-4 中数据显示，产业结构高级度（第三产业增加值比重）与土地开发强度有较好的对应关系。当产业结构高级度处于 33.44%~36.11%阶段时，土地开发强度介于 12.60%（1996，南通）和 17.60%（2006，扬州）之间，在该阶段一般开发强度为 16.33%；当产业结构高级度处于 36.18%~36.76%阶段时，土地开发强度介于 18.43%（2004，苏州）和 19.30%（2012，泰州）之间，在该阶段一般开发强度为 19.00%；当产业结构高级度处于 36.80%~37.68%阶段时，土地开发强度介于 18.48%（2010，扬州）和 24.90%（2011，镇江）之间，在该阶段一般开发强度为 18.71%；当产业结构高级度处于 37.70%~40.21%阶段时，土地开发强度介于 26.18%（2009，苏州）和 30.35%（2011，南京）之间，在该阶段一般开发强度为 27.30%。

表 6-4　三产结构与土地开发强度的关系

产业结构高级度/%	建设用地比重/%		
	最大值	最小值	中位数
33.44～36.11	17.60（2006，扬州）	12.60（1996，南通）	16.33（2001，扬州）
36.18～36.76	19.30（2012，泰州）	18.43（2004，苏州）	19.00（2001，镇江）
36.80～37.68	24.90（2011，镇江）	18.48（2010，扬州）	18.71（2000，无锡）
37.70～40.21	30.35（2011，南京）	26.18（2009，苏州）	27.30（2010，无锡）

3. 固定资产投资与建设用地扩展的关系

经济发展的重要推动力就是增加投资，建设用地面积增加的规模和速度与投资力度有一定关系。固定资产投资是国民经济、尤其是工业发展的重要基础，是社会固定资产再生产的主要手段，它既是经济发展的前提，也是土地用途置换、用地效益提升的基础。2011 年江苏沿江地区固定资产投资 20299.30 亿元，比 1996 年的 1521.4 亿元增长了约 12.34 倍，相应的，在研究时段内，江苏沿江地区建设用地面积增长了 54.78%，说明固定资产投资的快速增长不仅带动经济高速发展，也使建设用地面积大幅增加，如图 6-4 所示。

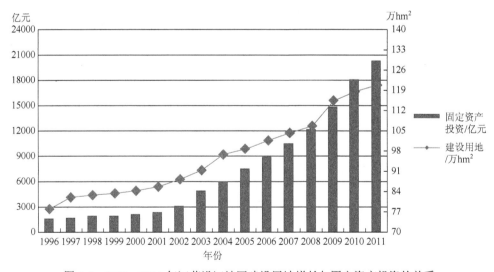

图 6-4　1996～2011 年江苏沿江地区建设用地增长与固定资产投资的关系

为了更好地反映固定资产投资和建设用地面积之间的关系，以固定资产投资为自变量 X，以建设用地面积为因变量 Y（图 6-5），对江苏沿江地区建设用地面积和固定资产投资建立回归方程

$$Y=0.0022X+80.111 \qquad (R^2=0.9707)$$

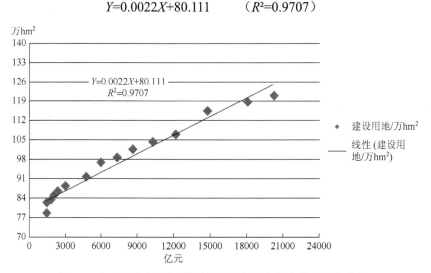

图 6-5　江苏沿江地区建设用地面积与固定资产投资的相关性

从固定资产投资和建设用地面积相关性分析可以看出，固定资产投资和建设用地面积之间的相关性很强，判定系数高达 0.9707，因此，固定资产投资是江苏沿江地区建设用地面积快速扩展的重要驱动因素。

从表 6-5 可知，当固定资产投资处于 124.2～247.0 量级时，土地开发强度介于 14.24% 和 17.81% 之间，当固定资产投资处于 318.0～564.9 量级时，土地开发强度介于 14.51% 和 18.09% 之间，当固定资产投资处于 815.3～1476.2 量级时，土地开发强度介于 18.94% 和 24.08% 之间，而当固定资产投资处于 1868.0～5142.5 量级时，土地开发强度处于 25.18% 和 28.09% 之间，建设用地总量与固定资产投资增长的相关性较大。

表 6-5　固定资产投资与土地开发强度的关系

固定资产投资/亿元	建设用地比重/%		
	最大值	最小值	中位数
124.2～247.0	17.81（2003，扬州）	14.24（1996，泰州）	16.76（1999，镇江）
318.0～564.9	18.09（2001，苏州）	14.51（2002，常州）	15.90（1996，苏州）
815.3～1476.2	24.08（2011，扬州）	18.94（2007，镇江）	21.63（2009，镇江）
1868.0～5142.5	28.09（2012，苏州）	25.18（2012，镇江）	25.69（2011，常州）

4. 居民生活水平与建设用地的关系

居民的生活水平对建设用地扩展也有重要影响。人是土地开发利用的主体，人口数量的增加及人类对物质需求的增加都会在一定程度上影响土地利用类型和格局。根据马斯洛的"需求层次论"，人在满足了基本的生理需求后，会本能地产生高层次的需求，因此，对物质文化的需求会不断增加。随着居民生活水平的提高，人们对自己的居住空间、公共空间及基础设施等都提出了更高的要求，体现在土地利用上，就是要求宽敞的住宅、宽阔的马路、大型的公园、城市广场等公共基础设施用地增加，相应的工业与服务业用地也应该扩大。建设用地新增空间的扩展与内部用地结构的调整均在上述一连串反应机制作用中进行。

随着经济的快速发展，江苏沿江地区居民人均可支配收入也有较大的提高。1996年以来，居民生活水平显著提高，1996年江苏沿江地区社会生活消费品零售额为1478.5亿元，人均社会消费零售额3831.2元，到2011年江苏沿江地区社会生活消费品零售额增加至12567.1亿元，人均社会消费零售额30551.3元，约为1996年的7.97倍。建设用地面积与人均社会消费品总零售额关系如图6-6、图6-7所示。

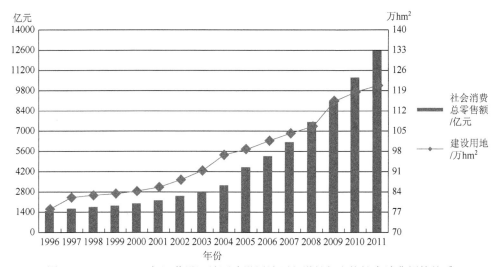

图6-6　1996～2011年江苏沿江地区建设用地面积增长与人均社会消费额的关系

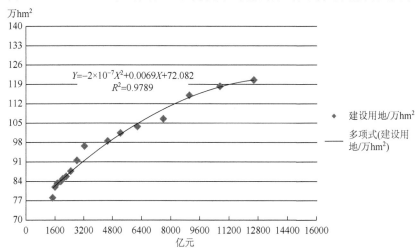

图6-7　江苏沿江地区建设用地面积与人均社会消费总零售额的相关性

　　通过对 1996～2011 年江苏沿江地区建设用地面积和人均社会消费品零售额的相关性分析，结果表明，建设用地面积与人均社会消费总零售额的相关关系显著，之间的判定系数高达 0.9789。因此，人均社会消费总零售额是建设用地扩展的驱动力因子之一，是衡量建设用地扩展的重要指标。

　　不同发展阶段的人均社会消费总零售额与建设用地面积变化整体上符合"倒 U 字形"曲线，土地开发强度阈值已经出现拐点（表 6-6）。当人均社会消费总零售额处于 2028.7～5917.9 元时，土地开发强度最大值为 17.60%，最小值只有 14.24%，此阶段一般情况下土地开发强度为 16.00%。在人均社会消费总零售额处于 20958.3～52092.4 元时，土地开发强度最大值达到 31.18%，而最小值只有 24.63%，一般情况下土地开发强度为 26.80%。

表 6-6　人均社会零售消费额与土地开发强度的关系

人均社会零售消费额/元	建设用地比重/%		
	最大值	最小值	中位数
2028.7～5917.9	17.60（1996，无锡）	14.24（1996，泰州）	16.00（2004，泰州）
6296.6～10419.7	21.13（2006，镇江）	18.87（2003，镇江）	17.05（2008，泰州）
10489.5～20859.3	24.55（2010，镇江）	22.88（2003，南京）	16.49（2002，苏州）
20958.3～52092.4	31.18（2012，无锡）	24.63（2006，无锡）	26.80（2008，无锡）

（三）城市发展因素

1. 人口增长因素

　　土地利用是指人对土地的利用。人是土地利用系统结构的参与者、组织者和实践者，人口不断增加客观上要求农用地和建设用地同时增加，然而，土地总量有限，在未利用地减少到一定程度时建设用地必然占用农用地。随着经济的发展，城市化水平的提高，人口向城镇集聚，引起城镇建设用地需求的不断加大。人作为社会活动的主体，为促进其生存与发展，人类对空间效用的追求，直接表现为对土地的需求。因此，人口的增加是土地开发强度的根本动力。1996年底，江苏沿江地区常住总人口仅有 3910.6 万人，到 2011 年底，江苏沿江地区常住人口增加至 4919.4 万人，同期江苏沿江地区建设用地面积由 78.1 万 hm^2 增加至 120.9 万 hm^2。由图 6-8 可以看出，江苏沿江地区建设用地增长与常住人口增长保持高度的一致性。

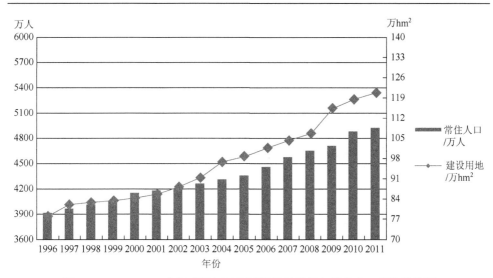

图 6-8　1996～2011 年江苏沿江地区建设用地增长与常住人口变化趋势图

以人口规模为自变量 X，以建设用地为因变量 Y，对江苏沿江地区建设用地与常住人口建立一元线性回归方程，如图 6-9 所示。

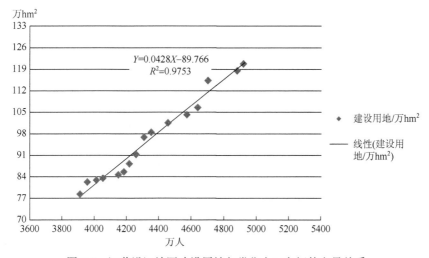

图 6-9　江苏沿江地区建设用地与常住人口之间的定量关系

回归方程为 $Y=0.0428X-89.766$　　　（$R^2=0.9753$）

该模型通过显著性检验，说明该模型能很好地反映建设用地与常住人口之间的关系，两者呈现显著的线性相关，关系密切。

城镇人口与土地开发强度的关系见表 6-7。可以看出，当城镇人口处于 69.2 万～145.1 万的量级时，土地开发强度最大值为 20.56%，最小值为 14.03%；当城镇人口处于 154.0 万～232.2 万的量级时，土地开发强度最大值为 16.76%，最小值为 15.22%；当城镇人口处于 235.9 万～309.5 万的量级时，土地开发强度最大值为 19.66%，最小值为 16.78%；而当城镇人口达到 309.7 万～512.1 万的量级时，土地开发强度最大值高达 27.56%，最小值为 19.67%，此阶段较为适宜的土地开发强度为 21.65%。

表 6-7　城镇人口与土地开发强度的关系

城镇人口/万人	建设用地比重/%		
	最大值	最小值	中位数
69.2～145.1	20.56（2005，镇江）	14.03（1996，常州）	16.15（1996，扬州）
154.0～232.2	16.76（2006，泰州）	15.22（2003，扬州）	16.66（2003，常州）
235.9～309.5	19.66（2000，南京）	16.78（2007，泰州）	18.17（2008，扬州）
309.7～512.1	27.56（2012，南京）	19.67（2005，苏州）	21.65（2007，苏州）

2. 城镇化进程

城镇化是当今世界上最重要的社会、经济现象之一，在城镇化过程中，城镇人口不断增加，相应的城镇用地规模也会不断加大。城镇化在空间上表现为城镇用地结构和用地形态的调整，城镇用地规模的不断增加。城镇人口对空间的需求是城镇用地增长的直接动因和最初动力，促使着城镇对土地需求的增加，具体表现为城镇居民对住房、交通和公共设施等方面的需求增加。江苏沿江地区已经进入城镇化快速增长阶段，1996 年江苏沿江地区城镇化水平仅有 27.32%，到 2011 年年底，江苏沿江地区城镇化水平提高至 61.9%，15 年间，城镇化水平提高了 34.58%，年均增加 2.3%。随着江苏沿江地区城镇化水平的提高，城镇人口数量的增加导致建设用地需求的增加。从图 6-10 可以看出，江苏沿江地区建设用地的增加与城镇化水平保持了较高的正向一致性。

为了更好地反映城镇化水平和建设用地的关系，以城镇化水平为自变量 X，以建设用地为因变量 Y，对江苏沿江地区建设用地和城镇化水平建立线性回归方程，如图 6-11 所示。

线性回归方程为 $Y=109.74X+44.899$　　　（$R^2=0.9536$）

对 1996～2011 年江苏沿江地区建设用地和城镇化率进行相关分析，结果表明，建设用地与城镇化水平呈显著的线性相关关系，判定系数达到 0.9536，反映了随着城镇化水平的提高带动建设用地面积的快速扩张。因此，城镇化水平是建设用地扩展的驱动力因子之一，是衡量建设用地扩展的重要指标。

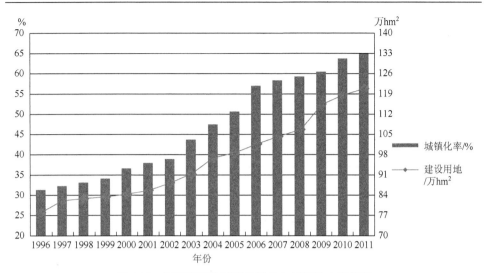

图 6-10　江苏沿江地区建设用地与城镇化水平关系

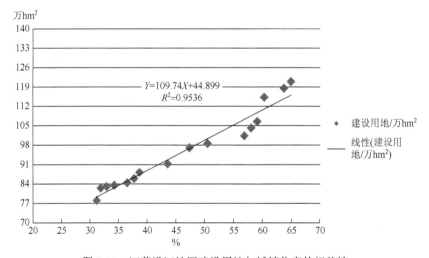

图 6-11　江苏沿江地区建设用地与城镇化率的相关性

　　城镇化率的不断提高，对建设用地扩张的促进作用比较显著。但随着城镇化的不断推进，建设用地对城镇化的承载力与弹性指数并没有明显的变化，说明城镇化进程中，建设用地扩张比较粗放，用地效益有待提高。城镇化率对建设用地比重的影响，不同城镇化阶段表现出不同的变化特征（表 6-8）。当城镇化率处 19.15%～33.68%阶段时，土地开发强度最大达到 17.57%，最小值只有12.58%，一般情况下在 14.90%左右。当城镇化率达到 59.20%～80.20%阶段时，开发强度最大已经提到至 27.56%，最小也达到了 15.96%的水平，一般情况下在26.80%左右。

表 6-8　城镇化率与土地开发强度的关系

城镇化率/%	建设用地比重/%		
	最大值	最小值	中位数
19.15～33.68	17.57（2001，常州）	12.58（1996，宿迁）	14.90（2002，南通）
33.94～47.60	16.78（2007，泰州）	12.70（2004，南通）	18.09（1998，无锡）
48.60～58.80	19.11（2012，扬州）	13.35（2006，盐城）	18.31（2009，南通）
59.20～80.20	27.56（2012，南京）	15.96（2011，盐城）	26.80（2008，无锡）

二、对影响因素作用的定量分析

区域土地开发强度包括建设用地规模变化与结构变化两个方面，影响因素又分为自然因素和人文社会因素，其定量分析是一个庞大而复杂的系统性工程。考虑到数据获取的难度以及篇幅的限制，本书仅对影响江苏沿江地区 8 个城市建设用地扩展的社会人文因素进行定量研究。

（一）研究方法

采用统计分析方法可以对数据进行分析、处理，从而使复杂问题简单化，易于抓住复杂系统中的主要矛盾和系统内部重要的驱动力，是研究城市土地开发强度与人文社会因素间关系相对简单且行之有效的方法。本书主要采用统计分析方法中的主成分分析法和逐步回归分析方法对各城市建设用地扩展的影响因素进行定量分析。

1. 主成分分析法

影响建设用地扩展的人文社会因素错综复杂，各因素又可通过众多评价指标来反映。这些指标不仅与城市建设用地规模存在相互关系，各指标之间也存在一定相关性，如果单纯用灰色关联度分析，必然会导致统计数据所反映的信息存在一定的冗余；另外，在进行统计分析过程中，变量太多会影响统计分析的准确度和复杂度，甚至影响分析结果，主成分分析法是解决此类问题的有效方法。

主成分分析（principal components analysis，PCA）最早由 Karl Pearson 于 1901年发明，是数学上对数据降维的一种方法。主成分分析法的主要原理是通过线性变换将原来的具有相关性的多个指标（比如 p 个）重新组合为一组个数较少且相互独立的综合指标，并用提取出的主成分代替原始指标，从而在尽可能反映原有指标信息的前提下回避变量间的相关性问题。其数学上的经典做法是用 F_1（原变量的第一个线性组合所形成的主成分指标）的方差来表达原有指标所包含的信息，其方差 $\mathrm{Var}(F_1)$ 越大，表示 F_1 所包含的信息越多。通常第一主成分 F_1 所包含的信息量最大，因此，F_1 应该是所有 $X_1,X_2,\cdots,X_p$ 的线性组合中方差最大的，故认为 F_1 是第一主成分。若第一主成分所包含的信息量不够，不足以代表原指标所有信息，再选取第二个主成分指标 F_2，为了有效地反映原信息，F_2 要与 F_1 保持独立、不相关，用数学语言表达就是 F_1 与 F_2 的协方差 $\mathrm{Cov}(F_1,F_2)=0$，故 F_2 是与 F_1 不相关的 $X_1,X_2,\cdots,X_p$ 的所有线性组合中方差最大的，称 F_2 为第二主成分。依此类推构造出的 $F_1,F_2,\cdots,F_m(m \leqslant p)$ 为原变量指标 $X_1,X_2,\cdots,X_p$ 的第 m 个主成分。

本书中，将选出最大的若干个主成分，一方面能够减少变量数目，另一方面也可简化计算。综上，按照 p 个指标变量，主成分方法计算步骤可以归纳如下：假设有 n 个样本，各样本均包含 p 个指标（变量）：$X_1,X_2,\cdots,X_p$，于是，有原始数据矩阵如下

$$X = \begin{bmatrix} x_{11} & x_{12} & \cdots & x_{1p} \\ x_{21} & x_{22} & \cdots & x_{2p} \\ \vdots & \vdots & & \vdots \\ x_{n1} & x_{n2} & \cdots & x_{np} \end{bmatrix} = (X_1,X_2,\cdots,X_p)$$

（1）计算协方差矩阵

根据样本数据计算其协方差矩阵：$\sum = (S_{ij})_{p \times p}$，其中，

$$S_{ij} = \frac{1}{n-1}\sum_{k=1}^{n}(x_{ik}-\bar{x}_i)(x_{jk}-\bar{x}_j) \qquad (i,j=1,2,\cdots,n)$$

（2）求出 $\sum$ 非零特征根以及相应的单位特征向量 α

协方差矩阵的前 m 个较大特征值 $\lambda_1 \geqslant \lambda_2 \geqslant \cdots \geqslant \lambda_m \geqslant 0$，即为前 m 个主成分所对应的方差，而 λ_i 对应的单位特征向量就是主成分 F_i 的关于原变量的系数，即

$$\alpha_1 = \begin{bmatrix} \alpha_{11} \\ \alpha_{21} \\ \vdots \\ \alpha_{p1} \end{bmatrix}, \alpha_2 = \begin{bmatrix} \alpha_{12} \\ \alpha_{22} \\ \vdots \\ \alpha_{p2} \end{bmatrix}, \cdots, \alpha_m = \begin{bmatrix} \alpha_{1m} \\ \alpha_{2m} \\ \vdots \\ \alpha_{pm} \end{bmatrix} \qquad (m \leqslant p)$$

则原变量的第 i 个主成分表达式为 $F_i = \alpha_i \cdot X$

（3）根据求出的特征值计算主成分贡献率及累计贡献率

主成分中包含的信息量的大小可以通过主成分的方差（信息）贡献率来反映，而最终要选择几个主成分，即 $F_1,F_2,\cdots,F_m$ 中 m 的确定是通过方差（信息）累计贡献率来确定的。

贡献率：$\lambda_i \left/ \sum\limits_{k=1}^{p} \lambda_k \right.$

累计贡献率：$\sum\limits_{k=1}^{m} \lambda_k \left/ \sum\limits_{k=1}^{p} \lambda_p \right.$

在一般研究中，当选取的 m 个主成分（$m \leqslant p$）的累积贡献率大于85%时，即认为前 m 个主成分足以反映原来指标所包含的信息。

（4）计算主成分载荷

主成分载荷是反映主成分 F_i 与原变量 X_j 之间的相互关联程度，原变量 $X_j(j=1,2,\cdots,m)$ 在诸主成分 $F_i(i=1,2,\cdots,m)$ 上的荷载 l_{ij} 为

$$l(Z_i, X_j) = \sqrt{\lambda_i} \alpha_{ij} \qquad (i=1,2,\cdots,m; j=1,2,\cdots,p)$$

（5）对 m 个主成分进行综合评价

计算样本在 m 个主成分上的得分

$$Z = \begin{bmatrix} Z_{11} & Z_{12} & \cdots & Z_{1m} \\ Z_{21} & Z_{22} & \cdots & Z_{1m} \\ \vdots & \vdots & & \vdots \\ Z_{n1} & Z_{n2} & \cdots & Z_{nm} \end{bmatrix}$$

通常还会建立综合评价函数，利用 $F_1, F_2, \cdots, F_m$ 作为线性组合，并以每个主成分的方差贡献率作为权重建立综合评价函数 $F = \dfrac{\lambda_1}{\sum\limits_{k=1}^{p} \lambda_k} F_1 + \dfrac{\lambda_2}{\sum\limits_{k=1}^{p} \lambda_k} F_2 + \cdots + \dfrac{\lambda_m}{\sum\limits_{k=1}^{p} \lambda_k} F_m$

即可用此综合评价函数对待评价对象进行综合评价。

2. 逐步回归分析方法

回归分析是多元统计分析各方法中最成熟，也是最常用的一种分析方法。在实际问题分析中，人们总希望从影响因变量的诸多因素中选择部分重要因素作为自变量，应用多元回归分析法构建"最优"回归方程以便对因变量进行预测或控制，逐步回归分析正是基于此原则提出来的一种回归分析方法。所谓"最优"回归方程，即回归方程中包含所有对因变量影响显著的自变量而没有对因变量影响不显著的自变量。目前，逐步多元回归分析法已广泛应用于城市土地利用变化的研究中，它不仅能从众多土地利用变化影响因素中筛选出主要因子，还能有效模拟一定时空内，土地利用在各种社会经济因素作用下的动态变化。

逐步回归分析的主要思路是据方差分析的结果，按自变量对因变量的作用大小或显著程度，从大到小依次引入回归方程，而那些作用不显著的变量则可能被永远剔除，对已被引入回归方程的变量在新变量引入后也可能因失去重要性而被

剔除。每引入新的变量或从回归方程中剔除一个变量都要进行 F 检验，以保证在引入新变量前回归方程中只含有对因变量影响显著的变量。逐步回归法是向前选择法与向后剔除法的结合。其实施过程是每引入一个新变量都要对已引入回归方程的变量计算其偏回归平方和（即贡献），并在预先给定的 F 水平下对其中偏回归平方和最小的一个变量进行显著性检验，若检验结果显著则回归方程中保留该变量，此时方程中其他变量的偏回归平方和显然大于进行检验的变量，故也不需要剔除。相反，如果检验结果不显著，则该变量需要剔除，然后按偏回归平方和由小到大地依次对方程中其他变量进行 F 检验。保留对因变量影响显著的变量，而剔除不显著的。然后再分别计算尚未引入回归方程中的变量的偏回归平方和，选择其中偏回归平方和最大的一个变量，重复以上操作，直至回归方程中的每一个变量都不能被剔除且没有新变量可以引入时为止，这时逐步回归过程结束。

回归方程中包含的自变量越多，回归平方和越大，则剩余的平方和越小，剩余均方也相应较小，从而预测值的误差越小，其模拟效果就越好。但是回归方程中变量过多，会增加研究的工作量，而那些相关性不显著的变量也会影响分析效果。因此，在逐步多元回归模型中选择合适的变量数目尤为重要。

（二）指标体系建立

在上一节中，本书参考众多学者对城市建设用地以及土地利用变化驱动力的研究，并结合江苏沿江地区近 16 年来各地市土地开发强度的具体情况，得出影响各城市土地开发强度的因素主要包括自然地理因素、经济发展因素、城市发展因素、城市规划与政策因素以及其他因素 5 个方面。根据指标选取的系统性、主导性、可量化性、可比性和数据资料的可获得性等原则，并由于自然地理因素资料难以获取，政策因素和其他因素具有偶然性且难以量化，在此，主要考虑经济发展和社会发展两个方面的影响因素，在各因素下分设影响因素亚类，包括：经济水平、投资水平、产业发展、科技进步、人口增长、城市化水平、居民生活水平和基础设施，再在各影响因素亚类下选取具体的影响因素指标，构建建设用地扩展的影响因素指标体系（表6-9）。

表 6-9　土地开发强度驱动力指标体系

因素层	一级因子	二级因子	三级因子	编号
经济因素	经济发展	经济增长	GDP	X_1
			地方财政预算内收入	X_2
			地方财政预算内支出	X_3
		经济效益	单位建设用地的二、三产业产值	X_4

续表

因素层	一级因子	二级因子	三级因子	编号
经济因素	经济发展	建设投资	固定资产投资	X_5
			实际利用外资	X_6
		产业发展	工业总产值	X_7
			第二、三产业占 GDP 比重	X_8
	交通水平	交通水平	公路通车里程	X_9
			公路客运量	X_{10}
社会因素	人口	人口结构	总人口	X_{11}
			城镇人口比重	X_{12}
	劳动力	劳动力数量	从业人员数	X_{13}
		劳动力结构	第二、三产业劳动力比重	X_{14}
	居民生活	收入水平	城镇居民人均可支配收入	X_{15}
			农村居民人均纯收入	X_{16}
		支出水平	城镇居民人均消费性支出	X_{17}
			农村居民人均生活消费支出	X_{18}
		消费水平	人均社会零售额总额	X_{19}
技术因素	技术进步	农业科技	农业机械总动力	X_{20}
		企业科技	专利授权数	X_{21}

（三）数据分析

1. 建设用地扩展影响因素的主成分分析

通过灰色关联度分析，我们得到建设用地面积变化与研究选取的各社会经济指标均存在较强的相关关系。为了消除各指标变量间的相关关系，客观地认识建设用地扩展的影响因素，运用统计分析软件 SPSS20.0 的因子分析功能对 1996～2011 年江苏沿江地区各城市的社会经济统计数据进行主成分分析。

（1）数据标准化处理

由于各指标的单位不同，量纲存在较大差异，所以，在主成分分析之前应先对各指标进行标准化处理，以消除量纲对各项指标的影响，使它们具有可比性。在运用 SPSS 调用因子分析过程时，SPSS 会自动对原始数据进行标准化处理，但标准化后的数据不会直接给出，如果需要标准化的结果，可调用分析-描述功能进行计算。

（2）KMO 与 Bartlett 球形检验

在因子分析前，首先要进行 KMO 检验和 Bartlett 球形检验，以判定本书构建的指标体系样本数据是否适合进行主成分分析，通过 SPSS20.0 软件计算，得到检验结果如下所示（表 6-10）。

表 6-10　KMO 检验与 Bartlett 球形检验结果

取样足够度的 Kaiser-Meyer-Olkin 度量		0.779
Bartlett 的球形度检验	近似卡方	311.676
	df	45
	sig.	0.000

表 6-10 中，KMO 检验系数为 0.779，显著性概率为 0，满足 KMO 检验系数大于 0.5，P 值小于 0.05 的结构效度要求，变量间相关性强，所采用指标样本适合进行主成分分析。

（3）主成分统计分析

运用统计分析软件 SPSS20.0 的因子分析过程对影响江苏沿江地区各城市建设用地扩展的社会经济指标进行主成分分析，得到方差分解主成分提取分析结果（表 6-11）。

表 6-11　方差分解主成分提取分析表

成分	初始特征值			提取平方和载入			旋转平方和载入		
	合计	方差的/%	累积/%	合计	方差的/%	累积/%	合计	方差的/%	累积/%
1	17.665	84.118	84.118	17.665	84.118	84.118	14.794	70.447	70.447
2	2.094	9.971	94.089	2.094	9.971	94.089	4.965	23.642	94.089
3	0.660	3.141	97.230						
4	0.324	1.545	98.775						
5	0.185	0.880	99.655						
6	0.028	0.134	99.789						
7	0.019	0.090	99.879						
8	0.012	0.057	99.935						
9	0.008	0.037	99.972						
10	0.003	0.014	99.986						
11	0.002	0.008	99.993						
12	0.001	0.003	99.996						
13	0.001	0.002	99.999						

续表

成分	初始特征值			提取平方和载入			旋转平方和载入		
	合计	方差的/%	累积/%	合计	方差的/%	累积/%	合计	方差的/%	累积/%
14	0.000	0.001	100.000						
15	9.125E−05	0.000	100.000						
16	3.389E−16	1.614E−15	100.000						
17	1.951E−16	9.289E−16	100.000						
18	8.666E−17	4.127E−16	100.000						
19	−1.694E−17	−8.067E−17	100.000						
20	−1.696E−16	−8.078E−16	100.000						
21	−4.189E−16	−1.995E−15	100.000						

注：提取方法：主成分分析。

通常在提取主成分时要求主成分累积方差贡献率大于 85%，为了保证提取的主成分能够更全面的概括指标的原始信息，以特征值大于 1 为提取主成分个数的标准。通过方差分解主成分提取分析（表 6-11）旋转之后，第一主成分的相关系数矩阵的特征值为 14.79，解释了总方差的 70.45%，第二主成分的特征值为 4.965，解释了总方差的 23.64%，前 2 个主成分累积的方差贡献率达到 94.09%，即前 2 个主成分包含了所有指标 75%的信息，已满足主成分提取要求，所以提取前 2 个主成分。

根据因子荷载矩阵中的每一个荷载量反映主成分与对应变量的相关程度，但并不代表主成分中每个指标所对应的系数。故用表 6-12（主成分荷载矩阵）中的数据除以该主成分对应的特征值开平方根，计算出前 2 个特征值所对应的特征向量，即 2 个主成分的系数矩阵（表 6-13）。

表 6-12　初始成分矩阵和旋转成分矩阵

成分矩阵			旋转成分矩阵		
	成分			成分	
	1	2		1	2
X_1	0.991	0.123	X_1	0.948	0.314
X_2	0.981	0.171	X_2	0.959	0.267
X_3	0.980	0.166	X_3	0.956	0.270
X_4	0.994	0.078	X_4	0.932	0.356
X_5	0.984	0.149	X_5	0.953	0.288
X_6	0.983	0.041	X_6	0.905	0.385

成分矩阵			旋转成分矩阵		
	成分			成分	
	1	2		1	2
X_7	−0.364	−0.617	X_7	−0.593	0.401
X_8	0.896	−0.406	X_8	0.635	0.751
X_9	0.964	−0.106	X_9	0.825	0.509
X_{10}	−0.539	0.762	X_{10}	−0.159	−0.920
X_{11}	0.557	−0.712	X_{11}	0.198	0.883
X_{12}	0.942	−0.330	X_{12}	0.709	0.702
X_{13}	0.977	−0.066	X_{13}	0.854	0.479
X_{14}	0.966	−0.145	X_{14}	0.810	0.546
X_{15}	0.987	0.135	X_{15}	0.950	0.302
X_{16}	0.977	0.146	X_{16}	0.945	0.288
X_{17}	0.996	0.070	X_{17}	0.929	0.364
X_{18}	0.977	0.199	X_{18}	0.968	0.240
X_{19}	0.988	0.134	X_{19}	0.950	0.303
X_{20}	0.985	−0.105	X_{20}	0.844	0.518
X_{21}	0.881	0.316	X_{21}	0.932	0.093

注：提取方法均为主成分分析法；已提取 2 个成分，旋转在 3 次迭代后收敛。

表 6-13　成分得分系数矩阵

	成分	
	1	2
X_1	0.076	−0.029
X_2	0.085	−0.050
X_3	0.084	−0.048
X_4	0.067	−0.010
X_5	0.081	−0.041
X_6	0.059	0.006
X_7	−0.145	0.257
X_8	−0.037	0.197
X_9	0.028	0.069
X_{10}	0.129	−0.342
X_{11}	−0.118	0.321
X_{12}	−0.019	0.165

续表

	成分	
	1	2
X_{13}	0.036	0.052
X_{14}	0.020	0.086
X_{15}	0.078	−0.034
X_{16}	0.080	−0.039
X_{17}	0.065	−0.006
X_{18}	0.091	−0.062
X_{19}	0.078	−0.034
X_{20}	0.029	0.069
X_{21}	0.110	−0.115

根据主成分系数矩阵，得到主成分的表达式如下

$F_1 = 0.076 \times X_1 + 0.085 \times X_2 + 0.084 \times X_3 + 0.067 \times X_4 + 0.081 \times X_5 + 0.059 \times X_6 - 0.145 \times X_7 - 0.037 \times X_8 + 0.028 \times X_9 + 0.129 \times X_{10} - 0.118 \times X_{11} - 0.019 \times X_{12} + 0.036 \times X_{13} + 0.020 \times X_{14} + 0.078 \times X_{15} + 0.080 \times X_{16} + 0.065 \times X_{17} + 0.091 \times X_{18} + 0.078 \times X_{19} + 0.029 \times X_{20} + 0.110 \times X_{21}$；

$F_2 = -0.029 \times X_1 - 0.050 \times X_2 - 0.048 \times X_3 - 0.010 \times X_4 - 0.041 \times X_5 + 0.006 \times X_6 + 0.257 \times X_7 + 0.197 \times X_8 + 0.069 \times X_9 - 0.342 \times X_{10} + 0.321 \times X_{11} + 0.165 \times X_{12} + 0.052 \times X_{13} + 0.086 \times X_{14} - 0.034 \times X_{15} - 0.039 \times X_{16} - 0.006 \times X_{17} - 0.062 \times X_{18} - 0.034 \times X_{19} + 0.069 \times X_{20} - 0.115 \times X_{21}$

根据方差分解主成分提取分析（表6-13）中各主成分的方差贡献率作为权重计算主成分综合模型

$F = 0.047 \times X_1 + 0.048 \times X_2 + 0.048 \times X_3 + 0.045 \times X_4 + 0.047 \times X_5 + 0.043 \times X_6 - 0.041 \times X_7 + 0.020 \times X_8 + 0.036 \times X_9 + 0.010 \times X_{10} - 0.007 \times X_{11} + 0.025 \times X_{12} + 0.038 \times X_{13} + 0.034 \times X_{14} + 0.047 \times X_{15} + 0.047 \times X_{16} + 0.045 \times X_{17} + 0.049 \times X_{18} + 0.047 \times X_{19} + 0.037 \times X_{20} + 0.050 \times X_{21}$

通过上述主成分分析，由主成分综合模型可知，各指标在综合主成分中所占权重由大到小分别是：专利授权数（X_{21}）、农村居民人均生活消费支出（X_{18}）、地方财政预算内收入（X_2）、地方财政预算内支出（X_3）、固定资产投资（X_5）、农村居民人均纯收入（X_{16}）、城镇居民人均可支配收入（X_{15}）、人均社会零售额总额（X_{19}）、GDP（X_1）、单位建设用地的二、三产业产值（X_4）、城镇居民人均消费性支出（X_{17}）、实际利用外资（X_6）、工业总产值（X_7）、从业人员数（X_{13}）、农业机械总动力（X_{20}）、公路通车里程（X_9）、第二、三产业劳动力比重（X_{14}）、城镇人口比重（X_{12}）、第二、三产业占GDP比重（X_8）、公路客运量（X_{10}）、户籍人口（X_{11}）。

因此，对江苏沿江地区建设用地扩展影响较大的因素有：技术进步因素（专利授权数）、经济发展因素（GDP、地方财政预算内收入）、城市扩张建设因素（固定资产投资）、居民生活水平因素（农村居民人均纯收入、城镇居民人均可支配收入、人均社会零售额总额）。

2. 江苏沿江地区建设用地扩展影响因素的多元逐步回归分析

主成分分析是一种降维思想，一种处理数据的理论，其分析结论通常不会作为研究的最终成果，主成分分析的目的是为了进行因子分析或者回归分析来解决实际问题。本书在对建设用地扩展的社会经济影响因素指标进行主成分分析处理后，继续运用多元逐步回归分析法来提取建设用地扩展的核心影响因素，进而分析江苏沿江地区土地开发强度的总体趋势。

将 1996～2011 年江苏沿江地区建设用地面积及各社会经济指标的原始数据导入 SPSS20.0 统计分析软件，经过标准化处理后，运行回归功能进行多元逐步回归分析，得到江苏沿江地区建设用地的逐步回归方程，如下

$$Y=14.958+0.066 \times X_{12}-0.081 \times X_8+0.054 \times X_{17}+0.058 \times X_5$$

通过逐步回归分析可知，影响江苏沿江地区建设用地扩展的指标主要有人口结构因素（城镇人口比重）、产业发展因素（第二、三产业占 GDP 比重）、建设投资因素（固定资产投资）、居民支出水平（城镇居民人均消费性支出）。

其中城镇人口比重、城市居民人均消费性支出和固定资产投资金额 3 个指标对建设用地扩展有正向作用，而第二、三产业占 GDP 比重与建设用地扩展呈负相关关系，这可能与江苏沿江地区整体上多处于工业化中后期有关。这一时期工业比重下降，第三产业逐渐占据主导地位，一定程度上限制了工业用地需求增长；服务业比重增加，土地集约利用程度提高，对建设用地扩张起到一定抑制作用。

由此可见，近十多年，江苏沿江地区建设用地规模扩展很大程度上受到产业结构转型、人口增长、居民生活水平和投资增长的影响。由于回归系数反映了因变量随自变量的变化幅度，可用来描述各自变量的重要程度，回归方程中，自变量 X_8 的回归系数最大，故认为第二、三产业比重是江苏沿江地区建设用地扩展的核心驱动因素。

三、影响土地开发强度因素的解释

（一）各市土地开发强度核心影响因子比较

城市土地开发强度具有一定的共同特征和发展规律，但由于各城市自然条件和社会经济基础不同、资源禀赋各异，各城市功能和经济发展水平也有所不同，影响城市建设用地开发强度的核心因素和驱动机制也有所差异。根据选取的影响

因素指标体系,利用 1996～2011 年各城市的社会经济数据与建设用地面积进行多元逐步回归分析,得到各城市建设用地的回归方程(表 6-14)。

表 6-14　各城市建设用地扩展影响因素逐步回归结果(非标准化系数)

城市	回归方程	R^2	Dubin-Watson
南京	$Y=-5.692+0.019X_{11}+0.062X_6+0.103X_{14}$	0.991	1.455
无锡	$Y=-16.173-0.034X_{20}+0.321X_8+0.001X_5-0.038X_6+9.714\times10^{-5}X_9$	0.998	2.347
常州	$Y=-59.162+0.139X_{11}+0.211X_8-5.076\times10^{-5}X_{10}$	0.994	2.468
苏州	$Y=9.853+0.00022X_{19}-0.00011X_{10}+0.00032X_{15}$	0.995	2.466
南通	$Y=12.305+0.000528X_{17}$	0.933	1.696
扬州	$Y=9282+0.016X_{12}+0.001X_5+0.000032X_{10}+0.013X_{14}$	0.997	3.203
镇江	$Y=-0.613+0.00013X_{15}-0.00035X_{18}+0.002X_5+0.08X_8$	0.995	2.602
泰州	$Y=7.240+0.00028X_{17}$	0.974	2.065

从各城市建设用地扩展影响因素的逐步回归分析结果可以看出,各城市建设用地扩展的核心影响因素有明显差异。南京主要受产业发展因素(第二、三产业劳动力比重)影响,无锡的土地开发利用中,实际利用外资和农业机械总动力对建设用地扩张起到抑制作用,说明技术进步有助于提高建设用地使用效率。固定资产投资因素对多城市建设用地扩展起到明显的促进作用,尤其是处于快速工业化阶段的镇江,固定资产投资、对建设用地扩展的作用更明显。同时,以地方财政预算内收入作为主要的经济增长指标,对建设用地扩展也有显著作用。在各城市快速城镇化过程中,总人口的增加也是建设用地扩展的主要原因,其中以南京、常州更为突出。

负向因素影响包括农村居民人均生活消费支出、公路通车里程、单位建设用地的二、三产业产值、专利授权数等,因城市不同而异。随着交通条件改善、居民生活水平的不断提高以及科技水平进步,对建设用地的快速扩展会起到明显的抑制作用。

(二)基于影响因素的土地开发强度合理性解释

通过对江苏沿江地区城市不同建设用地比重进行分等定级,分析影响因素、对土开发利用的作用强度以及土地开发强度与影响因素的协调性,综合来看,在土地开发强度的不同时期,各指标因子的影响程度不同。

首先,自然因素。对于地质基础条件,虽然江苏沿江地区处于长江下游,地貌以冲积平原为主,滑坡、泥石流等地质灾害较少,但是部分区域地面沉降严重,软土分布范围广,沙土液化现象较多,这些影响因素同样提高了土地开发成本,对土地开发强度形成制约。区位交通在土地开发利用初期的影响不是很显著,但是随着交通道路等基础设施的不断完善,该因素对经济发展的促进作用开始显现,对建设用地扩展的影响程度逐渐加大。

其次，社会因素。本书主要选择了城镇化率和人口密度2个典型指标来具体分析社会因素对土地合理开发强度的具体影响。从协调度分析可以得出，在城镇化进程的初期，土地开发强度相对降低；当城镇化不断推进，土地开发强度逐步增加；城镇化进行至高级阶段，土地开发面积扩大，两者之间的关系趋于复杂。从人口密度来看，各城市土地开发强度的变化滞后于人口密度变化，开发强度的增加幅度小于人口密度的增长。因此，随着江苏沿江地区城镇化的发展，土地开发强度的合理值应该是逐步增大的。然而，由于江苏沿江地区总体上的人口数量近几年已经出现了负增长，人口因素已不再是土地扩张的推动因素，但对于中心城区与今后重点发展的中心县市，随着人口的不断积聚，对建设用地仍有较大的需求。

最后，经济因素。根据国内外学者的研究经验与结论，经济发展是建设用地扩展的重要因素。对于江苏沿江地区各城市，地均 GDP 不再是推动建设用地快速扩展的主要因素，经济内部的产业结构以及工业化水平已经成为影响建设用地扩展的重要因素。而且在主体功能区规划中处于重点开发区域的县市，应该是未来产业发展的重点，建设用地指标的配额较多，相应的土地合理开发强度数值也是不断变大的。

因此，从自然、社会与经济三方面对江苏沿江地区各城市土地开发强度的合理性进行解释，可以看出土地合理开发强度在不同发展时期、在不同区域是一个动态的、变化的值。

第二节　江苏沿江地区土地开发强度阈值测算

一、基于资源禀赋的开发阈值

（一）基于生存需要的开发阈值

资源阈值是城市规模扩张的基础条件，它的大小取决于区域系统中资源的丰富程度、人类对资源的需求以及对资源的开发利用方式。基于生存要求的土地开发阈值，去除最基本的粮食需求的耕地，最基本的茶果需求的园地，不可建设的水域和山地后所剩的土地面积，这是土地开发的最大可能限度。

基于生存需求的开发阈值是指不考虑其他因素，仅仅考虑一个区域内除去不可建设的面积及最小的农业生产性土地面积。这里的不可建设面积指：①水域（包括湖泊水面、60%的坑塘水面和沿海堤外滩涂）；②裸岩陡崖区；③坡度大于 15°的林区（表 6-15）。

最小的生产性土地面积用基本农田保护面积表征，减去不可建设用地面积和最小农业生产性土地面积，留下的空间即为建设用地开发的极限值。

表 6-15　江苏沿江地区 8 地市不可建设的土地面积

地区	不可建设的湖泊河流水面		不可建设的陡岩石区		地形坡度大于 15°的林区		不可建设土地总面积	
	面积/hm²	比例/%	面积/hm²	比例/%	面积/hm²	比例/%	面积/hm²	比例/%
南京	50758	7.71	297	0.05	148094	22.50	199149	30.26
无锡	110462	23.07	715	0.15	72593	15.16	183770	38.38
常州	48607	11.09	131	0.03	55240	12.60	103978	23.72
苏州	307949	36.28	501	0.06	22501	2.65	330951	38.99
南通	264451	25.10	0	0.00	6679	0.63	271130	25.73
扬州	120282	18.13	0	0.00	17364	2.62	137646	20.75
镇江	33279	8.65	92	0.02	60992	15.86	94363	24.53
泰州	105652	18.23	0	0.00	5709	0.98	111361	19.21
沿江地区	1041440	20.42	1736	0.03	389172	7.63	1432348	28.08

　　土地开发强度阈值=土地总面积–不可建设土地面积–最低生存需求的粮食生产面积。其中，不可建设土地面积=不可建设的湖泊河流面积+不可建设的陡岩石区+地形坡度大于 15°的林区。

　　粮食安全，就是能确保所有的人在任何时候既买得到又买得起他们所需的基本食品，这个概念包括：确保生产足够数量的粮食，最大限度地稳定粮食供应，确保所有需要粮食的人都能获得粮食。

　　莱斯特·布朗的报告《谁来养活中国？》中分析：一是随着中国人口的增长和膳食结构的改善，中国的食物需求急剧增长；二是工业化和交通建设使得耕地锐减以及由于技术进步对农业生产率提高的有限性和环境破坏对农业生产率的负面影响而导致粮食的供给存在缺口。与此同时，国际粮食储备降至历史最低点，从而导致国际粮食市场将难以满足中国将来的粮食赤字。粮食安全对于建设用地开发利用限制，主要表现在高速的城市化和工业化进程中依然要坚守的耕地资源安全底线。粮食供给可以依靠市场，但是不能完全依靠市场，市场条件下耕地资源的安全底线依然存在。

　　江苏沿江地区经济发展水平较高，但由于耕地面积和粮食播种面积的大幅度下降导致粮食产量下降，应引起高度重视。维持耕地数量，是短期内确保粮食安全可以实现且较为可行的方法。提出耕地"占补平衡"的土地政策，科学地建立耕地保护制度，使其成为切实可行的保护粮食生产能力的保证。

　　耕地资源安全底线需要考虑一定时期和技术水平下的耕地生产能力、不同生活水平下的人均粮食消费量以及粮食自给率等。耕地生产能力可以根据以往水平进行预测，粮食自给率根据以往的粮食供求关系确定，情景设定人均粮食消费量。

分析历年江苏省粮食生产自给情况，粮食自给率为 1 左右，基本能实现粮食自给。但是由于江苏省社会经济发展较快，对建设用地的需求量大，在最新颁布的《全国主体功能区规划》中，江苏空间主体功能控制区主要为优化开发区和重点开发区，在保障粮食安全上应该充分利用国内国外两个市场和两种资源，所以综合权衡发展和粮食安全，可以将未来江苏省的粮食自给率确定在 0.95，而江苏沿江地区的粮食自给率需要达到 0.75。对于人均粮食消费量，根据中国农业科学院唐华俊的研究，基于平衡膳食模式的人均粮食需求量不超过 400kg/a，本书中考虑在满足人们正常生活的需求，取 400kg/a 作为人均粮食需求量。

通过计算各市的粮食需求量，可以得到为满足粮食需求量各城市应该具有的耕地面积，即粮食自给率为 1 时各城市的耕地安全底线。但实际情况则是，建设用地效益高的城市耕地的非农化转移量必然巨大，对耕地的占用量大；建设用地效益低的城市耕地非农化转移的速度不会过高，通过一种渐进式的手段和过程实现建设用地的增加。根据《江苏省主体功能区规划》中对省区、县市的主体功能定位，优化开发区域主要集中在苏南以及苏中发展条件较好的市区，重点开发区域主要分布在苏中以及苏北部分县市，而农产品主产区主要分布在苏中、苏北等江苏省粮食的主产区（图 6-12）。建设用地的分布差异导致耕地拥有量差异，因此，不是所有的城市

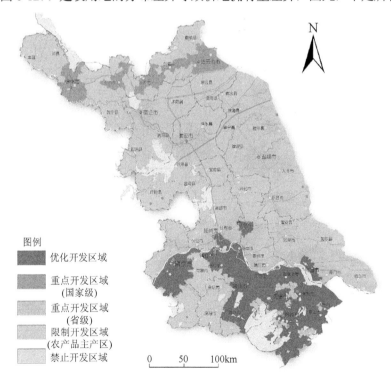

图 6-12　江苏省主体功能区类型

都能实现粮食自给，粮食自给率低的城市要从粮食自给率高的城市进口粮食以满足本市的粮食需求。在研究中实行差别化的粮食供给保障政策，苏南的南京、苏州、无锡、常州、镇江五市继续保持现有的粮食自给能力；苏中的扬州、泰州、南通三市实现完全自给；苏北的徐州市为矿业城市，且粮食单产不高，粮食满足自给要求，连云港、宿迁、淮安、盐城四市粮食供给能力达到 1.35，该分配方案在满足江苏全省的粮食自给需求的同时，也比较符合江苏沿江地区社会经济发展的实际。

　　在计算不可建设用地和基于粮食安全的耕地面积与比例的基础上（表 6-16），根据土地开发强度阈值公式，得出各城市的土地开发强度阈值（表 6-17）。

表 6-16　基于粮食安全的耕地面积

地区	人口/万人	总面积/km²	耕地面积/km²	粮食产量/万 t	粮食单产/（t/km²）	粮食自给率	调整粮食需求/万 t	调整耕地需求/km²	调整耕地比例/%
南京	636.4	6587.0	2388.6	97.9	409.7	0.38	97.9	2388.6	36.3
无锡	468.0	4627.5	1169.6	71.8	613.9	0.38	71.8	1169.6	25.3
常州	362.9	4372.2	1497.1	100.6	672.0	0.69	100.6	1497.1	34.2
苏州	642.3	8657.3	1627.7	100.4	617.0	0.39	100.4	1627.7	18.8
南通	764.9	10549.4	4447.3	287.4	646.3	0.94	306.0	4733.7	44.9
扬州	460.1	6591.2	2840.7	267.0	939.8	1.45	184.0	1958.1	29.7
镇江	271.9	3840.3	1568.2	106.5	678.8	0.98	106.5	1568.2	40.8
泰州	507.1	5787.3	2979.3	280.6	941.8	1.38	202.9	2153.9	37.2
沿江地区	4113.4	51012.1	18518.4	1312.2	5519.4	0.75	1170.0	17096.9	33.5

表 6-17　各城市基于生存需要的土地开发强度阈值

地区	总面积/km²	不可建设/km²	基于粮食安全生产的耕地面积/km²	土地开发强度极限面积/km²	土地开发强度阈值/%
南京	6587.0	1991.5	2388.6	2206.9	33.5
无锡	4627.5	1837.7	1169.6	1620.1	35.0
常州	4372.2	1039.8	1497.1	1835.3	42.0
苏州	8657.3	3309.5	1627.7	3720.1	43.0
南通	10549.4	2711.3	4733.7	3104.3	29.4
扬州	6591.2	1376.5	1958.1	3256.7	49.4
镇江	3840.3	943.6	1568.2	1328.5	34.6
泰州	5787.3	1113.6	2153.9	2519.7	43.5
沿江地区	51012.1	14323.5	17096.9	19591.7	38.4

（二）基于水资源承载力的开发阈值

一个地区的开发强度不仅受到土地资源的约束，同时还受到生态环境要素的制约。水土资源是一个地区发展的关键资源和制约因素。尽管江苏省是水资源丰富的地区，但由于人口基数大，人均水资源拥有量不算充沛。随着经济和人口的增长，对水资源的需求不断加大，但地区水资源的承载力是有限的，如果能够计算出地区水资源的人口承载力，根据人均建设用地面积，就可以估算出未来该区域的最大建设用地规模。

水资源总量，包括地表水资源量和地下水资源量。本书利用 2007～2011 年近5 年《江苏省水资源公报》的平均值计算。根据江苏的水资源供给状况，水资源供给系数苏南地区设置为 1.6，苏中、苏北为 1.4。我国的人均水资源远小于世界平均水平。本书用人均水资源 500m³ 的缺水线作为人均水资源量标准，计算水资源的最大承载人口量。水资源人口承载力减去现状常住人口，为基于水资源约束的可新增人口规模。根据《城市用地分类与规划建设用地标准》（2012）新增人口的人均建设用地标准，以人均 110m² 计算未来新增建设用地规模，再与现状加和，即可得到基于水资源约束的最大开发规模。

计算公式为：最大建设用地规模=（水资源人口承载力−现状人口）×人均建
设用地面积+现状建设用地面积

计算结果表明，基于水资源承载力的江苏沿江地区的开发强度阈值 29.1%，江苏沿江地区 8 个城市处于 22%～39%，其中无锡市的开发阈值最大，达到 39.2%；泰州市最小，为 22.0%（表 6-18）。

表 6-18　基于水资源承载力的开发强度阈值

地区	水资源总量/亿 m³	水资源可供给量/亿 m³	承载人口/万人	允许新增人口用地/km²	建设用地总规模/km²	开发阈值/%
南京	31.0	49.7	993.4	418.9	2217.1	33.7
无锡	25.7	41.2	823.9	378.3	1812.8	39.2
常州	21.8	30.5	610.1	278.9	1398.2	32.0
苏州	33.8	54.1	1082.0	483.4	2898.8	33.5
南通	36.5	51.1	1021.8	324.7	2329.0	22.1
扬州	26.3	36.9	737.2	334.0	1573.1	23.9
镇江	18.9	30.2	604.4	383.8	1340.1	34.9
泰州	22.0	30.9	617.3	166.5	1271.9	22.0
沿江地区	216.0	324.6	6490.1	2768.5	14841.1	29.1

二、基于生态安全的开发阈值

（一）基于逾渗理论的开发阈值

"逾渗"是一种广泛存在的物理现象，既存在于微观世界，又存在于宏观世界，是指在一元或多元体系中，体系以外的一种介质通过一定的路径进入体系内的过程。

逾渗理论由 S. R. Broadbent 和 J. M. Hammersley 于 1957 年首先引入，这一理论模型的中心内容是：当系统的成分或某种意义上的密度变化达一定值（逾渗阀值）时，在逾渗阀值处，系统的一些物理量的连续性会消失。该理论是处理强无序和具有随机几何结构系统常用的理论方法之一，能够较好地描述空间分布的随机过程。

借助逾渗理论研究区域形态有重要的理论意义。边界的制定与规模总量的确定密不可分，逾渗理论在建设用地总量的反向控制中可发挥积极作用。逾渗理论给出了区域建设用地总量的临界值与推荐值,重点强调建设用地面积占比的阀值。该理论认为，当城镇建成区面积达到区域总面积（区域可建设用地面积）的 50%以上时，即会发生过量转变，城镇空间将会迅速连绵形成一体而难以再实施区域生态修复，其成本和代价是无法估量的。逾渗理论提出，合理的城镇建成区规模应控制在区域总面积（区域可建设用地面积）的 30%~50%，而 25%是一个较为理想的状态。

江苏沿江地区总面积为 51012.1km², 不可建设用地面积占比为 28.1%，面积为 14334.4km²，剩余可建设用地面积为 36677.7km²。如表 6-19 所示，基于逾渗理论，建设用地不得超过可建设用地面积的 50%，则建设用地面积极限用量为 18338.9km²，占江苏沿江地区总面积的 36.0%，江苏沿江地区开发强度阈值为 36.0%。合理开发量为 11008.0~18338.9km²，合理开发强度为 21.6%~36.0%，理想开发量为 9173.4km²，理想开发强度为 18.0%。

表 6-19　基于逾渗理论测算的土地开发强度阈值

地区	南京	无锡	常州	苏州	南通	扬州	镇江	泰州	沿江地区
总面积/km²	6587.0	4627.5	4372.2	8657.3	10549.4	6591.2	3840.3	5787.3	51012.1
不可建设用地比例/%	30.2	39.7	23.8	38.2	25.7	20.9	24.6	19.2	28.1
不可建设用地面积/km²	1989.3	1837.1	1040.6	3307.1	2711.2	1377.6	944.7	1111.2	14334.4
可开发建设用地面积/km²	4597.7	2790.4	3331.6	5350.2	7838.2	5213.7	2895.6	4676.1	36677.7

续表

地区	南京	无锡	常州	苏州	南通	扬州	镇江	泰州	沿江地区
极限开发量/km²	2298.9	1395.2	1665.8	2675.1	3919.1	2606.8	1447.8	2338.1	18338.9
合理开发量/km²	1379.3	837.1	999.5	1605.1	2351.5	1564.1	868.7	1402.8	11008.0
理想开发量/km²	1149.4	697.6	832.9	1337.6	1959.5	1303.4	723.9	1169.0	9173.4
开发强度阈值/%	34.9	30.2	38.1	30.9	37.2	39.6	37.7	40.4	36.0
合理开发强度/%	20.9	18.1	22.9	18.5	22.3	23.7	22.6	24.2	21.6
理想开发强度/%	17.5	15.1	19.1	15.5	18.6	19.8	18.9	20.2	18.0

(二)基于碳氧平衡的开发阈值

对于城市生态系统而言,土地资源的生态承载力集中体现了城市经济社会发展特别是城市经济建设与生态平衡之间的协调与矛盾关系,是受土地利用的结构、布局等因素直接影响,由此可将土地资源的生态承载力转化为研究建设用地的生态适宜量。

土地生态适宜量是指在一定生态环境目标下,单位面积土地范围内适宜环境的、可以用做建设用地的规模及其比重(或者说建设活动规模、分布与环境处于协调状况的建设用地量及其所占比重)。

建设用地的生态适宜量可以从宏观层面、生态效应、生态协调、环境经济的角度,根据某一区域内环境的总体运动规律与人类活动的响应特点,不同的地区、时段的环境质量要求,确定出一个适宜环境良性发展的人类活动规模限度。因此,它使得更准确界定人类活动与环境的互动关系成为可能。

建设用地的生态适宜量确定:研究表明,一个城市只有当其绿地面积达到一定的比例,并且分布均衡才能保证该城市具有良好的环境。因此,城市建设用地的生态适宜量必须是在一定比例的城市绿地面积的限制之下。基于上述原因,把一定比例的绿地面积作为城市建设用地的生态适宜量的确定依据,即单位面积区域内的土地总面积与该单位面积区域内所必需的最低要求的绿地面积之差,再扣除该单位面积区域内由于自然条件因素不能作为建设用地的土地面积所余部分,即为该单位面积区域内建设用地的生态适宜量。计算公式如下

$$A=T-G-U$$

其中,A 代表单位面积区域内建设用地的生态适宜量;T 代表单位面积区域内的土地总面积;G 代表单位面积区域内所必须保证的绿地面积;U 代表单位面积区域内由于自然条件因素不能作为建设用地的土地(如河、湖、沼泽等)面积。

本书中,建设用地生态适宜量还需考虑耕地安全底线,确保粮食安全。因此,建设用地生态适宜量公式为

$$A=T-G-U-F$$

其中，F 代表耕地安全底线保有量。

世界平均森林覆盖率为 31.7%，《中华人民共和国森林法实施细则》（中央人民政府林业部，1984）中，也将全国森林覆盖率的标准定为 30%，其中山区森林覆盖率为 70%以上，丘陵区 40%以上，平原区 10%以上，《生态县、生态市、生态省建设指标（试行）》（国家环境保护总局，2003）规定生态市必须达到的标准是：山区森林覆盖率为 70%以上，丘陵区 40%以上，平原区 15%以上。1993 年国家建设部根据国务院《城市绿化条例》制定了《城市绿化建设指标的规定》，正式颁布了城市绿地建设指标（部颁标准）标准，规定城市绿化覆盖率到 2000 年应不少于 30%，到 2010 年应不少于 35%。另外，《城市绿化建设指标的规定》中还指出："考虑到城市绿化规划三项指标都受到城市的性质、规模和自然条件的影响，应有所不同，在此只规定了指标的低限。直辖市、省会城市、计划单列城市、沿海开放城市、风景旅游城市、历史文化名城、新开发城市和流动人口较多的城市等，都应有较高的指标"。《国家园林城市标准》也提出居住区绿地率应达到 30%以上，道路绿化长度普及率分别在 95%以上。国家评选出来的几个森林城市，平均森林覆盖率达 40%以上。

根据有关研究可知，土地生态功能多达 15 种以上，但就目前技术水平和数据可靠性分析，其中大多数生态功能难以计量，即使有的可以计量，但至今也尚未形成公认的计算方法。为解决测算方法问题，根据"木桶法则"和"最小因子定律"，在众多土地生态功能中筛选出无法替代、不能交易、数量稀缺的生态功能作为测算基础和依据，最终选择的生态用地的气体调节功都具有上列特性。区域生态用地通过光合作用和呼吸作用与大气交换二氧化碳（CO_2）和氧气（O_2），从而对维持大气中 CO_2 和 O_2 的动态平衡发挥关键作用。同时由于大气运动的缓慢性，区域社会经济发展与人类生活产生的温室气体在某一固定的时间内会滞留在该区域，并对人类生活与社会生产带来严重的影响，且目前的技术手段无法完成区域间的交易与外部新鲜空气的注入，因而也具有不可交易性。人类生存和社会生产的各项物理化学过程都需要空气，特别是与氧气密切相关。

空气中的碳氧平衡是在不断调整绿色植物和各种耗氧关系基础上实现的。研究二氧化碳和氧的消耗与供应关系及其分配特征，有助于测算生态用地需求量。根据有关研究数据表明（表 6-20），1hm^2 阔叶林日吸收二氧化碳 68kg，放出氧气 50kg。1 个体重 75kg 的成人日消耗氧 750g，呼出二氧化碳 900g，即大约 0.07hm^2 树林放出的氧气可供 70 人呼吸之用，1hm^2 森林产生的氧可供 1000 人呼吸之用。

综上所述，碳（C）、氧（O）元素作为生物体和生命过程中所必需的基本物质之一，它们在空气中的合理比例对保证人类生存、保障社会发展和保护生态环境均具有重要的作用。从释碳耗氧角度而言，在人类活动中引起碳氧失衡的主要原因有化石燃料燃烧、水泥生产、不合理的土地利用和人类自身的呼吸作用。其

释碳量（DC）和耗氧量（DO）分别为

$$DC=Ce+Cm+Cp，DO=Oe+Op$$

其中，Ce、Cm、Cp、Oe、Op 分别为化石燃料燃烧、水泥生产和人类自身呼吸所释碳耗氧量。本书为了简化，维持碳氧平衡的用地类型只考虑耕地和林地。

根据 IPCC 的气候变化报告，每年因人类活动释放的 CO_2 有 1/3 进入大气引起"温室效应"，1/3 进入海洋被吸收固定，1/3 在陆地生态系统中被生物质等固定，即陆地生态系统应至少承担 1/3 的固碳释氧任务。

表 6-20　生态用地固碳释氧能力　　　（单位：t/km^2）

生态用地类型	固碳能力	释氧能力
耕地	686	1830
林地	903	2407
园地	414	1104
草地	344	918
湿地	450	1200

资料来源：张颖，王群，李边疆，等. 2007. 应用碳氧平衡法测算生态用地需求量实证研究. 中国土地科学，06：23-28.

因此，如表 6-21 所示，江苏沿江地区耕地安全底线为 $17096.9km^2$，总面积 $51012.1km^2$，占江苏省总面积的 33.5%，不可建设用地面积中含有能维持碳氧平衡的湿地和林区，湿地面积 $10414.4km^2$，占江苏沿江地区总面积的 20.4%，林区面积 $3891.72km^2$，占江苏沿江地区总面积的 7.6%，不可建设用地中陡岩石区面积 $17.51km^2$，占江苏沿江地区总面积的 0.03%。根据碳氧平衡计算得到江苏沿江地区最少还需要 $24201.29km^2$ 林地才能维持该地区的碳氧平衡，占江苏沿江地区总面积的 47.4%。因此，江苏沿江地区开发强度阈值=100%−33.5%−20.4%−7.6%−0.03%−47.4%=−8.93%。

虽然最终的计算结果不符合实际，但是也从侧面说明了江苏沿江地区经济发展与城镇化进程中大量占用了生态用地，造成局部区域内碳氧严重失衡，威胁着区域社会经济的可持续发展。

各城市的建设用地开发强度阈值同样可以通过碳氧平衡模型进行测算（表 6-22、表 6-23）。

表 6-21　根据碳氧平衡计算江苏沿江地区极限开发强度

	总量	折算标准煤系数	折算标准煤	释（固）碳系数	耗（释）氧系数	释（固）碳量/万 t	耗（释）氧量/万 t
煤/万 t	16224.3	0.71	11589.1	0.72	2.67	8344.152	30942.9
石油/万 t	2725.2	1.43	3892.9	0.58	2.32	2257.882	9031.528

	总量	折算标准煤系数	折算标准煤	释（固）碳系数	耗（释）氧系数	释（固）碳量/万 t	耗（释）氧量/万 t
天然气/万 m³	433925.0	1.21	376.7	0.4	2.36	150.68	889.012
水泥/万 t	9703.0			0.14	0	1358.42	0
人口/万人	4919.4			0.09	0.27	442.746	2161.92
总释碳耗氧量/万 t						12553.88	43025.36
需固碳释氧量/万 t						4184.627	14341.79
耕地安全底线/km²	17096.9						
固碳释氧能力/（t/km²）				0.0686	0.183	1172.847	3128.733
不可建设用地中湿地面积/km²	10414.4						
固碳释氧能力/（t/km²）				0.045	0.12	468.63	1249.68
不可建设用地中林地面积/km²	3892			0.0903	0.2407	351.4223	936.737
固碳耗氧余缺/万 t						2191.727	9026.636
需林地面积/km²						24271.62	99962.75
林地占比/%						47.58	195.96

表 6-22　各市化石燃料燃烧、水泥生产和人口状况

地区	煤/万 t	折标煤/万 t	石油/万 t	折标煤/万 t	天然气/万 m³	折标煤/万 t	水泥/万 t	人口/万人
南京	2213.7	1581.2	2013.9	2877.0	57891.0	50.3	980.2	810.9
无锡	2862.7	2044.8	57.0	81.4	107615.0	93.4	1759.9	640.4
常州	1031.0	736.5	56.4	80.6	57109.0	49.6	2447.0	465.0
苏州	4749.2	3392.4	91.4	130.5	160973.0	139.7	1219.3	1051.9
南通	1802.8	1287.7	38.5	55.0	7662.0	6.7	895.3	728.9
扬州	1321.1	943.7	112.0	159.9	8554.0	7.4	431.1	446.3
镇江	1452.6	1037.6	56.7	81.0	26530.0	23.0	1096.4	313.4
泰州	791.2	565.2	299.3	427.5	7591.0	6.6	873.8	462.6
沿江地区	16224.3	11589.1	2725.2	3892.9	433925.0	376.7	9703.0	4919.4

表 6-23　各市人类活动释碳量测算　　　　　（单位：万 t）

地区	释碳量					
	煤	石油	天然气	水泥	人口	总量
南京	1137.5	1682.8	20.3	133.3	74.0	3047.9
无锡	1471.0	47.6	37.7	239.4	58.5	1854.2
常州	529.8	47.1	20.0	332.8	42.5	972.2
苏州	2440.5	76.4	56.4	165.8	96.0	2835.1

续表

地区	释碳量					
	煤	石油	天然气	水泥	人口	总量
南通	926.4	32.2	2.7	121.8	66.6	1149.7
扬州	678.9	93.6	3.0	58.6	40.8	874.9
镇江	746.4	47.4	9.3	149.1	28.6	980.8
泰州	406.6	250.1	2.7	118.8	42.2	820.4
沿江地区	8337.1	2277.0	152.0	1319.6	449.2	12534.9

　　基于碳氧平衡对各市极限开发强度进行测算，结果显示（表6-24、表6-25），只有南通市在粮食安全所需要耕地面积和不可建设湿地、林区提供固碳释氧量已经能够满足本市碳氧平衡的需求，建设用地开发强度只需总面积减去耕地安全底线面积、不可建设用地中湿地和林区面积以及不可建设的陡岩石区。扬州、泰州需要少量的林地对碳氧平衡进行补充，建设用地开发强度除了要减去耕地安全底线、不可建设用地中湿地、林区和陡岩石区等外，还应考虑减去补充维持碳氧平衡所需要的林地面积。常州碳氧平衡的余缺较大，需要较多的林地来满足碳氧平衡，因此建设用地开发强度受到较大制约。南京、无锡、苏州、镇江四市的生态严重赤字，碳氧余缺更大，弥补碳氧平衡所需要的林地面积过大，其中南京、无锡需要的林地面积已超过城市本身的面积，维持碳氧平衡的用地严重不足，这与城市产业结构、能源结构和人口承载有关。针对常州、南京、无锡、苏州和镇江5个城市，为了达到碳氧平衡，除扩展本市能够维持碳氧平衡生态、改善植物种植结构，最重要的是大力提倡节约能源和资源消耗，进行生产的技术革新，缩小释碳耗氧系数，最终达到降低释碳耗氧需求量和生态用地需求量。

表 6-24　各市人类活动耗氧量测算　　　　（单位：万 t）

地区	耗氧量					
	煤	石油	天然气	水泥	人口	总量
南京	4216.7	6681.9	118.4	0.0	222.0	11239.0
无锡	5452.9	189.0	220.1	0.0	175.3	6037.3
常州	1963.9	187.1	116.8	0.0	127.3	2395.1
苏州	9046.5	303.2	329.2	0.0	288.0	9966.9
南通	3433.9	127.7	15.7	0.0	199.6	3776.9
扬州	2516.5	371.5	17.5	0.0	122.2	3027.7
镇江	2766.9	188.1	54.3	0.0	85.8	3095.1
泰州	1507.1	993.0	15.5	0.0	126.7	2642.3
沿江地区	30904.3	9041.4	887.4	0.0	1346.9	42180.0

表 6-25　基于碳氧平衡的各市极限开发强度测算

地区	南京	无锡	常州	苏州	南通	扬州	镇江	泰州	沿江地区
释碳量/万 t	1016.0	618.1	324.1	945.0	383.2	291.6	326.9	273.5	4178.3
耗氧量/万 t	3746.3	2012.4	798.4	3322.3	1259.0	1009.2	1031.7	880.8	14060.0
耕地面积/km²	2388.6	1169.6	1497.1	1627.7	4733.7	1958.1	1568.2	2153.9	17096.9
占全省比重/%	36.3	25.3	34.2	18.8	44.9	29.7	40.8	37.2	33.5
不可建设湿地/km²	507.6	1104.6	486.1	3079.5	2644.5	1202.8	332.8	1056.5	10414.4
占全省比重/%	7.7	23.9	11.1	35.6	25.1	18.3	8.7	18.3	20.4
不可建林区/km²	1480.9	725.9	552.4	225.0	66.8	173.6	609.9	57.1	3891.7
占全省比重/%	22.5	15.7	12.6	2.6	0.6	2.6	15.9	1.0	7.6
耕地固碳量/万 t	163.9	80.2	102.7	111.7	324.7	134.3	107.6	147.8	1172.9
不可建湿地固碳量/万 t	22.8	49.7	21.9	138.6	119.0	54.1	15.0	47.5	468.7
不可建林区固碳量/万 t	133.7	65.6	49.9	20.3	6.0	15.7	55.1	5.2	351.4
耕地释氧量/万 t	437.1	214.0	274.0	297.9	866.3	358.3	287.0	394.2	3128.7
不可建湿地释氧量/万 t	60.9	132.6	58.3	369.5	317.3	144.3	39.9	126.8	1249.7
不可建林区释氧量/万 t	356.5	174.7	133.0	54.2	16.1	41.8	146.8	13.7	936.7
碳余缺/万 t	695.6	422.6	149.6	674.3	−66.6	87.5	149.3	73.0	2185.4
氧余缺/万 t	2891.9	1491.1	333.1	2600.7	59.3	464.8	558.0	346.1	8744.8
林地 min/km²	7702.7	4679.4	1656.7	7469.2	−737.4	968.7	1653.5	808.4	24201.3
林地 max/km²	32001.2	19440.8	6883.0	31031.3	−3063.5	4024.5	6869.6	3358.6	100545.5
需林地占比/%	116.9	101.1	37.9	86.3	−7.0	14.7	43.1	14.0	47.4
不可建陡岩石区/%	0.1	0.2	0.0	0.1	0.0	0.0	0.0	0.0	0.03
极限开发强度/%	−83.4	−66.1	4.1	−43.3	36.4	34.7	−8.5	29.6	−1.4

（三）基于生态系统服务功能价值的开发阈值

生态系统服务功能的测算受多因素影响，有多种测算模型，目前的工作大多是估算区域平均的生态系统服务价值。Costanza 等（1997）提供了一种可供借鉴的方法，其技术路线为：首先，根据一定的标准，如人类对土地的开发利用方式或生态系统的自然状况，将研究区域内的生态系统进行分类；其次，根据不同的测算方法，计算各种类型生态系统服务的单位面积资本；最后，计算总资本，汇总得到总资本结构表。因此，区域生态系统服务的总价值为

$$R = \sum_{j=1}^{m} \sum_{i=1}^{n} V_{ij} A_i$$

其中，R 为区域生态系统服务总价值；V_{ij} 代表第 i 类生态系统第 j 项生态系统服务功能的单位价值；A_i 代表第 i 种类型的生态系统的面积。

城市生态系统服务价值的估算一般包括对调节气候、固碳释氧、保持土壤、

涵养水源、净化环境与减弱噪声等生态服务功能的价值评估。

（1）调节气候功能。城市林地在夏季的降温作用可直接减少城市空调的使用，故这项功能可用替代成本法即减少空调的耗电费用来衡量。

（2）固碳释氧功能。由于目前尚缺乏公认的评估生态系统固定 CO_2 经济价值的方法，参考前人工作经验，比较运用造林成本法及碳税法两种方法，评估城市生态系统固定 CO_2 的间接经济价值；而生态系统释放氧气的价值用释放的氧气量与氧气价格的乘积衡量。

（3）保持土壤功能。首先采用无植被覆盖的土壤侵蚀量和森林、草地的实际侵蚀量之差来估算森林、草地每年减少的土壤侵蚀量；然后再评价森林、草地在减轻表土损失、肥力损失和泥沙淤积灾害 3 方面的价值。

（4）涵养水源功能。根据水量平衡评估林地、水域涵养水量。涵养水源价值为年涵养水量乘以水价，水价可用影子工程价格替代。

（5）净化环境功能。采用替代成本法，用其他治理环境污染措施的成本代替生态系统净化环境功能的价值。

（6）减弱噪声功能。目前对森林生态系统降低噪声价值的估算多以造林成本的 15% 计。

按照 Costanza 的观点，只有区域生态服务功能总价值不低于 0，才能保证区域生态系统处于相对安全的状态。

根据生态系统服务功能价值计算（表 6-26），江苏沿江地区生态服务功能总价值 306.72 亿元，可支撑继续扩展 7206.83km²，现已有建设用地面积 12085.05km²，则江苏沿江地区 8 地市共有可开发利用的建设用地面积 19291.88km²，开发强度阈值为 37.82%。同理，可以推断区域内各个城市的土地开发强度阈值（表 6-27）。

表 6-26　不同类型用地单位面积生态服务功能价值　（单位：元/hm²）

生态系统类型	建设用地	耕地	林地	草地	水体	未利用地
单位面积生态服务功能价值	−42559	6114.3	19335.1	5247.4	40676.4	318.5

注：本表中的数值借鉴了谢高地等关于生态系统单位面积服务功能价值研究成果。

表 6-27　维持生态服务功能价值的各市开发强度阈值

地区	生态服务功能价值/亿元	维持建设用地量/km²	已有建设用地/km²	开发强度阈值/%
南京	12.16	285.81	1798.27	31.64
无锡	10.93	256.74	1435.53	36.57
常州	18.39	432.04	1123.29	35.57
苏州	75.99	1785.54	2417.01	48.54

续表

地区	生态服务功能价值/亿元	维持建设用地量/km²	已有建设用地/km²	开发强度阈值/%
南通	88.64	2082.77	1998.63	38.69
扬州	56.52	1327.94	1248.57	39.09
镇江	11.1	260.92	956.32	31.70
泰州	32.99	775.07	1107.43	32.53
沿江地区	306.72	7206.83	12085.05	37.82

三、基于经济-生态价值损益的开发阈值

建设用地开发往往以生态服务价值的损失为代价。建设用地改变了原来的生态系统，如地面硬化、人为干扰等，使得一些生态服务价值遭受永久丧失。如果一个区域建设用地的经济收益大于其生态价值的损失，则认为建设用地还会继续扩张；如果该区域建设用地的经济收益小于其生态价值的损失，则认为不经济，建设用地不再扩张。因此，当区域建设用地的经济收益等于其生态价值的损失时，可以计算得到基于收益-损失平衡时的建设用地最大值。

在测算基于收益-损失平衡的建设用地开发面积最大值时，需明确建设用地随着开发强度变化的收益曲线以及生态价值损失随着开发强度变化的价值曲线（图 6-13）。

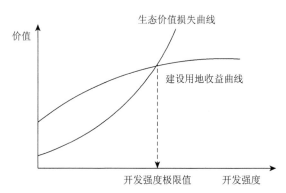

图 6-13　建设用地经济收益-生态价值损失曲线

某开发强度（a）下的建设用地的收益 $G(a)$ 可以表征为建设用地对其上面承载的经济活动的产出贡献，即

$$G(a) = P(a) \times \gamma(a)$$

其中，$P(a)$表示建设用地对其上面承载的经济活动的产出，这里用二、三产值来表征；$\gamma(a)$表示土地的贡献率，可以用道格拉斯生产函数求出。

建设占用的生态价值测算是难点，传统的方法主要利用谢高地等人的研究成果，给土地类型赋以生态服务价值，再根据土地类型进行生态服务价值的测算。以往研究生态服务价值都是以静态来表征的。现实中，生态服务价值是变化的，尤其是生活水平的提高以及生态资源的稀缺性导致生态价值增长快速。因此，采用动态方法评估生态价值更符合实际。

生态价值的动态变化可从需求与供给两方面来体现。在需求方面，人们对生态系统服务的要求和认识随着社会经济发展水平和科技水平而逐渐提高，生态价值也会逐渐提高；在供给方面，由于生态资源的破坏而引起生态服务质量的下降或过度利用导致生态资源数量减少，尽管生态系统服务减少了，但人们对生态价值的支付意愿却增加了。因此，生态系统服务是动态变化的。

未来的服务价值决定于生态资源的稀缺性和人们的支付意愿。因此，在某开发强度（a）条件下建设占用的生态价值损失 LE（a），可以用下式表征

$$LE(a) = A(a) + E(a) \times W(t) \times S(a)$$

其中，$A(a)$表示建设用地占用土地的农业生产价值，用第一产业产值表征；$E(a)$表示建设用地占用土地的生态服务价值；$S(a)$为稀缺指数；$W(t)$表示支付意愿随时间的变化函数。这里认为人们对生态价值支付意愿的增长与 GDP 增长同速即

$$W(t) = O \times (1 + p)^t$$

其中，O 为生态服务价值的初始值；p 为 GDP 的增长速率；t 为时间。

生态服务价值的初始值主要依据谢高地等（2003，2008）的研究成果进行测算（表 6-28）。

表 6-28　生态系统单位面积生态服务价值

一级类型	二级类型	森林	草地	农田	湿地	河流/湖泊	荒漠
调节服务	气体调节	1940.1	673.7	323.4	1082.3	2290.0	27.0
	气候调节	1827.8	700.6	435.6	6085.3	925.2	58.4
	水文调节	1836.8	682.6	345.8	6035.9	8429.6	31.4
	废物处理	772.5	592.8	624.3	6467.0	6669.1	116.8
支持服务	保持土壤	1805.4	1006.0	660.2	893.7	184.1	76.4
	维持生物多样性	2025.4	839.8	458.1	1657.2	1540.4	179.6
文化服务	提供美学景观	934.1	390.7	76.4	2106.3	1994.0	107.8
合计		12628.7	5241.0	3547.9	24597.2	20366.7	624.3

注：①资料来源：谢高地，甄霖，鲁春霞，等. 2008. 生态系统服务的供给、消费和价值化. 资源科学，30（1）：93~99。②由于农地的经济产出单独计算，因此谢高地等原文中的供给服务功能（包括食物生产和原材料生产）的价值等没有纳入估算。

稀缺指数 LE（a）表示生态用地面积越少单位生态用地的生态价值越高，它与开发强度成反比，可用下式表征

$$S(a) = 1/(k - a)$$

其中，K 系数范围在 0～1 之间，表示稀缺性的变化幅度。

根据以上算法可以计算出历年建设用地收益和生态价值损失值，再用曲线方程拟合即可分别得到建设用地收益和生态价值损失值随开发强度变化的曲线方程。

利用 1996～2011 年的经济、土地利用和生态服务价值数据，拟合出建设用地的收益曲线方程为

$$G(a) = 9.977e^{0.3066a} \qquad （R^2=0.82）$$

建设占用的生态价值损失曲线方程为

$$LE(a) = 2.2102e^{0.3734a} \qquad （R^2=0.79）$$

当 $G(a)=LE(a)$ 时，可以求得 a=33.1%，表示当江苏沿江地区的土地开发强度未达到 33.1% 时，土地开发的收益低于生态价值的损失量。

同理，根据上述的计算步骤，基于经济效益-生态价值损失的理念，可测算得出江苏沿江地区各个地市的土地开发强度阈值（表 6-29）。结果表明，土地开发强度阈值在 27.5%～38%，开发强度最大的是无锡市，开发阈值为 38%；最小的是南通市，开发阈值为 27.5%。

表 6-29　基于生态价值损失的土地开发强度阈值

地区	建设用地经济效益曲线	建设占用生态价值损失曲线	开发强度阈值/%
南京	$Y=18.544e^{0.1418X}$	$Y=0.8857e^{0.2343X}$	35.0
无锡	$Y=33.675e^{0.1123X}$	$Y=33.675e^{0.1123X}$	38.0
常州	$Y=14.935e^{0.1598X}$	$Y=1.0843e^{0.2383X}$	34.7
苏州	$Y=192.26e^{0.0967X}$	$Y=2.1259e^{0.2141X}$	38.0
南通	$Y=5.275e^{0.2913X}$	$Y=0.5403e^{0.3737X}$	27.5
扬州	$Y=4.049e^{0.2971X}$	$Y=0.2601e^{0.3846X}$	30.0
镇江	$Y=6.9102e^{0.1947X}$	$Y=0.2114e^{0.2912X}$	36.0
泰州	$Y=5.1338e^{0.2772X}$	$Y=0.3291e^{0.3673X}$	30.0
沿江地区	$Y=9.977e^{0.3066X}$	$Y=2.2102e^{0.3734X}$	33.1

四、土地综合开发强度阈值

为综合考虑不同因素对区域土地开发强度阈值的判定，需确定相应指标的权重。为避免赋权的主观性，根据优势资源牵引效应和劣势资源束缚效应，构建线性规划模型，从而客观确定不同指标的权重。土地开发强度综合阈值（C）等于

区域土地开发强度阈值最大值（C_{max}）与最小值（C_{min}）的几何平均值。

（一）基于优势资源牵引效应原则下的区域土地开发强度阈值最大值为

$$\max C_{max} = w_1 C_1 + w_2 C_2 + w_3 C_3 + \cdots + w_n C_n + w_{n+1} \sqrt[n]{C_1 C_2 C_3 \cdots C_n}$$

（二）基于劣势资源束缚效应原则下的区域土地开发强度阈值最小值为

$$\min C_{min} = w_1 C_1 + w_2 C_2 + w_3 C_3 + \cdots + w_n C_n + w_{n+1} \sqrt[n]{C_1 C_2 C_3 \cdots C_n}$$

$$\text{st.} \begin{cases} \alpha \leqslant |w_i - w_j| \leqslant \beta \\ \gamma < w_i < 1 \\ \sum_{i=1}^{n} w_i = 1; i, j = 1, 2, 3, \cdots, n \text{且} i \neq j \end{cases}$$

其中，w_i，w_j 表示因子权重；γ 表示各因子权重的下限；β，α 分别表示各因子之间权重差异的上下限。

（三）区域土地综合开发强度阈值判定 $C = \sqrt{C_{min} C_{max}}$

以江苏沿江地区作为参照区域，计算出 C_1、C_2、C_3、C_4，参考黄常锋和何伦志（2011）研究成果，通过模型参数的试算，取 $\alpha=0.005$，$\beta=0.2$，$\gamma=0.1$，利用 Lingo9.0 计算得到区域土地开发强度阈值最大值（C_{max}）与最小值（C_{min}），在此基础上测算其合理阈值 C。

经过模型的测算，江苏沿江地区及其各城市土地开发强度的综合阈值见表6-30。

表 6-30　江苏沿江地区及其各市土地综合开发强度的阈值测算（单位：%）

地区	基于资源禀赋		基于生态安全		基于经济收益-生态价值损失	土地开发强度综合阈值
	基于生存需要	基于水资源供给	逾渗理论	生态功能服务价值		
南京	33.5	33.7	34.9	31.6	35.0	34.4
无锡	35.0	39.2	30.2	36.6	38.0	34.3
常州	42.0	32.0	38.1	35.6	34.7	36.8
苏州	43.0	33.5	30.9	48.5	38.0	35.0
南通	29.4	22.1	37.2	38.7	27.5	30.1
扬州	49.4	23.9	39.6	39.1	30.0	35.4

续表

地区	基于资源禀赋		基于生态安全		基于经济收益-生态价值损失	土地开发强度综合阈值
	基于生存需要	基于水资源供给	逾渗理论	生态功能服务价值		
镇江	34.6	34.9	37.7	31.7	36.0	36.2
泰州	43.5	22.0	40.4	32.5	30.0	34.2
沿江地区	38.4	29.1	36.0	37.8	33.1	34.4

注：由于根据碳氧平衡方法得出的江苏沿江地区及其各市开发阈值结果不符合实际，故在此不列入综合阈值的测算。

第三节　基于开发强度阈值的建设用地空间布局

本章前两节中分别从资源禀赋、生态安全与经济-生态价值损益等不同方面对江苏沿江地区各城市的土地开发强度阈值进行了评价，并得到各城市达到土地开发强度阈值时的建设用地面积（表6-31）。

表 6-31　各市土地开发强度的阈值面积　　　　（单位：万 hm²）

地区	基于资源禀赋		基于生态安全		基于经济收益-生态价值损失
	基于生存需要	基于水资源供给	逾渗理论	生态功能服务价值	
南京	22.1	22.2	23.0	20.8	23.1
无锡	16.2	18.1	14.0	16.9	17.6
常州	18.4	14.0	16.7	15.6	15.2
苏州	37.2	29.0	26.8	42.0	32.9
南通	31.0	23.3	39.2	40.8	29.0
扬州	32.6	15.8	26.1	25.8	19.8
镇江	13.3	13.4	14.5	12.2	13.8
泰州	25.2	12.7	23.4	18.8	17.4
沿江地区	195.9	148.4	183.6	192.9	168.9

根据 CLUE-S 模型对不同方式下建设用地开发阈值面积进行空间布局优化模拟（图 6-14～图 6-16）。从下面的建设用地空间布局优化模拟图可以看出：虽然通过资源禀赋、生态安全与经济-生态价值损益等方法测算得出的江苏沿江地区各城市建设用地阈值面积存在显著差异，但是建设用地空间布局仍然集中在各城市中心城区、沿主要交通干线等社会经济发展主轴与重心地区，空间布局所存在的差异主要体现在城市郊区、农村居民点周边对耕地和林地的占用大小。

其中，在资源禀赋中基于生存需要与水资源供给两方面的建设用地空间布局优化模拟的结果差别较大。

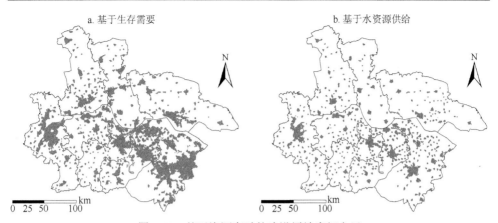

图 6-14　基于资源禀赋的建设用地空间布局

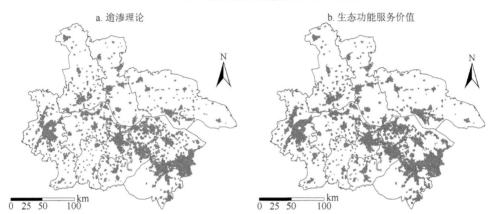

图 6-15　基于生态安全的建设用地空间布局

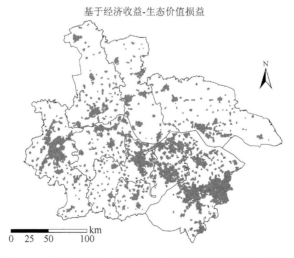

图 6-16　基于经济-生态价值损益的建设用地空间布局

第七章　江苏沿江地区土地合理开发强度

第一节　土地合理开发强度的测算方法

　　土地合理开发强度的确定应该是综合考虑区域自然基础条件、社会进步与经济可持续发展等诸多因素，使得不同级别的因素与土地开发强度之间能够达到最优的协调程度。依照上述原则，利用已有数据，探寻与指标因素协调程度最好的区域（县市）的建设用地开发利用强度作为此时的合理的土地开发强度。因此，本书以 2012 年江苏沿江地区各个县、市的土地开发强度作为分析基准，通过对土地开发强度相应指标的承载情况进行分类，从每一类中选择较为普遍的承载能力值作为这一类型县、市土地开发强度调整的标准，计算出相应县、市经过优化调整之后的土地开发强度（图 7-1），最终通过空间叠加分析，得到江苏沿江地区的土地合理开发强度（图 7-2）。

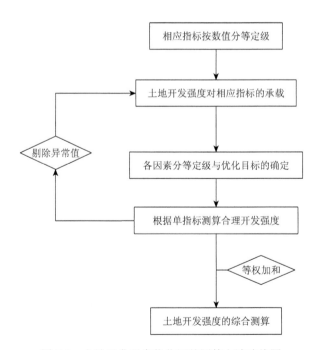

图 7-1　土地开发强度优化调整测算方法路线图

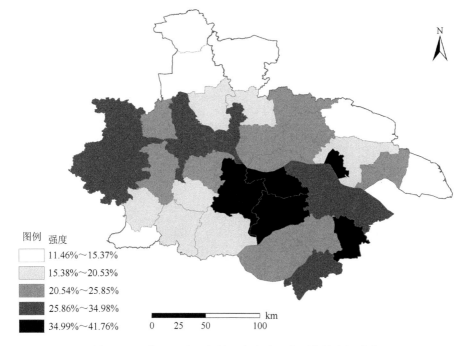

图例　强度
- 11.46%～15.37%
- 15.38%～20.53%
- 20.54%～25.85%
- 25.86%～34.98%
- 34.99%～41.76%

图 7-2　江苏沿江地区各县、市土地开发强度的空间分布

一、根据自然因素测算土地合理开发强度

（一）土地开发适宜性

　　江苏沿江地区的土地开发适宜性是通过对区域自然灾害危险性、生态重要性、水环境容量、土地开发丰度等因素进行叠加综合分析而得到的，反映土地开发的适宜程度。通过聚类分析，评价各影响因素对建设用地开发约束影响的情况，进而进行建设用地的分配，综合优化调整后获得每一类型县、市的土地开发利用强度。如图 7-3 所示，各县、市优化之后的土地合理开发总面积为124.70 万 hm²，土地合理开发强度为 24.44%，经过优化调整增加的建设用地面积约为 2.79 万 hm²。

　　从优化后的土地空间分布看，建设用地面积大的区域主要分布在南京市区以及土地适宜性条件较好的苏南县、市，苏中地区的姜堰市、泰州市区等优化调整之后的建设用地面积下降幅度较大。对于建设用地面积调整，南京市区的增长最多，达到 19914.10hm²，与之相对的是无锡市区与昆山市调整之后的面积减少较多，分别减少 9078.62hm² 与 7391.97hm²（图 7-4）。上述两类区域今后所需调整的建设用地面积较大，应是下一步土地开发利用调整的重点地区。

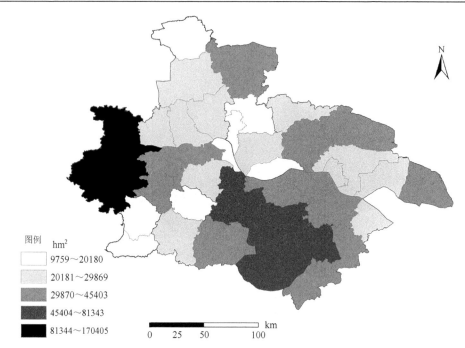

图例　hm²
9759～20180
20181～29869
29870～45403
45404～81343
81344～170405

km
0　25　50　　100

图 7-3　基于土地开发适宜性优化后的土地合理开发面积

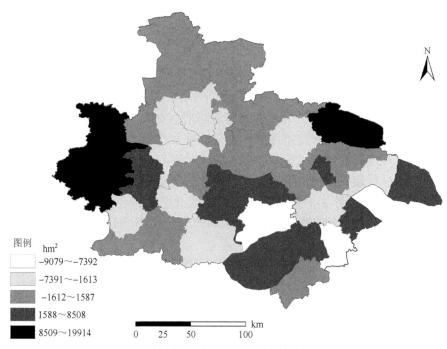

图例　hm²
−9079～−7392
−7391～−1613
−1612～1587
1588～8508
8509～19914

km
0　25　50　　100

图 7-4　基于土地开发适宜性建设用地面积调整的空间分布

（二）交通可达性条件

交通可达性条件对建设用地空间布局与优化调整的作用也比较明显。优化后的江苏沿江地区县、市土地合理开发总面积为 120.65 万 hm²，土地合理开发强度为 23.65%。优化调整的县、市建设用地面积空间分布特征明显，南京市区建设用地面积相对较大，太湖流域及周边地区的建设用地分布呈现圈层结构（图 7-5）。这些地区地处长江以南，水网密集，内河运输发达，高速公路、高速铁路、普通铁路等多种交通干线遍布其中，沟通南北，因此，上述地区的交通可达性条件较好，建设用地面积也相对较为集中。

在建设用地面积调整幅度方面。增幅较大的如皋市、昆山市、如东县，建设用地面积分别增加 5663.94hm²、4193.82hm² 与 4002.59hm²，建设用地开发强度分别达到 28.23%、46.26% 与 12.89%。下降较多的主要是南通市区与苏州市区，减少的建设用地面积分别为 12950.02hm²、10406.36hm²，土地开发强度也相应地降至 29.06% 与 19.30%（图 7-6）。说明核心城市的市辖区目前的建设用地过于超前利用，应该根据自身的实际情况控制建设用地的低效扩展，增强土地开发节约集约利用水平。

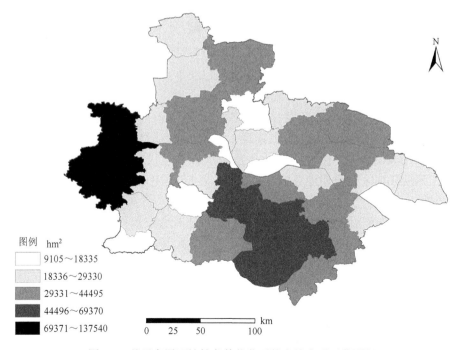

图例　hm²
9105～18335
18336～29330
29331～44495
44496～69370
69371～137540

图 7-5　基于交通可达性条件优化后的土地合理开发面积

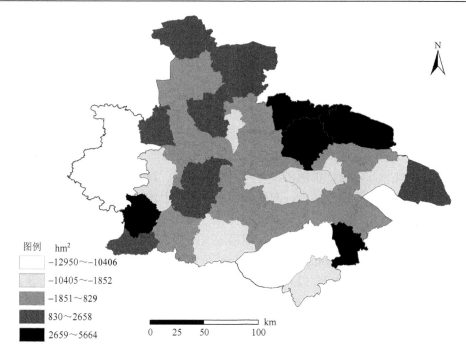

图 7-6　基于交通可达性条件建设用地面积调整的空间分布

二、根据社会因素测算土地合理开发强度

（一）社会发展水平

　　社会发展水平与土地开发强度一般情况下呈正向的相关关系。因为社会发展，尤其是城镇化带来的人口集聚、厂矿工业项目的落地均需占用建设用地，可以用人均 GDP 作为衡量社会发展水平的直接指标。根据人均 GDP 调整的江苏沿江地区建设用地总面积为 125.1 万 hm²，土地合理开发强度为 24.52%（图 7-7）。

　　通过优化调整后的建设用地面积主要集中在社会发展程度较高的苏南县、市，苏中地区优化调整后的建设用地面积普遍偏少，尤其是如皋市、如东市与启东市，建设用地面积调整之后减少 9259.3hm²、4562.1hm² 与 3086.3hm²（图 7-8）。这与这些县、市"满天星"式的土地利用现状相吻合，用地效率较低，是今后土地整理、挖掘潜力、盘活建设用地存量的重点地区。此外，这些地区靠近沿海，周边的滩涂面积较大，后备土地资源丰富，开发成本较低，应该是接受苏南地区与上海市产业转移的核心地区，是下一步开发的重点地区。

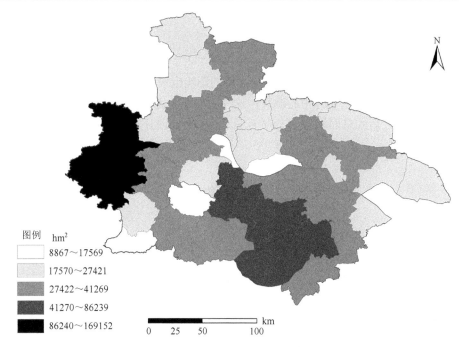

图 7-7　基于人均 GDP 优化后的土地合理开发面积

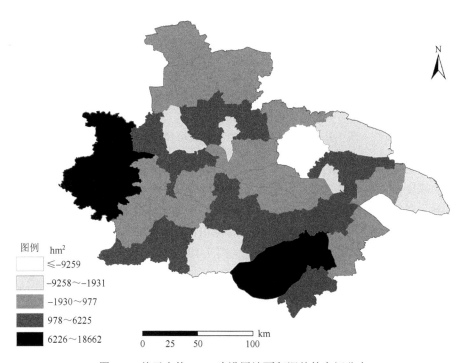

图 7-8　基于人均 GDP 建设用地面积调整的空间分布

（二）人口密度

人口密度对建设用地空间分布优化调整的影响也较为明显。如图7-9所示，建设用地面积指标较大的区域为中心城区，这与上面几个因素反映出的情况基本类似，建设用地调整之后的总面积为123.57万 hm^2，土地合理开发强度为24.22%。

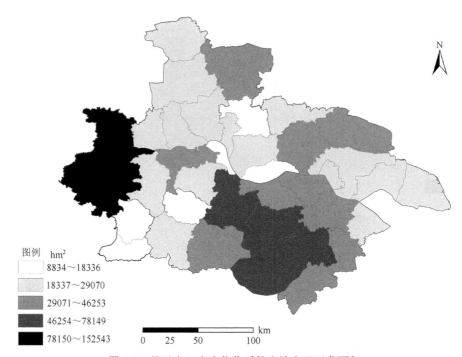

图 7-9 基于人口密度优化后的土地合理开发面积

建设用地面积调整的空间分布并没有显著的空间特征，调整之后建设用地面积增加幅度较大的为宜兴市、兴化市，增加的面积分别为7440.8 hm^2、6052.6 hm^2。这类县、市有几个共同特点，人口密度较大，但是经济落后于周边发达地区。调整之后建设用地面积减少较大的县、市为昆山市、句容市以及扬州市区，分别减少7232.0 hm^2、4853.5 hm^2 与4531.1 hm^2（图7-10）。

三、根据经济因素测算土地合理开发强度

（一）产业结构高级度

中心城区以及经济较为发达的县、市具有较高的产业结构高级度，在优化后

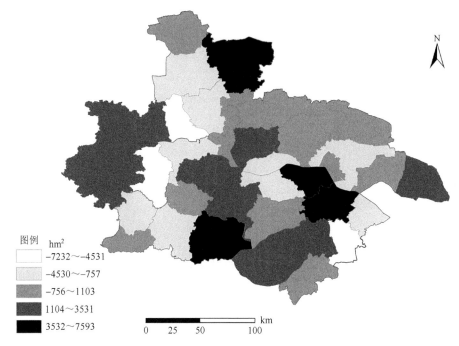

图 7-10　基于人口密度建设用地面积调整的空间分布

占有相当面积的建设用地（图 7-11、图 7-12）。苏南的镇江，苏中的扬州、泰州经济发展相对落后于其他城市，工业与第三产业水平相对较低，致使其产业结构高级度指数较低。在此值得注意是南京市区，虽然经济发展水平较高，但是产业结构中制造业、石化工业等第二产业比重高，使其产业发展层次也较低，调整之后的建设用地面积减少最多，高达 8048.9hm²。整体上，基于产业结构发展的层次，优化调整之后建设用地的总面积为 122.7 万 hm²，相应的土地合理开发强度为 24.04%，较目前 23.90%的开发强度提高了 0.14%。

（二）工业化水平

江苏沿江地区整体上处于工业化中期向后期转型的时期，工业比重较高。在此情形下，经调整后的合理开发建设用地面积为 121.5 万 hm²，土地合理开发强度为 23.81%（图 7-13、图 7-14）。南京市区工业分布较广，规模较大，优化调整之后的建设用地面积也最大，高达 136990.8hm²。但是从调整的幅度上看，南京市区建设用地面积减少最多，达到 13499.7hm²。这主要是南京工业产业布局的优化所释放的空间。调整之后建设用地面积增加较多的县、市主要是如东县、扬州市区等地，增加的建设用地面积分别为 7927.2hm²、4257.3hm²。

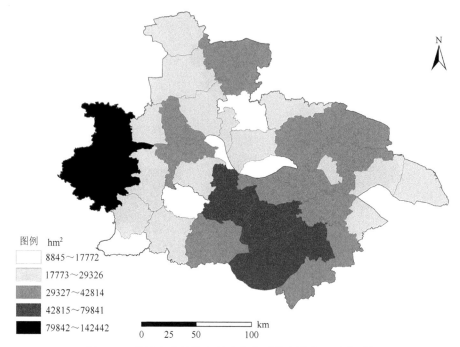

图 7-11　基于产业结构高级度优化后的土地合理开发面积

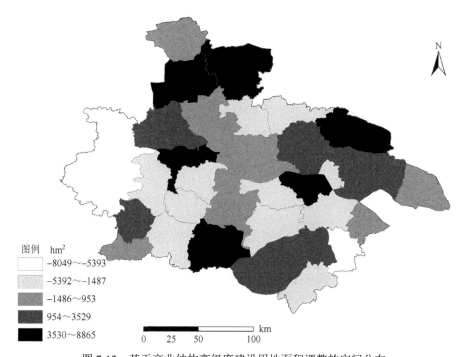

图 7-12　基于产业结构高级度建设用地面积调整的空间分布

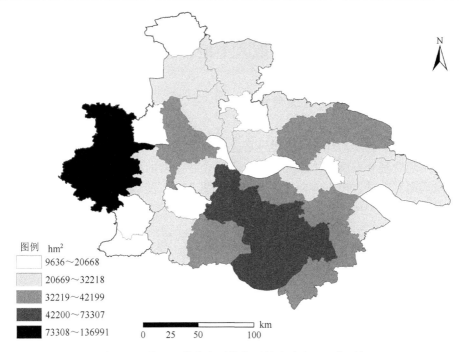

图 7-13 基于工业化水平优化后的土地合理开发面积

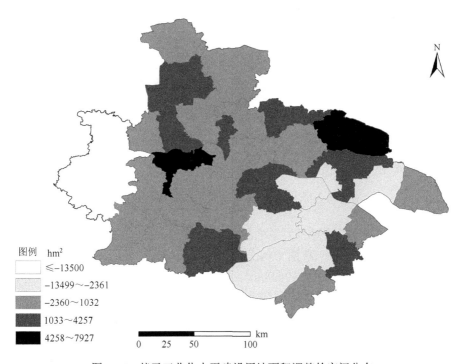

图 7-14 基于工业化水平建设用地面积调整的空间分布

第二节　江苏沿江地区土地合理开发强度测算

一、土地合理开发强度的综合测算

根据前文各因素对江苏沿江地区各县、市的土地开发利用进行优化，得出其相应的土地合理开发强度。在此基础上，综合各因素的影响，按照等权加和的方法，最后得到各县、市土地合理开发强度（图 7-15、图 7-16）。

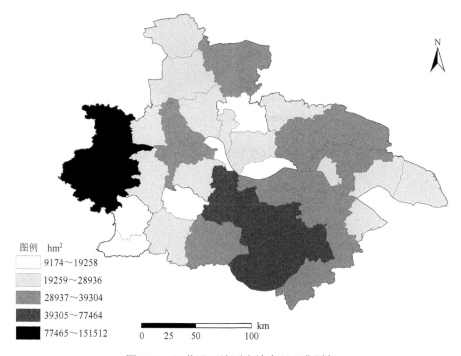

图 7-15　江苏沿江地区土地合理开发面积

江苏沿江地区土地合理开发总面积为 123.03 万 hm²，其中苏南的南京、苏州、常州等市区以及江阴市、常熟市等分布面积相对较大，分别为 151512.1hm²、77464.0hm²、71655.1hm²、98696.9hm²、127631.6hm² 相应的土地开发强度分别为 32.01%、22.69%、38.48%。同时，空间分布上的圈层结构明显，苏南地区的南京、苏州、无锡、常州等市区构成核心区域，周边县、市处于外围地区，核心-外围结构明显。

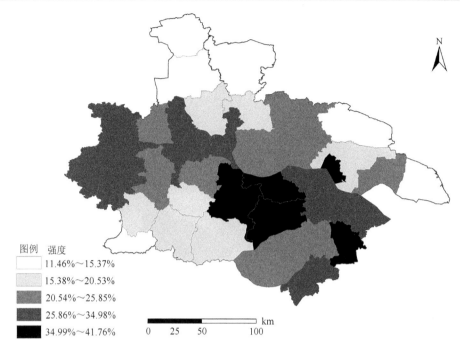

图例　强度
11.46%～15.37%
15.38%～20.53%
20.54%～25.85%
25.86%～34.98%
34.99%～41.76%

km
0　25　50　　　100

图 7-16　江苏沿江地区土地合理开发强度

　　对于土地合理开发强度，优化调整之后的江苏沿江地区的开发强度为 24.12%，较当前的 23.90% 提高了 0.22%。其中，高值区主要分布在经济先行的江阴市、昆山市，土地合理的开发强度分别为 39.70%、39.41%。而苏中地区的高邮市、如东县、兴化市等地区的土地开发强度较低，分别只有 12.57%、13.28%、13.68%。整体上，江苏沿江地区的土地开发与利用仍有一定的余量，主要分布在沿海滩涂，考虑到沿海地区生态环境保护，可开发利用面积不是很大，因此，更应该注重提高土地利用效益，节约集约利用土地，严控建设用地的无序扩张。

　　对于建设用地面积调整的情况（图 7-17），调整面积后面积增加最大的是如东县、兴化市，增加的面积分别为 5094.2hm^2、2447.5hm^2，主要位于经济发展的非核心区，经济增长仍具有较大潜力。同时，南通市区、昆山市、无锡市区等地的建设用地调整之后面积的减少较大，分别为 2774.0hm^2、2187.6hm^2、1595.1hm^2，这些地区建设用地较为粗放，建设用地扩展已经饱和，不再适于建设用地的大幅扩展，今后应该注重低效建设用地的整治，进一步提高土地利用效率和土地集约利用水平。

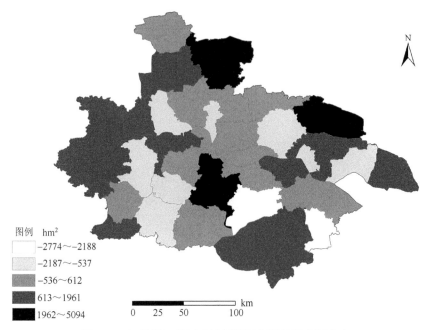

图 7-17 江苏沿江地区建设用地面积调整的空间分布

二、不同类型区土地合理开发强度测算

江苏沿江地区在 2012 年的建设用地面积为 510.12 万 hm²，土地开发强度为 23.90%，综合土地开发强度阈值为 34.4%，合理开发强度为 24.12%。分析江苏沿江地区不同类型县、市的土地开发利用情况，确定不同类型区土地合理开发强度，对明确土地开发利用思路、制定调控措施具有重要的参考价值。

（一）基于主体功能区规划的区域类型划分

本书根据《江苏省主体功能区规划（2011-2020 年）》，将江苏沿江地区各县、市分为三类：优化开发区、重点开发区、限制开发区（图 5-6）。各类型区县、市自然与社会经济条件差异见表 7-1。

表 7-1　分类型区县、市各因素基本情况

地区		优化开发区	重点开发区	限制开发区
自然因素	土地适宜性条件	0.635	0.727	0.577
	交通可达性条件	0.646	0.563	0.494
社会因素	人均GDP/（元/人）	128130	61660	62645
	人口密度/（人/km²）	1001	840	554

续表

地区		优化开发区	重点开发区	限制开发区
经济因素	产业结构高级度指数	0.429	0.401	0.392
	工业化水平指数	0.488	0.463	0.441
土地开发强度/%		31.03	20.84	15.80

三种类型区域土地适宜性条件差别显著,其中重点开发区的指数最高,达0.727,高于优化开发区与限制开发区的0.635与0.577,因此,此类区域可以配置更多的建设用地。

优化开发区、重点开发区、限制开发区等三类区域的交通可达性条件指数依次为0.646、0.563、0.494,存在明显差异。这主要是由于优化开发区多是城市市区(南京市区、无锡市区、苏州市区)以及交通条件较好的县市(昆山市),社会经济发展起步早,交通基础设施建设比较完善,较早形成了完善的交通网络,交通区位条件明显优于重点开发区和限制开发区。

三类功能区的产业结构中差别较小,但是也呈现一定的梯级层次。三类区域的工业化水平介于0.4~0.5之间,说明工业仍然是经济发展的主要支撑。优化开发区的工业化水平指数为0.488,略高于重点开发区与限制开发区。二者分别为0.463与0.441。

(二)分类型空间单元的合理开发强度

以上分析采用各因素指标对江苏沿江地区县、市土地合理开发强度进行了确定,经过综合优化调整,测算三种类型区域的土地合理开发强度与土地开发强度的调整幅度,具体结果见表7-2、表7-3。

表7-2　分类型空间单元土地合理开发强度

地区		土地合理开发强度/%		
		优化开发区	重点开发区	限制开发区
自然因素	土地适宜性条件	31.58	20.63	16.85
	交通可达性条件	29.43	21.51	16.86
社会因素	人均GDP	32.63	20.77	15.51
	人口密度	31.59	21.15	15.81
经济因素	产业结构高级度	30.83	21.32	16.25
	工业化水平指数	30.53	20.83	16.25
综合测算结果		31.10	21.03	15.80

表 7-3　分类型空间单元开发强度调整幅度

地区		土地开发强度调整/%		
		优化开发区	重点开发区	限制开发区
自然因素	土地适宜性条件	0.55	−0.21	1.05
	交通可达性条件	−1.60	0.67	1.06
社会因素	人均GDP	1.60	−0.07	−0.29
	人口密度	0.56	0.30	0.01
经济因素	产业结构高级度	−0.19	0.48	0.45
	工业化水平指数	−0.50	−0.02	0.45
综合测算结果		0.07	0.45	0.19

　　自然因素中，根据土地适宜性测算土地合理开发强度。此条件下的优化开发区的开发强度为 31.58%，没有显著的变化，而重点开发区域的合理开发强度为 20.63%，显著低于优化开发区，但是高于限制开发区的 16.85%。基于交通可达性条件，优化开发区的土地开发强度调整幅度较大，减少了 1.60%，有利于土地的集约化利用，而重点开发区增加了 0.67%，此因素下的土地合理开发强度达到 21.51%，建设用地具有较大的扩展空间，有利于今后重点产业项目布局与落地，符合其未来的发展定位。

　　社会因素中，根据人均 GDP 因素对土地开发强度进行调整。优化开发区合理开发强度增加的比重为 1.60%，增至 32.63%，重点开发区的合理开发强度下降了 0.07%，降至 20.77%，限制开发区的合理开发强度下降了 0.29%，降至 15.51%。根据人口密度因素，三种类型区的开发强度都有所增加，调整之后升高的幅度分别为 0.56%、0.30% 与 0.01%。江苏沿江地区各县市未来一定时期内仍然是人口继续集聚的区域，为满足城镇化与市民生活水平提高的需要，建设用地面积应有所增长。

　　经济因素中，产业结构高级度指标对优化开发区的建设用地增加具有抑制作用，土地开发强度下降了 0.19%，降至 30.83%，而对重点开发区和限制开发区内的土地扩展起促进作用，其中重点开发区的土地开发强度升高了 0.48%，建设用地开发比重升至 21.32%，强度高于限制开发区，这与未来产业发展与经济布局主要集中在重点开发区的定位相符合。工业化水平对优化开发区的土地开发强度抑制作用明显，优化开发区土地开发强度降低了 0.50%，降至 31.53%；重点开发区的比重也下降了 0.02%，降至 20.83%；而限制开发区的土地开发强度上升幅度较大，达到 16.25%。限制开发区的工业化水平较低，适当提高开发强度有利于提高其工业化水平，但必须符合其功能定位。

　　通过对土地合理开发强度的调整幅度进行综合计算，可以看出优化开发区域的土地合理开发强度为 31.10%，略微上升了 0.07%。重点开发区调整后，土地开发强度增加了 0.45%，达到 21.03%，未来建设用地开发的主要地区放在重点开发区。江苏沿江地区的限制开发区域主体功能定位为农产品主要生产区，根据综合测算结果，开发强度仅有少量增加，为 0.19%，控制在 15.80%。从整体上看，江苏沿江地区位于长江经济带的核心区域，是长三角城市群的重要组成部分，是江苏经济社会发展的核心区域，因此，未来仍是经济发展与人口集聚的重点地区，总体土地开发强度上升 0.22%，达到 24.12%。

第三节　基于合理开发强度的建设用地空间布局

本章前两节分别从自然、社会和经济等不同方面对江苏沿江地区各城市的土地合理开发强度进行了评价，并得到各城市达到土地合理开发强度时的建设用地面积（表 7-4）。

表 7-4　各市达到土地合理开发强度时的建设用地面积　　（单位：万 hm²）

地区	自然因素		社会因素		经济因素	
	土地开发适宜性	交通可达性	社会发展水平	人口密度	产业结构高级度	工业化水平
南京	20.0	17.5	20.2	18.2	17.5	16.7
无锡	13.7	13.7	14.3	15.1	14.2	14.3
常州	11.6	11.4	12.1	11.5	10.8	11.1
苏州	24.2	23.3	26.2	25.0	24.1	23.8
南通	22.1	21.2	18.6	20.4	21.4	20.6
扬州	11.9	13.3	12.8	12.1	13.5	12.9
镇江	10.0	9.4	9.7	9.2	9.9	10.4
泰州	11.2	11.0	11.2	12.1	11.4	11.6
沿江地区	124.7	120.6	125.1	123.6	122.7	121.5

根据 CLUE-S 模型对不同方式下江苏沿江地区各城市土地合理开发强度下的建设用地面积进行空间布局优化模拟（图 7-18～图 7-20）。从模拟结果可以看出：在自然、社会和经济因素约束下测算得到的建设用地合理开发利用面积在空间上的布局总体上符合建设用地布局现状，建设用地仍然主要集中在中心城区、社会经济发展主要轴线与重心地区（沪宁铁路沿线、苏锡常地区），空间布局所存在的差异主要体现在城区向外扩张、开发区设立和建设过程中对周边耕地和林地的占用大小。

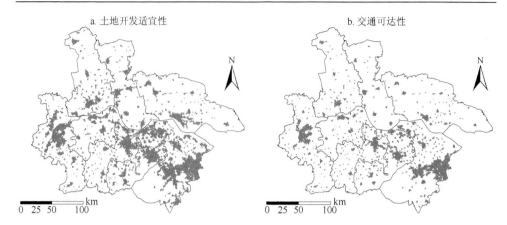

图 7-18　基于自然因素的合理开发强度下的建设用地面积的空间布局

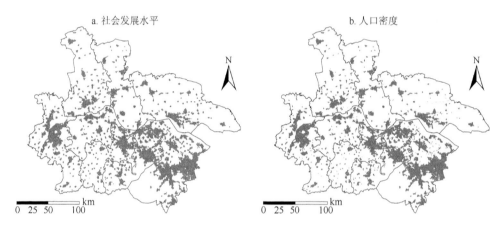

图 7-19　基于社会因素的合理开发强度下的建设用地面积的空间布局

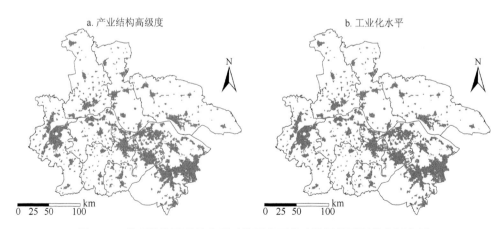

图 7-20　基于经济因素的合理开发强度下的建设用地面积的空间布局

第八章　江苏沿江地区建设用地空间布局多情景模拟

第一节　建设用地空间布局情景设计

一、情景设计与建设用地需求预测

情景分析旨在描述和分析事物发展的各种可能性，对比不同发展路径下的状态，从而为决策提供依据。本书在充分考虑江苏沿江地区土地利用生态适宜性、区域基础设施的完备性、区位条件的优越性、经济建设与生态保护的协调性、发展空间与保护空间的重叠性以及土地生产性、居民的生活适宜性、生态承载状况的基础上，设定土地利用系统变化参数，确定三种不同发展情景，即基准情景、发展优先情景和生态优先情景。通过对比不同情景的预测结果，确定未来土地利用优化决策方案，以达到土地利用系统结构合理、空间优化、集约高效的主体目标。

（一）基准情景

基准情景是根据江苏沿江地区各城市建设用地扩张的基本情况，较全面地反映各城市的社会经济实际。各主要参数的设计参考各城市经济发展的实际，将指标综合叠加而得。

目标控制：

（1）社会目标：2015 年城镇化率达到 70.88%，2020 年城镇化率达到 75.13%，2025 年达到 78.63%；粮食自给率始终保持在 0.75 的水平。

（2）经济增长目标：保持经济持续平稳增长，适应中高速增长的发展新常态。2015 年 GDP 总量达到 51838.5 亿元；2016～2020 年，GDP 平均增长速度保持在 7.5%左右，2020 年 GDP 总量约达到 74420.9 亿元；2020～2025 年，GDP 平均增长速度为 6%左右，2025 年 GDP 总量约达到 99592.0 亿元。

（3）生态环境目标：2015 年森林覆盖率达到 17.80%，2020 年达到 20.30%，2025 年争取达到 22.55%。

在控制上述主要指标的情形下，运用 SD 模型对在基准情景下的江苏沿江地区的土地开发强度进行模拟，具体模拟结果如表 8-1 所示。在此情景下的几个关键时间节点：2015 年、2020 年与 2025 年的建设用地面积分别为 11015.4km²、11758.3km²、12129.8km²，相对应的土地开发强度分别为 22.24%、23.74% 与 24.49%。在 2011～2025 年这一时间段的情景模拟中，建设用地需求面积的总量不断增加，但是由于经济社会发展的转型升级、生态环境的约束作用逐步加强，土地利用序列的增长率在不断降低。根据模拟结果进行初步估算，在 2011～2015 年、2016～2020 年、2021～2025 年三个时间段内，建设用地面积年均增加 272.42km²、148.59km² 与 74.30km²。

表 8-1　基准情景下主要指标设置与建设用地预测

指标	2010 年	2015 年	2020 年	2025 年
粮食自给率/%	0.78	0.75	0.75	0.75
城镇化率/%	65.88	70.88	75.13	78.63
GDP 总量/亿元	32929.3	51838.5	74420.9	99592.0
森林覆盖率/%	14.80	17.80	20.30	22.55
建设用地面积/km²	9653.3	11015.4	11758.3	12129.8

（二）经济发展情景

针对江苏沿江地区各城市社会经济发展的实际情况，优先保障城镇工矿用地以及产业发展的用地需求，满足高效农业发展下的农业结构调整的用地需求，保障经济的快速发展。未来 10～20 年，将是江苏沿江地区各城市工业发展与转型升级、城镇化进行的关键时期。在经济发展情景下，政府要扶持当地主导产业，积极开拓区外市场，调整产业结构，加大对基础设施的投资力度，提高产业发展的层次与水平。在经济发展的背景下，有利于经济发展的参量（因子或者系数）被提高。当然，在经济发展情景下，虽然经济会得到较快的发展，但是由于农药、化肥等现代化学制品的大量投入，也会增加农业污染的风险。同时由于区域资源开发的力度加大，相应的环境保护措施没有及时进行跟进，也会加大当地发生自然灾害的风险，

目标控制：

（1）社会目标：2015 年城镇化率达到 71.88%，2020 年城镇化率达到 77.13%，2025 年达到 81.38%；粮食自给率始终保持在 0.6 的水平。

（2）经济增长目标：保持经济持续平稳增长，适应中高速增长的发展新常态。2015 年 GDP 总量达到 54249.2 亿元；2016～2020 年，GDP 平均增长速度保持在 8.5%左右，2020 年 GDP 总量约达到 81572.2 亿元；2020～2025 年，GDP 平均增

长速度为 7%左右，2025 年 GDP 总量约达到 114409.2 亿元。

（3）生态环境目标：2015 年森林覆盖率达到 16.8%，2020 年达到 18.3%，2025 年争取达到 19.8%。

在控制上述主要指标的情形下，运用 SD 模型对在经济发展情景下的江苏沿江地区建设用地面积扩张进行模拟，具体模拟结果如表 8-2 所示。在此情景下的几个关键时间节点：2015 年、2020 年与 2025 年的建设用地面积为 11386.8km²、12501.3km² 与 12996.6km²，相对应的土地开发强度分别为 22.99%、25.24%与 26.24%。在 2011～2025 年这一时间段的情景模拟中，建设用地需求面积的总量不断增加，但是由于经济社会发展的转型升级、生态环境的约束作用逐步加强，土地利用序曲的增长率在不断降低。根据模拟结果进行初步估算，在 2011～2015 年、2016～2020 年、2021～2025 年三个时间段内，建设用地面积年均增加 346.72km²、222.89km² 与 99.06km²。在上述三个时间段中，与基准情景相比，经济发展情景关键约束指标设置主要侧重满足经济发展对建设用地的需求，而生态指标的设置相对宽松，因此，在模拟的结果中，其土地开发强度增长在 2015 年、2020 年与 2025 年比基准情景下提高了 0.75%、1.5%与 1.75%。

表 8-2　经济发展情景下主要指标设置与建设用地预测

指标	2010 年	2015 年	2020 年	2025 年
粮食自给率/%	0.78	0.6	0.6	0.6
城镇化率/%	65.88	71.88	77.13	81.38
GDP 总量/亿元	32929.3	54249.2	81572.2	114409.2
森林覆盖率/%	14.80	16.8	18.3	19.8
建设用地面积/km²	9653.3	11386.8	12501.3	12996.6

（三）生态保护情景

根据江苏沿江地区各城市对生态环境保护的限制性要求，应最大限度地满足生态建设用地的需求，保护自然生态环境。以此为基础，进而设计了生态保护情景。建议严格限制林地资源向其他用地类型转换，积极实施退耕还林工程，控制对沿海滩涂的大规模开发；加大对自然涵养区的保护力度，最大限度地维护生态多样性；重点保护内部已有林地，加强对沿海防护林的建设和保护力度；控制人口增长，使当地的经济在人地关系相对和谐的轨道上持续发展。

目标控制：

（1）社会目标：2015 年城镇化率达到 69.88%，2020 年城镇化率达到 73.13%，

2025 年达到 75.63%；粮食自给率始终保持在 0.75 的水平。

（2）经济增长目标：保持经济持续平稳增长，注重生态环境保护，适应中高速增长的发展新常态。2015 年 GDP 总量达到 50665.8 亿元；2016～2020 年，GDP 平均增长速度保持在 6.5%左右，2020 年 GDP 总量约达到 69416.5 亿元；2020～2025 年，GDP 平均增长速度为 5%左右，2025 年 GDP 总量约达到 88595.0 亿元。

（3）生态环境目标：2015 年森林覆盖率达到 18.8%，2020 年达到 22.05%，2025 年争取达到 25.05%。

在控制上述主要指标的情形下，运用 SD 模型对在生态保护情景下的江苏沿江地区建设用地扩张进行模拟，具体模拟结果如表 8-3 所示。在此情景下的几个关键时间节点：2015 年、2020 年与 2025 年的建设用地开发面积分别为 10643.9km²、11139.2km² 与 11386.8km²，相对应的土地开发强度分别为 21.49%、22.49%与 22.99%。在 2011～2025 年这一时间段的情景模拟中，建设用地需求面积的总量不断增加，但是由于重在对自然生态环境的保护，生态环境的关键约束指标数值设置较为严格，土地开发利用强度在 2011～2015 年、2016～2020 年、2021～2025 年三个时间段内年均分别增长 198.1km²、99.1km² 与 49.5km²。此模拟情景下的土地开发强度明显低于上述两个情景。

表 8-3　生态保护情景下主要指标设置与建设用地预测

指标	2010 年	2015 年	2020 年	2025 年
粮食自给率/%	0.78	0.75	0.75	0.75
城镇化率/%	65.88	69.88	73.13	75.63
GDP 总量/亿元	32929.3	50665.8	69416.5	88595.0
森林覆盖率/%	14.80	18.8	22.05	25.05
建设用地面积/km²	9653.3	10643.9	11139.2	11386.8

二、基于情景的建设用地空间分配

上述可对江苏沿江地区基于基准情景、经济发展情景、生态保护情景的建设用地利用需求（2011～2025 年）进行模拟，但是建设用地增加部分具体落实在具体空间上的情况如何，需要进一步分析。在 CLUE-S 模型中的土地资源空间分配模块中，具有对建设用地在空间进行分配的功能，本书选取 2015 年、2020 年、2025 年三个节点年份，对不同情景下建设用地面积扩张进行空间分配，并在此基础上，分析土地增量在空间扩展的特点。

（一）基准情景模拟的空间分配

基准情景模拟综合考虑了江苏沿江地区经济、社会、生态平衡发展的情况，其模拟结果符合江苏沿江地区各城市发展的实际情况，对于江苏沿江地区建设用地空间布局与优化配置决策具有很好的指导意义。

从 2015 年、2020 年、2025 年三个时间节点的建设用地空间分配图（图 8-1）上可知，建设用地主要分布在城镇中心区、主要村民定居点。从建设用地的空间扩张上可以观察到，主要是在原有建成区周边进行环状扩展。

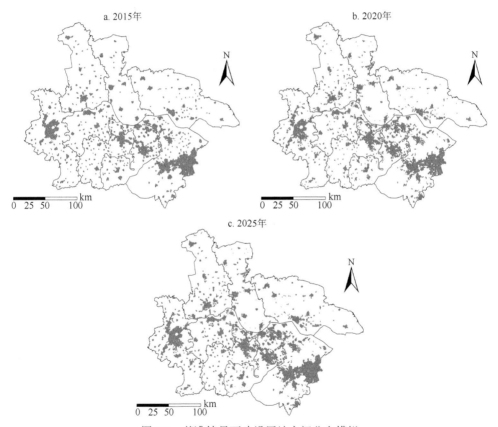

图 8-1　基准情景下建设用地空间分布模拟

（二）经济发展情景模拟的空间分配

经济发展情景优先保障经济发展，充分满足旅游休闲、高端制造业以及新兴工业发展的用地要求。

　　与基准情景下建设用地的分布与扩展情况类似，在 2015 年、2020 年、2025 年三个时间节点上的建设用地空间分配图（图 8-2）上，建设用地也是主要分布在城镇中心区以及主要村民定居点。而且在建设用地的空间扩张上，也主要是在原有建成区周边进行环状扩展。但是在经济发展情景下，建设用地扩张幅度相对基准情景较大，而且综合三个时间节点的建设用地空间分布图分析，建设用地扩张逐渐由点状成线状，相近建设用地集中区由点状成面状，逐渐融合形成更大面积的建设用地分布区，尤其是苏锡常城市圈内扩张尤其明显，三市主要建设用地空间扩张沿沪宁线延展，局部地区首尾已经接连，严重影响了通风廊道与开敞空间，是土地利用调整与优化的重点区域。

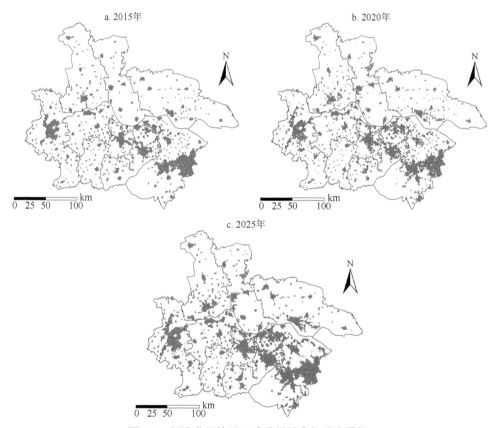

图 8-2　经济发展情景下建设用地空间分布模拟

（三）生态保护情景模拟的空间分配

　　满足江苏沿江地区生态建设的用地需求，放缓对滩涂、裸土地等未利用地的开发，保持土地自然生态系统的完整性，减少人类对土地利用系统的干扰。

在此情景下，建设用地扩张的幅度明显弱于上述两种情景。但是从 2015 年、2020 年、2025 年三个时间节点上的建设用地空间分配图（图 8-3）上观察到，建设用地扩张的重点仍然分布在城镇居民点周边，对沿海滩涂占用的趋势不是很显著。苏南地区扩展明显强于苏中地区，建设用地扩张的重心分布在区域的东南部，与区域经济发展的重心相吻合。

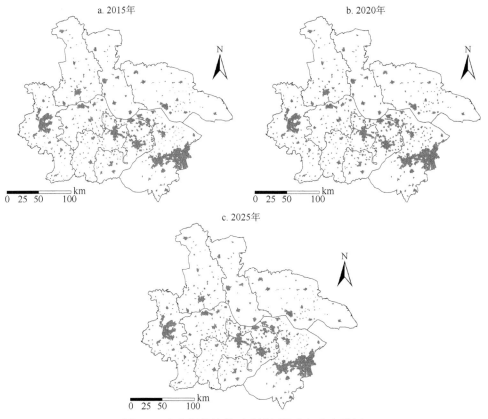

图 8-3　生态保护情景下建设用地空间分布模拟

第二节　建设用地布局情景模拟结果的比较分析

基于 SD 和 CLUE-S 模型的上述模拟结果给出了不同经济、社会、生态发展目标下的江苏沿江地区建设用地的空间分布格局，判定了 2015～2025 年每个 500m 栅格上各种土地利用类型之间的转移栅格数，对江苏沿江地区土地开发利用强度进行了不同情景的模拟，探讨了不同情景下建设用地的扩张。充分比较分析未来不同情景下建设用地利用演变态势，以期为江苏沿江地区土地利用方向的战略选择与决策提供重要的科学依据。

一、三种情景模拟结果分析比较

对比基准情景、经济发展情景与生态保护情景下江苏沿江地区土地利用时空格局的模拟结果，可以看出在各种驱动因子的综合作用下，土地开发利用变化在空间分配上的规律。

基准情景是按照江苏沿江地区各城市目前的发展速度预测的土地开发利用变化情况，从建设用地变化格局分析，随时间的推移，大多在原有的位置附近发生了一定程度的扩张。造成周边耕地、林地的面积减少，尤其是苏锡常城市圈内的优质耕地减少、建设用地扩张集中连片趋势显著。从建设用地扩张的空间分布来看，多为沿原有城镇或居住用地的中心向四周推移，尤其是交通主轴沿线区域（如沪宁铁路沿线）。

在经济发展情景下，建设用地扩张剧烈，除在原有城区范围内扩张外，在江苏沿海滩涂地带也逐步出现建设用地的扩张，对沿海滩涂生态系统稳定性产生严重压力。同时，在新的工业园区、城镇工矿集中区周围的建设用地扩张也很显著。

在生态保护情景下，对以森林覆盖率为主要生态环境指标下的建设用地扩张约束较为严格，耕地、草地面积减少被控制在一个合理的水平上，建设用地的扩张没有出现集中连片减少的态势，只有局部地区的耕地和草地面积减少较严重。这些区域主要分布在苏锡常城市圈，但是目前由于建设用地指标的严格控制以及经济与产业的转型升级，建设用地的增长速度也在一定程度上得到控制。由此可见，如果当前该地区只注重发展经济，忽视环境保护，该地区的生态环境变化是难以想象的。

二、基于基准情景的土地开发效果分析

考虑到研究地区各城市以"2006～2020年土地利用总体规划"为调控目标的实现以及经济社会健康、持续稳定发展和生态环境保护的要求，基准情景下的土地利用系统演变格局是江苏沿江地区未来土地利用系统演变的最优化方案。基准情景实现了江苏省下达给江苏沿江地区各城市的耕地保护目标，也保障了江苏沿江地区经济社会的稳定持续发展和生态环境保护目标的实现，避免了一味强调经济增长速度和过度强调保护、限制发展的片面性，通过对三种情景的比较，其优化过程主要体现在以下几个方面。

（一）提高了土地利用效率，减少了土地的建设占用，促进了土地节约集约利用

基准情景下，预计2025年GDP初步达到99592亿元，建设用地效率为821.1万

元/hm²，比 2010 年提高 2.41 倍。同时，从图 8-4 中可以看出，在 2010～2025 年建设用地产出率增加的速度逐渐加快，极大提高了土地利用效率，促进了土地节约集约利用。

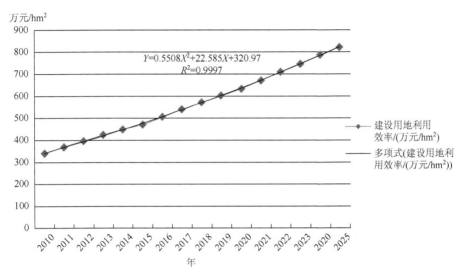

图 8-4　基于基准情景方案的建设用地利用效率

（二）实现了生态保护目标，维护了区域生态环境安全

基准情景减少了建设用地占用的规模，从而减少了对自然生态系统的破坏与改变的程度，增加了江苏沿江地区的生态服务价值，为生态环境保护打下了基础。基准情景下，2025 年森林覆盖率将达到 22.55%，可以有效地保护内陆农田生态系统，同时，对江苏沿海滩涂与林地的占用和开垦有限，有利于保护沿海渔业与生物资源。

（三）有利于激活土地利用的竞争机制，促进经济要素的空间集聚

严格控制建设用地的快速增长，节约集约利用土地资源，有利于激活土地利用的竞争机制，促进资金、技术等要素在空间上的积累，促进区域增长极的发展。长期以来，江苏沿江地区在要素聚集的活力和创新力上严重不足，基准情景方案将建设用地总量控制在 12129.8km² 之内，通过土地利用优化，激发单位土地面积上的有效投入和单位面积投入的最优化，防止大项目、大园区、大占地和存量盘活不足的现象，从而有利于激活土地利用竞争机制，改变目前粗放低效的土地利用状态，提高建设用地产出率，有利于促进投资效益的最大化，增强区域竞争力和创新能力。

从空间布局上看，基准情景方案充分考虑了土地的生态适宜性、基础设施的完备性和区位的优越性，充分考虑了建设与保护空间的协调，从而实现了土地利用空间上的目标协调、结构合理、空间优化、集约高效的总体目标。这一优化格局强化了要素的区域集聚，建设用地增量主要分布在各城市中心城区以及苏锡常等经济发达地区。这些地区社会经济基础较好，避免了"撒胡椒粉"似的建设用地增量布局，有利于技术、资金等要素向这些区域的集聚，形成了区域经济增长极，从而增强了江苏沿江地区的区域经济发展的竞争力。

三、基于三种情景的土地开发决策建议

三种情景下江苏沿江地区建设用地面积动态变化的时空格局，为区域土地利用与可持续发展战略提供了重要的决策参考信息。

（1）建议将基准情景作为未来土地利用优化决策的重要依据。基准情景基于江苏沿江地区的实际情况，综合考虑了经济、社会和生态效益最大化目标下的土地利用结构和布局优化，能够保障江苏沿江地区的持续稳定发展。因此，基准情景下的土地利用变化格局将是未来江苏沿江地区土地利用与优化的方向。

（2）以经济发展情景为参照，制定切实可行的土地节约集约利用管制措施。经济发展情景反映了经济快速增长带来的对土地资源的过快需求，将难以保障粮食安全所需的耕地保护目标和生态建设目标。应以经济发展情景作为参照，制定适合江苏沿江地区实际土地节约集约利用标准和管制措施。

（3）重视生态保护情景预测结果对江苏沿江地区发展的重要启示。生态环境是江苏沿江地区社会经济可持续发展的基础，保护生态环境可以创造良好的旅游环境与产业发展条件，吸引人才、资本等高端生产要素的集聚。从长远角度分析，该地区要制定合理的土地资源开发、产业结构调整、人口增长控制以及经济发展总体规划，协调土地利用与生态环境的关系，促进生态环境朝着良性化的方向发展，走可持续发展的道路。

第九章 江苏沿江典型城市建设用地集约利用与优化布局

第一节 南通市建设用地集约利用研究

一、城市概况

南通市是江苏沿江城市，位于长江口北岸，与沪、苏、锡、常隔江相望，被誉为"江湖门户"和"北上海"。苏通长江公路大桥建成后，南通将进入上海一小时经济圈。南通市辖崇川、港闸、通州3区及南通经济技术开发区，海安、如东2县，如皋、海门、启东3县级市，总面积8001km²，2006年总人口达771万。其海域面积广阔，"黄金水道"与"黄金海岸"优势叠加，拥有海岸线206km、长江干堤岸线166km；通州湾港区围垦新增约150km中深水岸线，建港条件优越……可用滩涂及辐射沙洲达300多万亩，平均每年可新增滩涂近万亩，是我国沿海后备土地资源最丰富的地区之一。到"十二五"末，可新增围垦面积90.9万亩。

南通海洋资源丰富，按照《江苏省沿海滩涂围垦规划（2010-2020年）》安排，规划期间南通市可围垦土地面积124.5万亩，占全省总围垦面积的46%。"十一五"期间，南通市围垦29.26万亩，农业和建设用途围垦面积分别为13.70万亩和15.56万亩，分别占全部围垦面积的47%和53%，主要集中在滩涂资源丰富、围垦历史悠久的如东县和启东市。大量的滩涂围垦为农业生产、城镇建设和产业发展提供了充足的空间保障，使沿海地区成为南通市后备土地资源的集中分布区。然而，与海洋资源丰富相对应的是陆地资源紧缺，发展空间严重不足。南通市陆域总面积8001km²，人口765万，人口密度每平方公里近1000人，是全国人口密度最大的地区之一。2012年，人均耕地面积不足0.9亩，是全省沿海地区人地矛盾最突出、用地压力最大的地级市。经过多年的高强度开发利用，南通市陆域资源逐步减少，耕地后备资源和用地空间资源日趋不足，对经济社会发展的制约越来越明显。通过前面的分析也可以看出，经济社会发展导致建设空间快速扩张，部分县市区的规划指标已经使用殆尽，难以有效支撑城镇建设和产业发展的需求。从现在情况看，南通市并未形成统筹陆海土地资源、推动城镇建设和经济发展的局面，沿海地区土地资源优势未得到有效发挥，内陆地区土地资源紧张的问题尚未得到解决。

土地资源日益紧缺，如何挤出发展空间，南通市将在土地利用管理制度创新上探寻新路。探索城乡建设用地增减挂钩新模式，在确保耕地保有量和完成基本农田保护任务的前提下，有序推进基本农田空间合理布局，探索重大项目补充耕地统筹办法和耕地占补平衡市场化方式。以推进土地节约集约利用为先导，探索转变土地利用方式的有效途径，全面开展土地节约集约模范县（市）创建，有序开展城镇低效用地再开发试点，从而盘活存量建设用地，进一步完善土地储备和有偿使用收入的收益分配机制。

通过研究，梳理用地现状，优化土地资源配置，借助陆海统筹、城乡建设用地增减挂钩、土地综合整治、万顷良田建设工程等平台，梳理南通市可以挖潜的内部建设用地空间，明确南通市可以利用的海域建设用地空间，通过海域使用证和土地使用证转化，确保南通市经济社会发展对建设用地指标的需求。充分考虑沿江、沿海、中心城区的资源、交通等优势，合理科学地配置国土空间资源。坚持优江拓海、以海换地，通过海洋建设用地的置换，首先满足中心城区、重点建制镇建设用地需求，做强做大城市中心。中心城区增加第三产业用地、高新技术产业用地和现代制造业用地比例，严格限制土地资源和水资源耗费大的产业；沿海要重点发展能源、石化、物流等临港基础产业；沿江要重点发展海洋船舶、电子信息等高端装备制造产业。

同时，大力提高用地效率，促进经济持续发展。近几年来，南通大力实施城乡土地资源统筹开发与利用，通过土地整治、增减挂钩等方式统筹利用城乡土地资源，效果明显。但是，不论是城镇还是农村，低效用地问题仍然很突出。2012年，南通市人均农村居民点用地达 443.2m²/人，最高的乡镇达到 955.41m²/人，农村居民点串珠状分布，闲置、废弃情况较为严重，整理潜力非常大。虽然通过实施高标准集中农田建设工程，全市的农村居民点潜力已经得到很大程度的释放，但是由于政策限制，释放的潜力对建设用地需求的缓解甚微，农村土地流转的需求较大。城镇方面，人均城镇工矿用地面积超出土地利用总体规划确定目标，城镇低效用地再开发需求越来越迫切。城镇建设用地产出虽略有提升，但是与苏南地区相比，产出效率不高，粗放用地的现象较为突出。因此，亟须强化其建设用地集约节约利用，为未来南通市经济社会可持续发展打下良好的基础。

二、建设用地扩展态势分析

（一）扩展时序特征

1996 年以来，南通市建设用地面积从 13.4 万 hm² 增加至 2012 年的 20.2 万 hm²，

年均增长 2.77%，建设用地占全市总面积的比重从 12.7%增加至 19.1%，建设用地
扩展剧烈（图 9-1）。随着社会经济不断发展，城镇工矿用地占建设用地的比重不
断升高，由 1996 年的 14.2%上升至 2012 年的 21.5%；同时，村庄建设用地占建
设用地比重由 1996 年的 75.9%下降至 2012 年的 66.1%（图 9-2）。

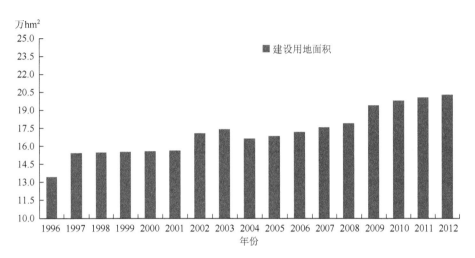

图 9-1　1996 年以来南通市建设用地面积变化情况

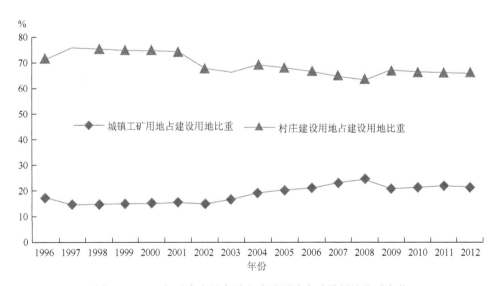

图 9-2　1996 年以来南通市城乡建设用地占建设用地比重变化

分析南通市不同建设用地变化情况，城镇工矿用地面积从 1996 年的 2.3 万 hm^2
增加至 2012 年的 4.3 万 hm^2，年均增长 4.26%，城镇工矿用地占建设用地的比

重经历了稳定—增大—稳定的变化过程；村庄建设用地面积由 1996 年的 9.6 万 hm²
增加至 2012 年的 13.3 万 hm²，村庄建设用地占建设用地的比例经历了稳定—减小
—稳定的变化过程。城镇工矿用地和村庄建设用地的扩展情况大致可以划分三
个阶段：

1997～2001 年：城镇工矿用地和村庄建设用地占建设用地比重基本保持不
变，建设用地、城镇工矿用地和村庄建设用地的扩展速度①分别为 0.30%、1.81%
和–0.14%；

2002～2008 年：城镇工矿用地占建设用地的比重增大，而村庄建设用地占建
设用地比重呈减小态势，建设用地、城镇工矿用地和村庄建设用地的扩展速度分
别为 1.22%、18.08%和–0.48%；

2009～2012 年：城镇工矿用地和村庄建设用地占建设用地比重恢复至稳定状
态，建设用地、城镇工矿用地和村庄建设用地的扩展速度分别为 1.10%、1.85%和
0.76%。

从空间上看，建设用地扩展的重点区域集中在中心城区，尤其是经济开发区，
其余县市的空间扩展速度不明显（图 9-3～图 9-5）。

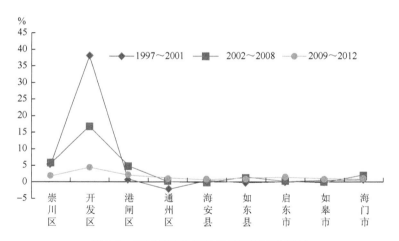

图 9-3　各区县建设用地扩展速度变化情况

---

① 建设用地扩展速度指数表示各建设用地类型在整个研究时期内的不同阶段建设用地扩展面积年增长速率，
用以表征各阶段不同类型城镇用地扩展的总体规模和趋势，其计算公式为

$$M_i = \frac{\Delta U_i}{\Delta t \times \mathrm{ULA}_i} \times 100\%$$

其中，M_i 为建设用地扩展速度指数；ΔU_i 为某一时段建设用地扩展数量；Δt 为某一时段的时间跨度；ULA_i 为
某一时段初期的建设用地面积。

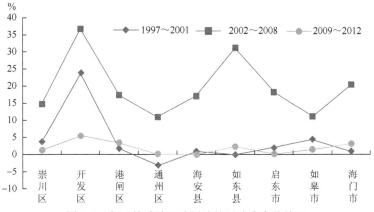

图 9-4　各区县城镇工矿用地扩展速度变化情况

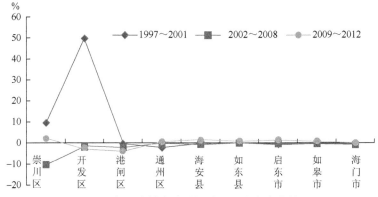

图 9-5　各区县村庄建设用地扩展速度变化情况

（二）扩展空间特征

根据 1987～2010 年南通市 TM 遥感影像解译结果（图 9-6），南通市建设用地扩展剧烈，表现为原有城区和乡镇中心的急剧蔓延，村庄建设用地呈串珠状布局，交通建设用地迅速扩张。

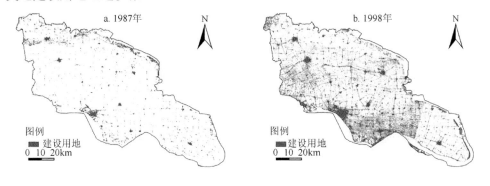

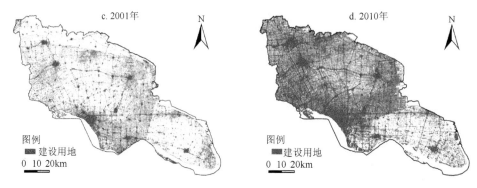

图 9-6　1987～2010 年南通市建设用地空间扩展情况

通过对南通市各区县建设用地扩展情况对比（表 9-1），中心城区（崇川区、开发区、港闸区）建设用地扩展较其他区县剧烈。2012 年，中心城区建设用地面积较 1996 年增加 3210.47hm²，增长率高达 71.55%；其他区县建设用地扩展也较明显，其中，海门市建设用地增加量为 12306.45hm²，增长率高达 84.29%。

表 9-1　1996 年以来南通市各区县建设用地面积增长量和增长率

区县	1996 年现状面积/hm²	2012 年现状面积/hm²	增长量面积/hm²	增长率/%
崇川区	4487.33	7697.80	3210.47	71.55
开发区	1289.56	9125.10	7835.54	607.61
港闸区	4345.75	7052.20	2706.45	62.28
通州区	21799.37	30415.80	8616.43	39.53
海安县	20663.03	25891.20	5228.17	25.30
如东县	25013.70	31849.30	6835.60	27.33
启东市	17088.15	24197.30	7109.15	41.60
如皋市	24403.79	38832.80	14429.01	59.13
海门市	14599.35	26905.80	12306.45	84.29
南通市合计	133690.03	201967.30	68277.27	51.07

三、建设用地集约利用的理论潜力

（一）村庄建设用地理论潜力

根据《镇规划标准 GB 50188—2007》中对人均建设用地指标规划调整幅度的

规定，现状人均建设用地指标大于 140m²/人，规划将其调整至 140m²/人以内。据此，计算得到南通市村庄建设用地节约集约利用理论潜力巨大，为 91325hm²，占原有村庄建设用地面积的 68.41%，其中，理论潜力最大的为如皋市，而通州区、如东县、海门市和启东市的理论潜力也较大，具体情况见表 9-2。

表 9-2　2012 年南通市各区县村庄建设用地理论潜力

区县	现状村庄建设用地面积/hm²	人均村庄建设用地/（m²/人）	标准/（m²/人）	潜力空间/（m²/人）	村庄建设用地理论潜力/hm²	理论潜力占比/%
南通市	133487	443.24	140	303.24	91325	100.00
中心城区	4288	869.81	140	729.81	3598	3.94
崇川区	1340	2350.58	140	2210.58	1260	1.38
开发区	1454	4845.70	140	4705.70	1412	1.55
港闸区	1495	368.14	140	228.14	926	1.01
通州区	24979	466.38	140	326.38	17481	19.14
海安县	14110	332.70	140	192.70	8172	8.95
如东县	23990	487.21	140	347.21	17097	18.72
启东市	17227	367.23	140	227.23	10659	11.67
如皋市	31488	510.01	140	370.01	22844	25.01
海门市	17405	410.79	140	270.79	11473	12.56

（二）城镇工矿用地理论潜力

根据《南通市土地利用总体规划（2006-2020）》中确定的南通市各区县土地利用调控指标，计算得到南通市城镇工矿用地节约集约利用理论潜力为 -1567hm²，即按照规定标准建设，南通市城镇工矿用地不足，海安县城镇工矿用地理论潜力最大，其次，开发区、海门市、港闸区均为城镇工矿用地挖潜区，其余区县为增加城镇工矿用地供给区（表 9-3）。

表 9-3　南通市城镇工矿用地理论潜力

区县	现状城镇工矿用地面积/hm²	人均城镇工矿用地/（m²/人）	标准/（m²/人）	潜力空间/（m²/人）	城镇工矿用地理论潜力/hm²
南通市	43446	101.38			-1576
中心城区	15792	139.55			2402
崇川区	5737	82.63	90	-7.37	-512
开发区	5626	281.32	166	115.32	2306

区县	现状城镇工矿用地面积/hm²	人均城镇工矿用地/（m²/人）	标准/（m²/人）	潜力空间/（m²/人）	城镇工矿用地理论潜力/hm²
港闸区	4429	186.57	161	25.57	607
通州区	2599	42.86	90	−47.14	−2859
海安县	8724	197.42	100	97.42	4305
如东县	3392	68.73	123	−54.27	−2679
启东市	3881	79.06	80	−0.94	−46
如皋市	3253	50.61	104	−53.39	−3431
海门市	5805	121.29	106	15.29	732

（三）城乡建设用地理论潜力

建设用地潜力为村庄建设用地潜力与城镇工矿用地潜力之和（表9-4）。南通市村庄建设用地理论潜力91325hm²，城镇工矿用地理论潜力为−1567hm²，因此，南通市建设用地理论潜力为89749hm²，约占现状城乡建设用地面积的50%，建设用地理论潜力巨大。

表 9-4　南通市各区县城乡建设用地理论潜力

区县	村庄建设用地理论潜力/hm²	城镇工矿用地理论潜力/hm²	城乡建设用地理论潜力/hm²	理论潜力占比/%
南通市	91325	−1576	89749	100.00
中心城区	3598	2402	6000	6.68
崇川区	1260	−512	748	0.83
开发区	1412	2306	3718	4.14
港闸区	926	607	1533	1.71
通州区	17481	−2859	14622	16.29
海安县	8172	4305	12477	13.90
如东县	17097	−2679	14418	16.06
启东市	10659	−46	10613	11.83
如皋市	22844	−3431	19414	21.63
海门市	11473	732	12205	13.60

分析南通市各区县的城乡建设用地理论潜力和其潜力的空间分布（图9-7），

可以看出，中心城区城乡建设用地理论潜力相对较小，其次，海门市、启东市建设用地理论潜力也相对较小，而如皋市、通州区和如东县是城乡建设用地理论潜力相对较大的地区。从城乡建设用地理论潜力的组成来看，如皋市、如东县、海门市、启东市城乡建设用地潜力均以村庄建设用地潜力为主，沿海的如东县、通州区、海门市、启东市以及如皋市城镇工矿用地潜力很小或仍需继续增加城镇工矿用地，海安县和开发区是主要的城镇工矿用地潜力区。

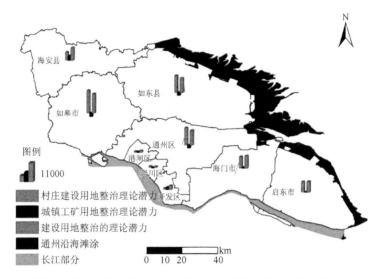

图例
11000
村庄建设用地整治理论潜力
城镇工矿用地整治理论潜力
建设用地整治的理论潜力
通州沿海滩涂
长江部分

km
0 10 20   40

图 9-7　南通市各区县的城乡建设用地理论潜力和其潜力的空间分布图（单位：hm²）

四、建设用地利用现实潜力与释放

（一）村庄建设用地现实潜力

1. 挖潜模型构建与系数修正

本书基于土地整治成本与政府、农户整治意愿对村庄建设用地整治的理论潜力进行修正，构建了村庄建设用地整治现实潜力的测算模型。

$$\Delta S = S \times Q$$

$$Q = \sqrt[n]{\prod_{m=1}^{n}(r_m \times f_i)} \times 100\% \times w_1 \times w_2$$

其中，ΔS 代表村庄建设用地整治的现实潜力；S 为理论整治潜力；Q 为村庄建设用地理论潜力综合修正系数；w_1 为基于政府对村庄建设用地整理意愿的潜力转化权重；w_2 为基于农户意愿的整理潜力转化权重；r_m 为目标层的指标权重；f_i 为评价因素得分。

村庄建设用地整治是指，在一定的社会经济条件下，通过对该地区村庄建设用地零散、废弃、闲置和无序的状态，进行空间结构布局、实施整治和改造等土地工程，并完善公共基础设施，以优化土地利用结构，提高土地利用效率，同时改善农民居住条件和农村生产生活环境的一项土地利用综合工程。其中，制约村庄建设用地整治潜力的因素主要有自然、经济和社会等因素。同时，在建设用地挖潜的过程中，也应充分考虑意愿主体方（政府与农户）的意志表达。因此，本书从成本和意愿两个方面对村庄建设用地的理论潜力进行修正，从而计算村庄建设用地节约集约利用的现实潜力。

根据各区县实际情况调查分析结果和相关专家意见，结合已有研究成果，选取相应指标构建综合的潜力修正体系（表 9-5）。

表 9-5　村庄建设用地潜力修正指标体系及权重

	准则层	权重	指标层	权重	属性	指标解释	选择目的
成本分析	自然因素	0.15	地质灾害	0.2	负效应	滑坡、地面沉降灾害易发区、软土地质灾害易发区与砂土地质灾害易发区的面积之和占南通市地域面积的比重	地质灾害决定村庄建设用地规模和布局，进而影响到村庄建设用地整治成本
			人均耕地面积	0.2	负效应	南通各县市耕地总面积与对应农业人口的比值	这 3 个指标主要反映土地资源利用状况，其中，人均耕地面积越少的区域，农户对土地的需求越迫切，因而对居民点整治的意愿越高；人均居住农村居民点面积较低、村庄布局越分散的区域，土地浪费严重，基础设施配套不足，农户更倾向于集中安置
			人均村庄建设用地面积	0.3	正效应	南通各县市村用地面积与对应农业人口的比值	
			村庄布局分散程度	0.3	负效应	空间中村庄分布的斑块数与所在县市面积的比值	
	经济因素	0.2	人均 GDP	0.2	正效应	南通各县市第一产业产值与对应农业人口的比值	经济发展水平越高的地区，对土地整治带来的损失的承受越大，越容易接受建设用地整治
			财政收入	0.3	正效应	南通各县市财政收入与对应农业人口的比值	在经济实力较强的地区，地方政府愿意提供强有力的资金支持，农民能够得到相应的补偿和利益诉求
			农民人均收入	0.2	正效应	农村通过各项生产活动、资产性收入等各途径所得的合法性的年均总收入	在农民人均收入高的区域，农民对土地的依赖性较小，对生活生产环境改善的愿望迫切；村庄建设用地整治后效益提高，农民对开展居民点整治的积极性增强

续表

准则层	权重	指标层	权重	属性	指标解释	选择目的
成本分析	经济因素 0.2	建设用地投入产出比	0.15	正效应	单位面积上的建设用地固定资产投资与二、三产业增加值之和的比值	反映建设用地使用的效率,效率越高,政策通过减增挂钩、占补平衡等方式对村庄建设用地整治的积极性就越高
		住宅销售价格	0.15	正效应	南通各县市平均房价	反映村庄建设用地整治的成本,房价越高,农民进行搬迁、集中居住的难度越大
	社会因素 0.15	人口密度	0.15	负效应	单位地域面积内农业人口的数量	人口密度越高,人地矛盾越突出,整治意愿越强烈
		村民文化程度	0.2	正效应	用初中及以上文化程度所占比例表示	农村居民受教育程度和农村人口结构也是影响居民点整治意愿的重要因素。受教育程度和中青年人口比例越高,对国家政策解读越深,对生产生活环境要求越高,对居民点整治越支持
		青老年人口比	0.3	正效应	运用六普人口统计数据,用18~60岁人口与60岁以上人口比例表示	
		非农行业的人口比重	0.2	正效应	农业户籍人口中从事非农村生产活动的人口比重	
		公路路网密度	0.15	正效应	该区域内所有二级标准以上公路的总长度与区域总面积之比	表明该区域区位水平和对外联系相对较好,通行便利,适于生产生活,有助于降低整治成本,加大理论潜力释放的可能性
意愿分析	农民整治意愿	调查问卷整理数据	0.25	正效应	农村居民意愿居住面积与现实住宅面积的比值	反映农民接受用地整治的意愿与程度,意愿居住面积越大,整治的难度越大
	政府整治意愿 0.5	调研座谈材料总结	0.35	正效应	对村庄建设用地整治难易程度的认识	反映政府在村庄建设用地整治中的能动性
		增减挂钩成本效益	0.4	正效应	进行土地整治所筹措的资金与所投入资金的比值	反映政府在村庄建设用地整治中的投资效益,进而反映出政府进行村庄建设用地整治的能力

选择特征乡镇,与乡镇基层土地工作者座谈,并对农户进行了走访,真正了解到百姓对拆迁整治的诉求以及基层发展所需要的实际建设用地指标与规划空间不足的情况,总结已有调研与访谈结果(表9-6)。现有住宅面积与意愿面积值取调查问卷所得数据的均值分别为184m²/户与164m²/户,农民整治意愿的修正系数 w_2 为0.89。

表9-6 南通市各区县调研与访谈结果总结

地区	乡镇	访问户数	户均人口数	现有住宅面积/(m²/户)	意愿面积/(m²/户)	整治意愿的修正系数
海门市	常乐镇	14	3.57	184.57	145.64	0.79
	包场镇	16	4.80	232.00	150.00	0.65

续表

地区	乡镇	访问户数	户均人口数	现有住宅面积/(m²/户)	意愿面积/(m²/户)	整治意愿的修正系数
启东市	南阳镇	26	4.33	250.00	140.00	0.56
	吕四港镇	17	4.29	182.29	145.71	0.80
如皋市	九华镇	7	4.57	194.71	180.00	0.92
	搬经镇	8	5.00	283.48	206.25	0.73
如东县	掘港镇	14	4.20	123.33	168.67	1.37
	栟茶镇	17	4.17	182.39	184.44	1.01
海安县	城东镇	4	4.25	178.25	114.38	0.64
	老坝港镇	5	4.55	186.25	124.38	0.67
通州区	国土局座谈					
平均值			4.39	184.20	164.00	0.89

2. 村庄建设用地现实潜力的测算

经过实地调研，并结合指标系统的测算，可以看出，中心城区的修正系数较大，即村庄建设用地的理论潜力转化为现实潜力的比重较大，其中，南通经济技术开发区的修正系数高达 0.385，其余区县由于受到自然条件、经济、社会因素的制约，修正系数较中心城区偏小，如皋市、海门市分别只有 0.211 和 0.204，即理论潜力只有 21.1% 和 20.4% 的部分可转化为现实潜力。

在实际调研与农户走访座谈中，初步测算了农民的平均现有住宅面积以及安置意愿面积，经过计算可以得到农民的意愿整治面积。由于中心城区以外的区县乡村人口基数大，农民意愿整治的现实潜力比中心城区大，其中如东县、如皋市的农民意愿整治总面积高达 4386.84hm²、4815.92hm²。

整体来看，南通市理论潜力转化为现实潜力的比重约为 24.60%，中心城区的转化比重高达 38.50%，普遍高于其他区县，但是，实际转化的理论整治潜力集中在中心城区以外的区县地区（表 9-7）。而且，从图 9-8 可以直观地反映出村庄建设用地现实潜力的空间分布。

表 9-7 南通市村庄建设用地潜力修正情况表

地区	现状村庄建设用地面积/hm²	村庄建设用地理论潜力/hm²	修正系数	村庄建设用地现实潜力/hm²	理论潜力的转化比重/%	占比/%
南通市	133487.19	91325	0.294	22453.51	24.60	100.00
中心城区	4288.17	3598	0.385	1384.36	38.50	6.17
崇川区	1339.83	1260	0.45	566.82	45.00	2.52

续表

地区	现状村庄建设用地面积/hm²	村庄建设用地理论潜力/hm²	修正系数	村庄建设用地现实潜力/hm²	理论潜力的转化比重/%	占比/%
开发区	1453.71	1412	0.364	513.64	36.40	2.29
港闸区	1494.63	926	0.341	315.44	34.10	1.40
通州区	24979.44	17481	0.211	3686.92	21.10	16.42
海安县	14109.86	8172	0.279	2277.58	27.90	10.14
如东县	23990.25	17097	0.257	4386.84	25.70	19.54
启东市	17226.59	10659	0.333	3544.65	33.30	15.79
如皋市	31487.8	22844	0.211	4815.92	21.10	21.45
海门市	17405.08	11473	0.204	2345.7	20.40	10.45

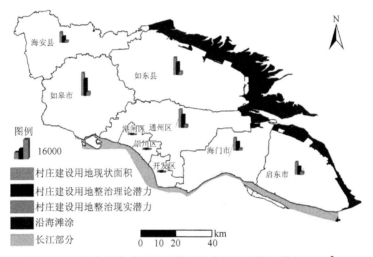

图9-8　南通市村庄建设用地潜力的空间分布图（单位：hm²）

（二）城镇工矿用地集约利用现实潜力

城镇工矿用地与村庄建设用地集约利用侧重点不同，主要是对城镇中危旧房、城中村、低效利用的工业用地进行整治。根据南通市低效用地的分布情况，整理出各区县城镇工矿用地集约利用现实潜力。

按照国土资源部的要求和部署，科学编制规划和年度计划，重点推进南通市区、沿海和沿江三大区域再开发工作，在取得经验后，逐步拓展再开发范围。在现状调查、潜力分析、民意调查、产权确定基础上初步进行了建库总结。通过调研遥感图像资料，运用空间技术手段，将低效建设用地转化至具体空间。城镇工矿建设用地低效挖潜的重点区域分布具体如下所示（图9-9）。

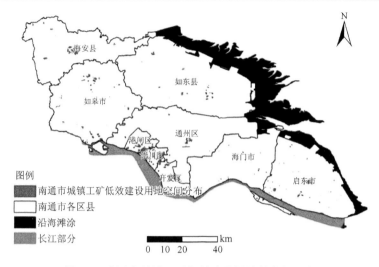

图 9-9　南通市城镇工矿低效建设用地的空间分布

1. 南通老市区区域

南通老市区包括崇川、港闸和开发区，是南通主城区所在地，目前工业化、城镇化已经初具规模。近 3 年拟开发利用低效用地 28km²。

2. 沿海开发重点区域

如东、启东、海安、滨海园区属于南通市沿海开发重点区域，海洋经济占比较大，南通市域海岸线 90% 以上分布在这一区域。发挥港口和土地资源优势，构建新兴基础产业基地和海洋产业集聚区，近 3 年拟开发利用低效用地 17km²。

3. 沿江开发重点区域

如皋市、通州区、海门市属于南通市沿江经济重点区域，已经形成独具特色的区域经济。如皋和通州属于有江无海，海门市属于有江有海，江大于海。通过城镇低效用地再开发，可促进区域经济进一步转型升级，拓展沿江产业集聚区产业优化新空间，提高沿江岸线集约利用水平。近 3 年拟开发利用低效用地 15km²。

南通市各县区低效利用土地再开发面积情况和类型也存在明显差别，低效建设用地主要集中在旧镇改造，面积达到 1499.87hm²，而在旧城改造中的危旧房整治中面积最小只有 36.19hm²。对于各县市，其低效建设用地面积也同样存在显著差别，其中，海门市的低效用地面积只有 141.51hm²，而崇川区的需整治的面积达到 1720.34hm²，是今后一段时间内整治的重点区域（表 9-8）。

表 9-8　南通市低效利用土地再开发统计情况　（单位：hm²）

	类别	崇川区	港闸区	开发区	通州区	海安县	如皋市	如东县	海门市	启东市	合计
旧城改造	城中村	338.97	90.23		87.79	258.80	168.17	45.05	0.00	43.68	1032.69
	危旧房	7.12			16.95	12.12			0.00		36.19
	小计	346.09	90.23		104.74	270.92	168.17	45.05	0.00	43.68	1068.88
旧厂改造				85.60	12.05	5.02	261.25	2.10	0.00	99.90	465.92
旧镇改造		523.52	51.70	110.40	48.40	108.50	360.94	119.32	66.11	110.98	1499.87
退二进三		233.87	389.36	196.90	201.67	194.32	103.50	217.94	75.40	45.95	1658.91
重点区域		270.77	141.78			59.87		18.22	0.00	293.15	783.79
合计		1720.34	763.30	392.90	471.60	849.68	1121.90	447.68	141.51	637.34	6546.25

通过对南通市人均城镇工矿用地潜力空间的测算，得到南通市城镇工矿用地整治理论潜力为-1576hm²，但在实际的低效用地普查中，仍然具有较大的现实整治潜力。南通市的城镇工矿用地整治现实潜力到达 6546.25hm²（表 9-9），中心城区的现实潜力为 2876.54hm²，占总面积的 43.94%，其中崇川区的现实潜力达 1720.34hm²。经过长期的经济社会高速发展，城镇建设用地已经不可能大规模向外扩张，在城区内部进行低效建设用地的存量挖潜显得非常迫切。

表 9-9　南通市城镇工矿建设用地潜力修正情况

地区	现状城镇工矿用地面积/hm²	城镇工矿用地整治理论潜力/hm²	城镇工矿用地整治现实潜力/hm²	占比/%
南通市	43446	-1576	6546.25	100.00
中心城区	15792	2402	2876.54	43.94
崇川区	5737	-512	1720.34	26.28
开发区	5626	2306	763.30	11.66
港闸区	4429	607	392.90	6.00
通州区	2599	-2859	471.60	7.20
海安县	8724	4305	849.68	12.98
如东县	3392	-2679	447.68	6.84
启东市	3881	-46	637.34	9.74
如皋市	3253	-3431	1121.90	17.14
海门市	5805	732	141.51	2.16

（三）城乡建设用地集约利用现实潜力

城乡建设用地集约利用潜力为村庄建设用地集约利用潜力与城镇工矿用地集

约利用潜力之和。南通市村庄建设用地现实潜力为 22453.5hm²，城镇工矿用地整治现实潜力为 6546.3hm²，因此，南通市建设用地利用现实潜力为 28999.8hm²，约占现状城乡建设用地面积的 77.43%，建设用地集约利用理论潜力巨大（表 9-10）。

表 9-10 建设用地集约利用现实潜力修正分析

地区	村庄建设用地现实潜力/hm²	城镇工矿用地整治现实潜力/hm²	建设用地现状面积/hm²	建设用地利用理论潜力/hm²	建设用地利用现实潜力/hm²	理论潜力的转化比重/%	占比/%
南通市	22453.5	6546.3	201967.3	89749.0	28999.8	32.3	100.0
中心城区	1384.4	2876.5	7958.3	6000.0	4260.9	71.0	14.7
崇川区	566.8	1720.3	7697.8	748.0	2287.1	305.8	7.9
开发区	513.6	763.3	9125.1	3718.0	1276.9	34.3	4.4
港闸区	315.4	392.9	7052.2	1533.0	708.3	46.2	2.4
通州区	3686.9	471.6	30415.8	14622.0	4158.5	28.4	14.3
海安县	2277.6	849.7	25891.2	12477.0	3127.3	25.1	10.8
如东县	4386.8	447.7	31849.3	14418.0	4834.5	33.5	16.7
启东市	3544.6	637.3	24197.3	10613.0	4181.9	39.4	14.4
如皋市	4815.9	1121.9	38832.8	19414.0	5937.8	30.6	20.5
海门市	2345.7	141.5	26905.8	12205.0	2487.2	20.4	8.6

从整体上看，南通市理论潜力的转化比重为 32.3%，崇川区由于在城镇工矿建设用地部分现实潜力巨大，使得其转化比重达到 305.8%，但是港闸区只达到 46.2%；其余区县理论潜力转化为现实潜力的比重差异较大，启东市、如皋市等经济发展水平较高的地区，理论潜力转化比重普遍达到 30%以上，而海安县、海门市的理论潜力转化比重分别仅为 25.1%、20.4%。从全市范围看建设用地现实潜力的分配，中心城区的崇川区、开发区和港闸区分别占 7.9%、4.4%与 2.4%，而通州区、启东市的现实潜力占比达到 14.3%与 14.4%。

分析南通市各区县建设用地整治与现实潜力的空间分布（图 9-10），可以看出，南通各区县建设用地集约利用现实潜力差异明显，因此，在对建设用地整治过程中应因地制宜，拿出具有地区针对性的集约利用方案与对策。

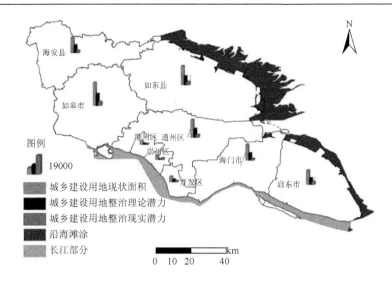

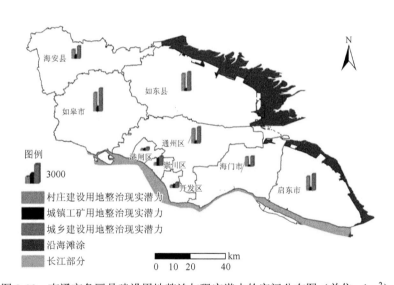

图 9-10　南通市各区县建设用地整治与现实潜力的空间分布图（单位：hm²）

（四）现实潜力分配与释放

1. 建设用地集约利用现实潜力分配

　　根据课题组人员对南通市各区县的实际调研情况看，各地区经济发展均较快，引进工业项目、优化布局产业结构、改善居民居住环境等对建设用地需求很大，但是由于土地资源的有限性等自然属性，决定了各地区建设用地需求与供给之间必然存在矛盾关系。基于此，本书根据各区县建设用地集约利用现实潜力，在中心城区（崇川区、开发区、港闸区）建设用地集约利用现实潜力指标不参与分配的基础上，选取各乡镇人口总量、非农人口比重、GDP 总量、二、三产总产值等指标，并对各指标进行标准化，分别赋予 0.25 权重加权求和，对乡镇尺度上建设用地整治现实潜力指标进行总量的定额分配，设置两种分配方案。

第一种方案：将各区县的建设用地集约利用现实潜力集中，以南通市为分配基础，统一在全市域范围内进行统筹分配；

第二种方案：根据各乡镇的综合情况，由各区县自主对区域内自有的建设用地集约利用现实潜力指标进行分配。

根据以上的分析，可以得出建设用地集约利用现实潜力指标在各乡镇的分配情况及其空间布局（图 9-11）。据此，在今后的建设用地挖潜工作中，在明确不同乡镇社会经济发展水平的情况下，有针对性地安排财政资金与技术投入，使得挖潜的经济效益和居民生活水准提高的社会效益双双最大化。

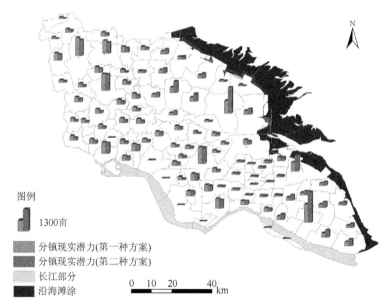

图 9-11　建设用地集约利用现实潜力指标在各乡镇的空间分布（单位：亩）

2. 建设用地集约利用潜力释放

建设用地集约利用潜力释放分析，在建设用地集约利用评价与建设用地集约利用潜力测算的基础上开展。建设用地集约利用潜力释放的研究包括释放优先度的分析、释放模式以及保障机制的研究，其中，建设用地集约利用潜力释放优先度的确定遵循"低集约利用程度、高潜力值则优先释放"的原则。释放优先度的确定，有利于在有限的财政收入下有时序地对地区建设用地进行挖潜，以满足社会经济发展的需要；而释放模式的研究则综合考虑研究区的社会、经济、政策等因素，确定适合研究区的建设用地集约利用潜力释放模式。

建设用地集约利用潜力释放优先度的确定，主要从影响建设用地集约利用时序的客观迫切度、经济支持度、社会接受度 3 个方面，选取建设用地集约利用现实潜力、建设用地布局分散度、社会经济发展需要（GDP 总量）、财政收入、人均纯收入、居民整治意愿、建设用地整治挖潜的鼓励政策等指标，构建村庄建设用地集约利用时序评价指标体系，并利用专家打分法，确定各个指标的权重（表 9-11），运用聚类分析方法并结合已实施的项目对县域村庄建设用地整理时序作出合理安排。

表 9-11　建设用地集约利用潜力释放优先度评价指标体系

目标层	准则层	权重	指标层	权重	属性
建设用地集约利用潜力释放优先度	客观迫切度	0.3	建设用地现实整治潜力	0.3	正效应
			建设用地布局分散度	0.3	负效应
			发展需要（GDP 总量）	0.4	正效应
	经济支持度	0.4	财政收入	0.5	正效应
			人均纯收入	0.5	正效应
	社会接受度	0.3	居民整治意愿	0.5	正效应
			鼓励政策	0.5	正效应

根据对南通市建设用地集约利用潜力释放优先度评价指标体系的计算，得到南通市各区县建设用地整治潜力释放的优先排序，如图 9-12 所示。可以看出，中心城区的崇川区、开发区以及通州区、海门市建设用地集约利用潜力释放优先度指数较高，是今后建设用地集约利用潜力优先挖掘的重点地区。

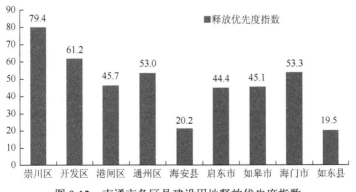

图 9-12　南通市各区县建设用地释放优先度指数

　　将建设用地集约利用潜力释放优先度细化到乡镇,得出南通市各乡镇建设用地集约利用潜力释放优先度的空间分布,如图 9-13 所示。临近长江的乡镇建设用地集约利用潜力释放优先度明显高于沿海乡镇,尤其是如东县所辖各乡镇,优势度得分较低。在计算南通各区县乡镇建设用地释放优先度指数的基础上,运用 ArcGis9.3 空间分析软件,按照自然分类点对南通市域内各乡镇进行聚类分析(图 9-14),将南通市各乡镇分为 4 种类型,即一级优势区、二级优势区、三级优势区与四级优势区。

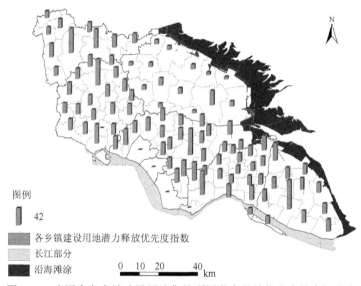

图 9-13　南通市各乡镇建设用地集约利用潜力释放优先度的空间分布

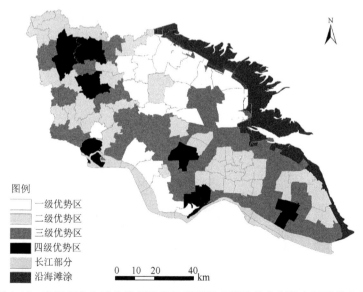

图 9-14　南通市各乡镇建设用地集约利用潜力释放优先度的空间聚类分析

第二节　泰州市建设用地扩展潜力与格局模拟研究

一、城市概况

1. 背景介绍

泰州地处江苏沿江和长三角北翼平原地区、长江和淮河两大水系之间，下辖海陵区、高港区、姜堰区、兴化市、泰兴市和靖江市，总面积 5790km²，2011 年户籍人口 500.7 万人。1996 年泰州设立地级市以来，经济增长迅速，2011 年全市地区生产总值达到 2422.6 亿元，是 1996 年的 8.53 倍。人均地区生产总值由 1996 年的 5726 元增加到 2011 年的 47772 元。2011 年，泰州经济增幅在长三角核心区 16 市中位列第三。

泰州是江苏省沿江开发的重点地区，也是江苏省主体功能区规划中明确的重点开发区域。近年来，由于经济的快速增长和地方政府的企业行为，经济和城市发展大都采取了外延、粗放的经济增长模式，并未完全按照已有的功能清晰、方向明确的产业和城市规划进行。地方政府对项目和外资的盲目追逐，造成农业用地大规模非农化、城乡用地结构快速转变、区域发展失衡、生态环境退化等一系列问题。

2. 研究意义

在市场化条件下，建设用地空间的选择一般考虑自然、经济、社会条件的空间供给与微观主体空间需求 2 个方面，并在二者达到均衡状态下，实现建设用地优化配置。然而受市场不完善、政府管制失灵以及信息不完全等各种因素的影响制约，仅仅依靠市场的力量尚无法实现建设用地有序增长和空间布局优化。在这种背景下，土地利用管制成为促进土地资源可持续利用的重要手段之一。长期以来，由于我国主要考虑粮食安全问题的重要性，实行了严格的耕地保护制度，耕地保有量得到了有效的落实。然而，建设用地空间上的管制一直没有受到应有的重视，致使各地区，尤其是发达地区建设用地扩张处于无序状态，农业及生态空间大量被侵占和割裂，土地生态环境日益恶化，区域发展可持续性受到严重挑战。土地利用管制不能仅着眼于数量、规模的控制，同时也要关注空间上的管制，其重点在于建设用地的区位选择和空间上的优化配置，降低建设用地扩张对农业及生态空间的胁迫程度。

在"十分珍惜、合理利用每一寸土地"已成共识的时代背景下，按照土地集约利用的原则，科学预测建设用地扩张需求，并根据国土空间本底适宜条件，合理配置新增建设用地，优化其建设用地扩张和空间格局，提高建设用地集约节约利用水平，无疑具有重要的理论和现实意义。

二、建设用地扩展态势分析

（一）扩展时序特征

泰州市自改革开放以来，随着工业化、城市化的迅速发展，建设用地面积快速增长，城市用地规模和结构发生了很大变化，尤其是近几年泰州市进入了蓬勃发展的新时期，建设用地迅速扩大，总体增长呈明显上升趋势。根据 TM 解译结果，从表 9-12 可以看出，1988 年以来，泰州市建设用地面积增长快速，建设用地面积从 1988 年的 575.75km^2，增长到 2008 年的 1162.55km^2；建设用地占土地总面积比重从 1988 年的 9.93%上升到 2008 年的 20.05%，在近 20 年的时间内，扩张了 2.01 倍多（表 9-12）。

表 9-12　1988～2008 年泰州市建设用地面积及其比重表

年度	1988	1992	1997	2001	2008
建设用地面积/km^2	575.75	590.38	792.69	999.77	1162.55
占土地总面积比重/%	9.93	10.18	13.67	17.24	20.05

为了分析泰州市建设用地扩展的时序演变特征，本书通过研究泰州市建设用地扩展速度指数（M）和建设用地扩展强度指数（L）的方法，分别考察建设用地在 4 个时段的扩展特征。建设用地扩展速度反映了区域建设用地在整个研究时期内不同阶段的年增长速率，用以表征各阶段建设用地扩展的总体规模和趋势。而建设用地扩展强度指数的实质，是用各空间单元的土地面积来对其年平均扩展速度进行标准化处理，使不同时期的建设用地扩展具有可比性。

由表 9-13 可以看出，泰州市建设用地扩展速度和扩展强度并不一致：在第二（即 1992～1997 年）、第三（即 1997～2001 年）两个研究时段，建设用地的扩展速度最快，年增长分别为 6.85%和 6.53%，这与 90 年代前期泰州市各地纷纷设立各级开发区进而大力发展经济的政策导向有关；在第一、四两个研究时段建设用地扩展速度和扩展强度相对较小，第一时段（即 1988～1992 年）是由于受当时的政治形势影响，泰州市城市经济发展相对缓慢，第四时段（即 2001～2008 年）是由于国家在这一时期出台了一系列强制性政策，对建设用地扩展进行了严格控制。

表 9-13　1988～2008 年泰州市建设用地扩展速度与扩展强度及扩展弹性

年　份	1988～1992	1992～1997	1997～2001	2001～2008
扩展速度(M)/%	0.64	6.85	6.53	2.33
扩展强度/(L)/%	0.063	0.70	0.89	0.40
扩展弹性(S)	0.04	0.29	0.48	0.08

建设用地弹性指数（S）用以表征城镇用地扩展速度与经济增长之间的关系，进而反映建设用地集约利用的变化趋势。从表 9-13 可以看出，泰州市建设用地扩张弹性系数经历了一个先增加后减少的变化过程：1988～1992 年这一时期内扩展弹性系数比较低，仅为 0.04，这是由于本时期泰州市经济处于低速发展阶段，城镇用地增速缓慢；1997～2001 年这一时期城镇用地扩展弹性系数突然增加到 0.48，表明这一时期建设用地扩张比较粗放；但是 2001 年后，建设用地扩展弹性系数明显减小，表明泰州市建设用地扩展开始从粗放型向集约型转变。

（二）扩展空间特征

根据各时期泰州市建设用地扩展的不同特征，结合建设空间演化的一般规律，可将其划分为三个阶段。

第一阶段：点状扩展（1988～1992 年）。由于本时期泰州处于经济起步阶段，基础设施特别是线状的交通设施还不是很完善，导致这一时期建设用地扩展主要集中在各城镇，并由各城镇中心（点）向周围地区扩展，且各个方向上扩展都比较均衡，尚未出现明显的方向性。

第二阶段：点轴扩展（1992～2001 年）。随着泰州经济的进一步发展，各项交通设施的逐渐完善，城市间的相互联系日趋紧密，各区市纷纷在交通便利的道路两侧设立开发区，吸引企业向道路两侧集聚，使得交通廊道效应日趋明显，从而形成以城镇（点）为中心沿交通线（轴）扩展的"点—轴"扩展模式。在 1992～1997 年，连接海陵、高港和姜堰的两条交通干线两侧的建设用地扩展强度达到 2%以上，成为各交通干线中扩展最迅速的两条线路（表 9-14）；连接靖江与泰兴，泰兴与高港的沿江交通干线两侧的建设用地扩展强度超过 1.3%；值得注意的是，将姜堰-海陵-高港-泰兴-靖江四条线路连在一起，构成一个 "C" 字形架构。

表 9-14　1988～2008 年各交通干线两侧建设用地扩张强度比较（单位：%）

区间 ＼ 时段	1988～1992 年	1992～1997 年	1997～2001 年	2001～2008 年
靖江-泰兴	0.13	1.34	1.23	1.54
泰兴-高港	0.27	1.79	1.51	2.21

续表

时段 区间	1988~1992 年	1992~1997 年	1997~2001 年	2001~2008 年
高港-海陵	0.26	2.67	1.54	4.04
海陵-姜堰	0.37	2.13	1.20	4.52
戴南-安丰	0.21	0.30	0.29	0.50
姜堰-戴南	0.32	0.44	0.88	1.72
海陵-兴化	0.13	0.26	1.57	1.31
兴化-大垛	0.48	0.63	0.31	0.34
泰兴-黄桥	0.39	0.72	0.22	2.90
靖江-黄桥	0.11	0.46	0.97	2.27
黄桥-姜堰	0.57	0.16	0.29	2.45
大垛-戴窑	0.72	0.12	0.81	0.93

第三阶段：网状扩展（2001~2008 年）。一方面随着泰州市交通的网络化，各主要城镇之间的联系更加便捷；另一方面交通网络中的一些节点，特别是黄桥镇的快速发展，使得南部地区的"C"字两端开始连在一起，并有向"日"字演化的趋势，即出现了由"点轴式"向"网络化"扩展的趋势。而北部由于海陵至兴化市区和姜堰至戴南镇两条轴线的崛起，也出现了点轴式扩展的端倪（图9-15）。

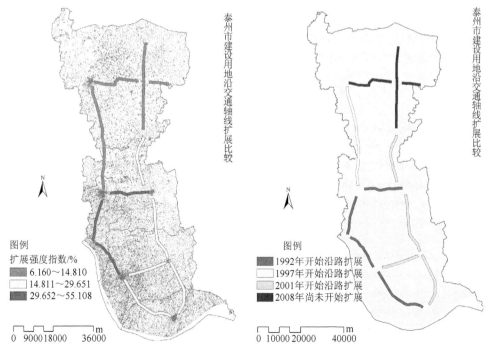

图 9-15　泰州市建设用地沿交通干线分布及扩展情况

三、建设用地扩张潜力分析

（一）基于生态安全约束的扩张潜力评估

生态系统对外界的干扰和破坏反应很灵敏，人类社会经济活动的改变将会对生态服务功能产生重大影响。现实的生态系统与社会经济活动存在着千丝万缕的联系，其生态服务功能的发挥受到一定的限制或改变。实际的生态服务价值要远远低于理论计算值，一旦生态系统提供的生态服务无法补偿由于外界的干扰和破坏带来的损失，将会使区域出现重大的生态危机。因此，评估建设用地扩张潜力必须要考虑区域生态安全约束力的影响。

本次评估对于保障区域生态安全有两套方案：①假设各类用地单位面积的生态服务功能价值不变，区域生态服务功能总效益不能低于0，从而使区域生态系统处在一个理论上很安全的状态。②考虑到城市建设用地中的绿地、广场等对生态系统服务功能发挥正向影响，有的甚至具有较高的生态服务功能价值，同时，如果合理布局强污染处理设施，加强污染防治的话，可以减少区域发生生态危机的概率，故假设经过防范后泰州市单位建设用地对生态服务功能的负影响减少 20%，区域生态服务功能总效益也不能低于 0。经计算，按照第一套方案，泰州市建设用地仅可扩张 $231.3km^2$；按照第二套方案，泰州市建设用地还可扩张 $598.6km^2$（表9-15）。

表 9-15　泰州市建设用地扩张潜力（1）

	土地生态服务功能价值/亿元			扩展潜力/km²
	农田	建设用地	水域	
方案一	6114.3	−42559	40676.4	231.3
方案二	6114.3	−34047	40676.4	598.6

（二）基于粮食安全约束的扩张潜力评估

我国短缺的耕地资源面临城市化、工业化用地需求和食物安全需求的竞争，如果放任建设用地扩张，长此以往将会影响与人民生活紧密相连的粮食安全，导致引发重大社会危机的发生。因此，在建设用地扩张潜力评估中，必须从粮食安全的角度合理预测耕地最低保有量。

本次评估对于保障区域粮食安全有两套方案：①从人均最低耕地保有量的角度，认为人均耕地不能低于联合国的 0.8 亩标准；②从区域粮食自给的角度，认为泰州市应实现粮食完全自给，另外假设规划远期 2030 年泰州市总人口为 530 万人，人均口粮 400 公斤[①]，粮食单产提高到 8000 公斤，粮食播种面积与耕地面积之比与 07 年相同，则人均至少要保有 0.57 亩。经计算，按照第一套方案，泰州市建设用地仅可扩张 349km²；按照第二套方案，泰州市建设用地还可扩张 1144km²（表 9-16）。

表 9-16　泰州市建设用地扩张潜力（2）

	人均耕地/(亩/人)	耕地保有量/km²	扩张潜力/km²
方案一	0.8	2826	349
方案二	0.57	2031	1144

四、适宜性评价及空间布局优化

（一）建设用地扩展适宜性评价

空间本底条件是各地区土地利用功能定位的基础。通过对区域社会经济、自然生态和农业保护要素进行叠加分析，计算出各地区的经济发展适宜指数、自然生态约束指数和农业保护适宜指数，再根据一定的运算规则，进行开发适宜性分区，从而为建设空间布局优化提供支持。

1. 指标体系与量化方法

依据国土空间本底条件评价的内涵，经济发展适宜性的评价因子包括区位条件、发展基础和开发效益 3 项，自然生态约束性的评价因子包括生态重要性、环境容量和灾害风险性 3 项，农业保护适宜性的评价因子包括土壤条件、排灌条件 2 项（表 9-17）。

本研究是采用层次分析法和德尔菲法相结合的方法，在向社会各界发放了约 30 份问卷的基础上，通过重要性比较、判断矩阵构建、一致性检验等一系列步骤，经过多次循环反馈得出各因素和指标的权重，充分体现了政府、专家和民众的意志。

表 9-17　空间开发适宜性分区评价指标体系

分类	因素	权重	指标	权重
经济适宜性	区位条件	0.4	综合可达性	0.5
			城镇影响度	0.5
	经济基础	0.3	人均 GDP	1.0
	开发效益	0.3	建设用地非农产出率	1.0

① 1 公斤=1kg。

续表

分类	因素	权重	指标	权重
生态约束性	生态重要性	1.0	重要保护区	1.0
	环境容量	0.5	水环境容量	1.0
	灾害风险性	0.5	地质灾害	0.5
			易涝地区	0.5
农业适宜性	土壤条件	0.5	土壤质地条件	1.0
	排灌条件	0.5	水网密度	1.0

　　基于 GIS 软件平台，对于面状专题要素，采用区域均质赋值法；对于需经由点状或线状要素分析的指标，则借助网络分析、密度分析、空间插值等方法转化成栅格数据；统计数据则直接经属性表关联后进而转换成栅格数据。最后通过一定的数学运算，计算出所有栅格的各种专题属性值。

　　2. 适宜性分区

　　（1）经济发展适宜性

　　经济发展适宜性是指各地区单元进行经济建设和工业开发的适宜程度。从图 9-16 看，泰州市经济发展适宜性较高的地区主要集中在沿江和都市区，北部地区和南部非临江地区的适宜程度相对较低。总体来看，越往北，经济发展的适宜程度越低，仅有的开发适宜地区主要集中在兴化市区及戴南镇、张郭镇。

　　（2）自然生态约束性

　　自然生态约束性是指各地区单元受到自然生态约束的程度。从图 9-16 上看，泰州市域内的生态约束性较高的地区主要集中在北部，向南逐级递减，与经济发展适宜性刚好相反。长江近岸地区和泰兴至黄桥段也有一定的生态约束性，但主要受地质的影响，通过一定的工程措施是可以改善的。

　　（3）农业保护适宜性

　　农业保护适宜性是指各地区作为农业区的本底适宜程度。从图 9-16 上看，泰州市域内的农业保护适宜性与自然生态约束性的空间格局基本相似，都是北高南低，农业保护适宜性最差的几个地区都集中在南部沿江。

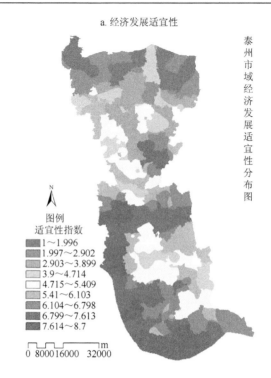

a. 经济发展适宜性

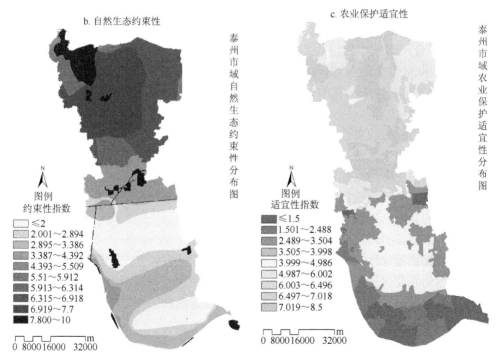

b. 自然生态约束性

c. 农业保护适宜性

图 9-16　泰州市空间开发适宜性多因素分析图

（4）综合适宜性分区

建设用地扩展适宜性分区是在经济发展适宜性、自然生态约束性和农业保护适宜性评价的基础上，对一个地区的建设用地扩展适宜性做进一步的权衡，然后依据建设用地扩展适宜性的高低将评价区域划分为优先扩展区、鼓励扩展区、适度扩展区、限制扩展区和禁止扩展区。从图9-17上看，泰州市的优先扩展区主要包括靖城镇等14个镇的全部地区以及姜堰镇等9个镇的部分地区；鼓励扩展区则主要分布在上述地区以外的沿江和泰州都市区内的其他乡镇；适度扩展区主要分布在南部地区的剩余乡镇和兴化市昭阳镇、戴南镇等；限制扩展区主要分布在兴化市的北部地区；禁止扩展区则是各类重要生态服务功能区。

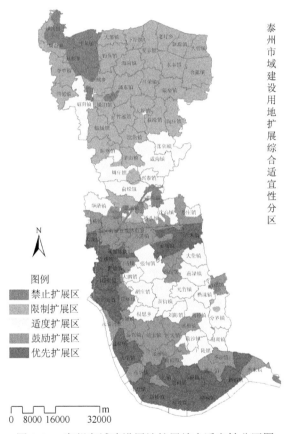

图9-17　泰州市域建设用地扩展综合适宜性分区图

（二）建设用地指标优化配置

1. 优化配置模型

多目标规划是在一组约束条件下，极大化（有时是极小化）一个实值目标函数。在建设用地空间优化配置问题中，除了要求各地区单元的开发适宜指数加和最大化外，还要求各地区的开发面积不大于其可扩展的最大面积以及各地区单元的扩展面积之和等于区域总扩展面积的目标。具体表达式如下

$$\begin{cases} \max\left\{\sum_{i=1}^{N}(A_i \times S_i \times R_i)\right\} & (1) \\ 0 \leqslant A_i \leqslant 1 & (2) \\ \sum_{i=1}^{N} A_i \times R_i = G & (3) \end{cases}$$

其中，A_i 表示 i 单元的目标开发强度；S_i 表示 i 单元的开发适宜指数；R_i 表示 i 单元的面积；G 表示规划期内区域建设用地总目标；i 是地区代码；N 为该区域的评价单元总数。

2. 优化配置结果

根据上述指标分配模型，借助计算机的辅助支持，采用 Monte-Carlo 法，计算得到各评价单元的建设用地强度（图 9-18）。

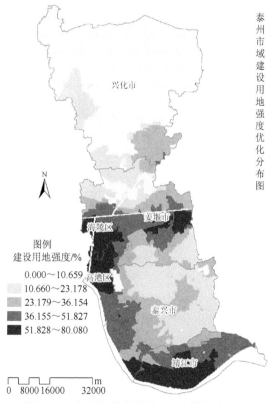

图 9-18　泰州市域建设用地强度优化分布图

再根据各评价单元的行政隶属，将其在县级行政区划内进行平均化处理，得到各县级行政区在未来各个时期内的建设用地强度（表9-18）。

表9-18　2015年和2030年各地区建设用地强度（建议）

地区	建设用地强度/%		
	现状	2015年	2030年
海陵区	46.07	52.16	63.58
高港区	29.15	35.94	48.62
兴化市	13.71	13.79	13.79
姜堰市	21.66	22.11	22.76
泰兴市	23.04	23.62	24.48
靖江市	23.61	24.48	25.92
总计	20.05	20.86	22.23

根据各地区在规划期内不同年份的建设用地强度，结合其土地总面积，就可算出其在未来各个时期的建设用地总面积。将这个数值减去其现状建设用地面积，再加上其预计可以挖潜的农村居民点面积，就可得出各地区城镇用地在不同规划期内可以增加的用地指标（表9-19）。

表9-19　2015和2030年各地区建设用地指标分配（建议）

地区	现有建设用地/km²	城镇新增指标/km²	
		2015年	2030年
海陵区	92.3	12.7	36.9
高港区	66.1	16.3	47.2
兴化市	327.1	8.2	23.8
姜堰市	230.3	9.3	26.8
泰兴市	288.8	13.0	37.6
靖江市	157.9	8.5	24.7
总计	1162.6	68	197

五、都市区空间扩展格局模拟

建设空间的扩展具有自身的规律，总是朝着开发效益最高而成本最低的方法发展，但是，一个精明的城市空间扩展方案应该考虑尽量减少建设空间扩张对生态环境和粮食安全的影响。本章将根据建设用地空间扩展规律，同时考虑生态环境和农业保护的影响，构建泰州都市区空间扩展模型，模拟其建设用地在未来一段时间内扩展趋势，从而为城市规划和设计提供支撑。

（一）土地利用演化模型构建

城市规划是实施城市精明增长和可持续发展的有效工具，如果规划者能够模拟城镇土地扩展机制，并根据一定的情景设计预测出城市空间未来发展的大体趋势，则对指导城市规划有着非常重要的意义。

1. 城镇土地扩展是城镇用地总量最优和位置最佳的有机统一，从而达到用地效益最优的过程

泰州地区土地资源十分有限，建设用地占用耕地与未来粮食安全的矛盾一直十分突出，城镇土地扩展实际上是受政策、经济、社会等多种因素严格控制的。鉴于此，在模型的预测思路上，我们认为一个合理的建设用地扩展模拟应该是一个用地总量最优和位置最佳的有机统一。未来各个时段内的建设用地增量由反映城市社会经济宏观发展需求的 SD 模型控制，而建设用地的具体扩展位置则由反映城市空间自组织性的 CA 模型控制，从而在时间上和空间上都实现最优扩张，如图 9-19 所示。

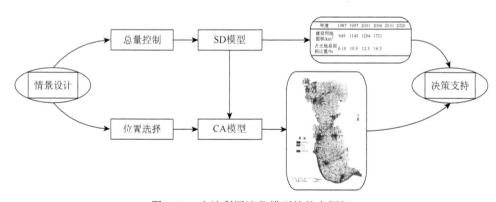

图 9-19　土地利用演化模型的基本框架

2. 城镇土地扩展是一个在外部导向驱动因素、自身惯性约束因素和周围领域影响共同作用下的结果

建设用地扩展过程受到不同尺度的社会、经济和自然因素的综合影响和共同制约（图 9-20）。已有的研究表明，其除了受周围领域影响下的繁衍、再生作用外，还受其他很多驱动性因素和约束性因素作用。模型为反映建设用地的这种多尺度

的扩展特征，还需将传统元胞自动机进行扩展。根据各因素对建设用地扩展的作用效果，分为三类：①土地单元自身的繁衍、再生作用，主要由周围领域单元对其的影响来反映；②土地单元本身的扩展适宜性，主要由其对经济和人口的适宜程度决定；③非建设用地单元转换为建设用地单元过程中的惯性约束作用，这与其目前的土地利用类型有关，例如湖泊、河流、海洋等水域和基本农田、生态功能区等保护区，一般不能转变为建设用地利用类型，而对于可转换用地，未利用地和农村居民点等又比一般农地相对容易些。

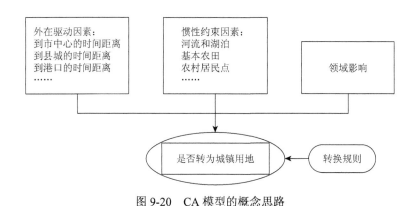

图 9-20　CA 模型的概念思路

（二）建设用地扩展格局模拟

综合自上而下的系统动力学模型和自下而上的元胞自动机模型，充分利用系统动力学模型在情景模拟和宏观驱动因素反映上的优势，与元胞自动机模型在微观土地利用空间格局反映上的优势，本书从宏观用地总量控制和微观用地位置选择的角度，对泰州都市区在 2007～2030 年的空间扩展情况进行了模拟。

1. 空间扩展思路设计

根据各因素对城市土地利用演变过程的作用效果，结合泰州地区实际情况，主要选取了 5 个影响因素，即元胞所处位置的开发适宜性、元胞到都市中心的时间距离、到港口的时间距离、到姜堰的时间距离、离交通干线的距离。结合 1988～2007 年都市空间扩展的空间影像数据，利用 CA 模型对南通地区 1988～1992 年、1992～1997 年、1997～2002 年和 2002～2007 年 4 个时段的空间扩展过程进行了模拟重建，并获取各因素的权重。

2. 空间扩展模拟结果

在上述分析结果的基础上，运行都市区空间扩展模型，就得到了 2007～2030 年的泰州都市区空间扩展的时空模拟结果（图 9-21）。可以看出：①以泰州都市区为核心，分别向南部和东部扩展，高港主要向北扩展，姜堰市区则向西往海陵方向扩展；②海陵和高港将最先连接在一起，规划期末海陵将和姜堰市区几乎连成一片。

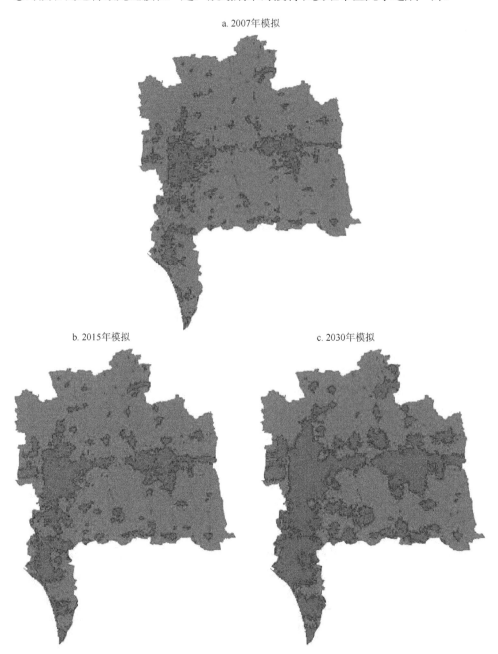

图 9-21　2007～2030 年泰州都市区空间扩展模拟图

第三节 苏州太仓市建设用地空间布局优化

一、城市概况

苏州太仓市是江苏沿江县级城市,地处江苏省东南部,跟上海崇明岛隔江相望,东濒长江,南临上海市宝山区、嘉定区,西接昆山市,北连常熟市,处于上海市都市圈和苏锡常都市圈内,历来是上海和苏州的产业配套基地。近年来,太仓市国民经济持续快速增长,城市综合实力不断上升。2011年,太仓市实现地区生产总值867.53亿元,按可比价格计算,比上年增长13.0%。其中,第一产业增加值30.85亿元,增长4.0%;第二产业增加值485.75亿元,增长12.5%;第三产业增加值350.93亿元,增长14.5%。按常住人口计算,人均地区生产总值121401元,增长10.8%。第一产业增加值占地区生产总值比重为3.6%,第二产业增加值比重为55.9%,第三产业增加值比重为40.5%。按常住人口计算,人均GDP达到12.2万元(按当年年末美元汇率折合约19402美元)。

随着太仓市人口的增长与经济的迅速发展,一方面对土地的需求不断增加,导致大量优质农田被蚕食,甚至一些重要生态空间也被占用,威胁区域的粮食安全和生态安全;另一方面却是建设用地粗放扩张,空间布局不尽合理。在"坚持和落实最严格的耕地保护制度和最严格的节约用地制度"的背景下,按照土地集约利用和可持续发展的原则,科学预测建设用地扩张需求,并依据国土空间本底适宜条件,合理配置新增建设用地,无疑对太仓市经济社会的可持续发展起到巨大促进作用。

党的"十八大"制订了国家新的发展战略、目标、任务与要求,宏观经济社会形势发生了变化,进入"四化"同步发展,全面建成小康社会的重要时期。"长江三角洲地区区域规划"和"苏南地区整体发展战略"上升为国家发展战略,国务院批复的《苏南现代化建设示范区规划》,确定了苏南现代化建设示范区2020年和2030年的发展目标与建设任务。

2013年5月,江苏省制定了《苏南现代化建设示范区规划的实施意见》,提出了自主创新、产业转型、金融发展、土地利用及环境保护等方面的配套政策。2013年7月,太仓市委市政府依据《中共江苏省委江苏省人民政府关于贯彻落实〈苏南现代化建设示范区规划〉的实施意见》和《苏南现代化建设示范区"十二五"期间推进计划》,制定了《〈苏南现代化建设示范区规划〉太仓实施方案》。根据苏南现代化建设示范区的目标与要求,以加快构建现代产业集聚区、开放合作引领区、自主创新先导区、城乡发展一体化先行区、富裕文明宜居区为重点,深入实施"五大战略",丰富提升"六个现代"内涵,争创经济发展、改革开放、城乡一体、社会建设和生态文明新优势,力求打造更高水平的区域现代化,并确定了发展目标和建设任务,即在 2030 年前全面实现区域现代化。

随着苏南现代化示范区的建设,太仓市土地利用规模、土地利用结构、土地利用时空特征势必产生新的变化。建设用地变化既是工业化、现代化、城镇化的基础条件,也是太仓市社会经济发展的综合展现,建设用地规模和建设用地结构合理的时空变化有利于促进经济和社会的发展。但是,太仓市建设用地的无序扩展,会引起农用地尤其是耕地面积的减少,降低建设用地利用的效益,还会影响生态环境,是一种无法平衡社会、经济、生态整体效益的非理性变化。研究太仓市的建设用地变化,分析太仓市建设用地变化的时空特征,探讨太仓市建设用地变化的驱动力,对控制建设用地无序扩展,制定合理有效的土地利用政策,制定完善的建设用地制度,具有一定的现实意义和理论指导意义。

二、建设用地空间布局特征

在不同的历史时期、不同的社会经济条件下,人类社会对土地资源开发利用的广度和深度不同,土地利用结构不断发生变化。根据太仓市 5 期 TM 遥感影像及其土地利用解译结果,可以分析其建设用地时空扩展中的一些特征。

(一)扩展时序特征

1. 建设用地规模在 1995～2001 年增长最快,2001 年以后增长趋缓

自 20 世纪 90 年代以来,随着经济的快速发展和城市化的不断推进,太仓市建设用地面积快速增长,土地利用结构发生了很大变化。根据 TM 影像解译结果,太仓市建设用地面积从 1989 年的 64.6km²,增长到 2008 年的 155.0km²;建设用地占市域总面积的比重从 1989 年的 7.8%上升到 2008 年的 18.8%,在近 20 年时间内,建设用地扩张了 1.4 倍(表 9-20)。

表 9-20　1989～2008 年太仓市建设用地面积及其比重表

年度	1989	1995	2001	2005	2008
建设用地面积/km²	64.6	78.2	102.8	126.5	155.0
占总面积比重/%	7.8	9.5	12.5	15.4	18.8

注:此处的建设用地面积数据来源于 TM 影像,与前述略有差异。

为了进一步分析太仓市建设用地扩展的阶段性特征,本书通过分析太仓市在 4 个时段的建设用地扩展速度指数(M_i)和建设用地扩展强度指数(L_i),来分别

考察其建设用地各个时段的扩展特征。建设用地扩展速度反映了区域建设用地在整个研究时期内不同阶段的年增长速率，用以表征各阶段建设用地扩展的变化趋势。建设用地扩展强度指数是一个特定区域年均建设用地扩展面积和土地总面积的比值，实质是用各空间单元的土地面积来对其年平均扩展速度进行标准化处理，使不同时期的建设用地扩展具有可比性。

由表 9-21 可以看出，太仓市建设用地扩展速度和扩展强度并不一致。在第二个时段（即 1995～2001 年）建设用地的扩展很快，年均增长 5.242%，扩展强度在第四个时段（即 2005～2008 年）最大，达到 0.577%。在第一个时段（即 1989～1995 年）建设用地扩展速度和扩展强度相对较小，这一时期太仓市经济发展相对缓慢，城市建设刚刚起步。第三个时段（2001～2005 年）到第四个时段（即 2005～2008 年）建设用地年均扩展速度有所下降，从 5.242%下降到 3.754%，但是由于总量规模较大，所以建设用地扩展强度仍然较高。

表 9-21　1989～2008 年太仓市建设用地扩展速度与扩展强度

年份	1989～1995	1995～2001	2001～2005	2005～2008
扩展速度 M_i/%	3.509	5.242	3.842	3.754
扩展强度 L_i/%	0.275	0.498	0.48	0.577

2. 农业用地面积快速减少，其中大部分转化为建设用地

土地利用转移矩阵可全面而又具体地刻画区域土地利用变化的结构特征与各用地类型变化的方向。该方法来源于系统分析中对系统状态与状态转移的定量描述，为国际、国内所常用。本书利用 ArcGIS 的空间叠加功能，生成了太仓市土地利用转移矩阵（表 9-22、图 9-22）。

表 9-22　太仓市 1989～2008 年土地利用转移矩阵　　（单位：km²）

2008 \ 1989	农业种植用地	建设用地	水域	其他用地
耕地	393.8	80.4	8.3	0
建设用地	5.5	59.1	0	0
水域	5.4	7.4	241.0	11.8
其他用地	0	8.2	0	2.3

注：表中纵向表示 1989 年的地类，表中横向表示 2008 年的地类。

考虑到影像配准误差的存在，上述图表中数据与实际用地转换可能有一定误差，但基本能反映用地转换的总体趋势：首先，1989～2008 年耕地面积减少了 77.8km²。

转出：耕地转换为建设用地 80.4km²，耕地转换为水域 8.3km²；转入：建设用地转换为耕地 5.5km²，水域转换为耕地 5.4km²。其次，建设用地总计增加了 90.4km²。转入：来源于耕地 80.4km²，占建设用地全部来源的 88.9%，来源于水域的建设用地 7.4km²，来源于滩涂等其他用地 8.2km²；转出：转换为农业用地 5.5km²。再次，水域面积总计减少了 16.2km²。转入：来源于耕地 8.3km²；转出：水域转换为耕地 5.4km²，转换为建设用地 7.4km²。最后，滩涂等其他用地转出 8.2km²，主要转换为建设用地。

图 例

其他用地→农业种植用地　　建设用地→农业种植用地
其他用地→建设用地　　　　建设用地→建设用地
其他用地→水域　　　　　　建设用地→水域
其他用地→其他用地　　　　建设用地→其他用地
水域→农业种植用地　　　　农业种植用地→农业种植用地
水域→建设用地　　　　　　农业种植用地→建设用地
水域→水域　　　　　　　　农业种植用地→水域
水域→其他用地　　　　　　农业种植用地→其他用地

图 9-22　1989～2008 年太仓市用地类型转换图

（二）扩展空间特征

1. 沿沪和沿江扩展迅速，内陆地区扩展相对缓慢

1989 年以来，建设用地扩展最快的是城厢镇和浮桥镇。城厢镇的建设用地扩张了 2 倍多，增长量为 40.14km²；浮桥镇增长了 24.4km²，增长率达 185.8%。从大的空间上来讲，沿沪和沿江建设用地扩展迅速。1989～2008 年，沿沪乡镇（城厢、陆渡、浏河）建设用地总计扩展了 38.3km²，扩展了 115.5%；沿江三镇（浮桥镇、璜泾镇、浏河镇）建设用地总计扩展了 32.2km²，扩展了 89.5%（表 9-23）。

表 9-23　太仓市各镇建设用地增长变化分析

地区	1989 年 /km²	2008 年 /km²	增长量 /km²	增长率 /%
沿沪乡镇	33.1	71.4	38.3	115.5
沿江乡镇	35.9	68.1	32.2	89.5
总计	76.7	155.1	78.4	102.2

2. 城区和港区是扩展热极，璜泾和浏河的建设用地扩展趋冷

为进一步从空间上刻画建设用地扩展的格局，本书借助局域空间自相关方法来分析其宏观特征。分析过程中采用了 ArcGIS 中的 hot spot 分析手段（即 Getis-Ord Gi 方法），计算出研究区内各个网格单元的扩展热点指数（Z_i），并依据其值的大小，将扩展冷热度划分成 6 个等级。局域扩展热点指数较高的地区代表建设用地扩展的热点区，而局域扩展热点指数较低的地区代表建设用地扩展的冷点区。

从图 9-23 上看，近 7 年来建设用地扩展热度指数为正值的区域主要分布在城区和港区周边。其中，城区是最大的扩展热点，其扩展热度指数（Z_i）大于 9.46；次热点是港区，其扩展热度指数（Z_i）大于 4.50。这说明太仓市过去七年间建设用地的扩展热极是城区和港区。

对比 1989 年以来的两个大时期的建设用地扩展冷热度分析图，发现，1989～2001 年扩展热点指数为正值的璜泾和浏河在 2001～2008 年变成了扩展冷点，城区北部的扩展热度指数明显增大，显示出较强的扩展趋势。扩展格局变化的原因在于，前一时期区域处在经济发展的初级阶段，空间上以散点增长为主；而后一时期，太仓城区和港区的优势得到发挥，逐渐成长为两个增长极，其建设用地扩展也自然快于其他地区。

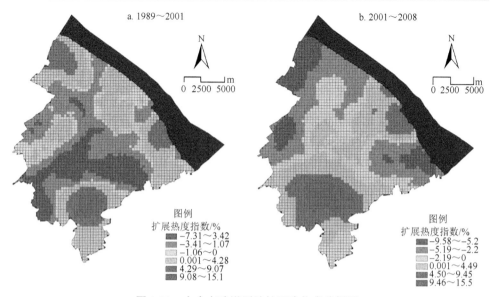

图 9-23　太仓市建设用地扩展冷热点分析图

3. 城镇建设用地呈圈层向外扩展，总体上趋于集中

从图 9-24 可以看出，太仓市的城镇建设用地（尤其是城区建设用地）呈圈层

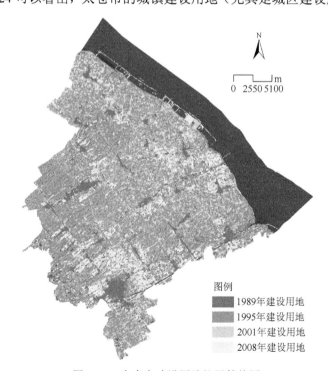

图 9-24　太仓市建设用地扩展趋势图

向外扩展，扩展最快的区域集中在太仓城区和港区，这两个地区也是太仓市建设用地面积最大的区域，其他区域建设用地分布相对分散。另外，太仓市建设用地沿主要交通干道扩展的趋势突出，从扩展方向来看，东北—西南、西北—东南是扩展的主导方向。总体来看，太仓市建设用地在 20 世纪 90 年代以前分布相对分散，20 世纪 90 年代以来，则明显趋于集中。

三、建设用地扩展适宜性评价

建设用地扩展不仅受到社会经济的推动作用，同时还受到限制要素的约束作用。本部分将分析建设用地扩展可能受到的空间约束因素和内在推动因素，从而为建设用地空间扩展模拟与优化提供基础准备。

敏感地是建设用地扩展的主要约束。敏感地是指具有特殊价值或极易因不当的人类活动而导致环境危机发生的地区。其概念最初源于 20 世纪 60 年代，美国、加拿大城市化和环境危机等社会问题突出，为减少在较脆弱地区进行不当的土地使用导致的负面效应，许多学者针对经济成长与开发建设的剧增对自然环境造成破坏的问题及其相关研究提出了"敏感地"概念。季团胜等（1999）依据敏感地的资源特征与功能差异，总结出四种敏感地类型，分别是生态敏感地、文化敏感地、资源生产敏感地和天然灾害敏感地。根据太仓市实际情况，可将其需要重点注意的敏感地进一步细分为耕地保护、生态约束和潜在灾害 3 个方面。

（一）耕地保护

耕地保护是关系我国经济和社会可持续发展的全局性战略问题。"十分珍惜和合理利用土地，切实保护耕地"是必须长期坚持的一项基本国策。首先，农业是国民经济的基础，耕地是农业生产的基础，工业特别是轻工业的原料主要来源于耕地；其次，耕地是社会稳定的基础，耕地为农村人口提供了主要的生活保障，是城市居民生活资料的主要来源。党中央、国务院历来十分重视耕地保护工作，先后制定了一系列重大方针、政策，一再强调要加强土地管理，切实保护耕地。1994 年，国家发布《基本农田保护条例》；1997 年，中共中央、国务院发出《进一步加强土地管理，保护耕地的通知》（11 号文件）；1998 年，耕地保护写进了《刑法》，增设了"破坏耕地罪""非法批地罪"和"非法转让土地罪"。

耕地保护的内容包括 3 个方面，分别是耕地数量或面积保护、耕地地力的保护、耕地环境的保护。对于城市规划来说，我们不仅要严格控制建设用地外延扩张，保障国家分配的耕地面积，更重要的是要保证耕地地力和耕地环境。太仓市在本轮规划期末很可能要突破联合国的人均耕地保护红线，保护优质耕地就显得更为重要。根据国土部门提供的基本农田分布图（图9-25），其几乎涵盖了太仓市除建设用地和水域以外的所有区域；不过，根据耕地地力等级分布图（图9-26），可以看出太仓市西部和北部地区的耕地地力要明显高于其他地区，而且沙溪和浮桥交界处的一大片完整的优质农田还被规划为省级现代农业园区，这些地区要在本轮规划中得到优先保护。

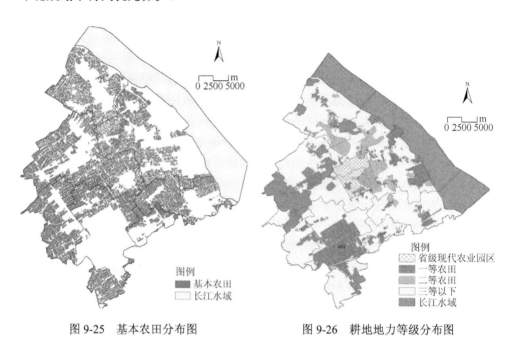

图9-25　基本农田分布图　　　　　　图9-26　耕地地力等级分布图

（二）生态敏感

区域工业化和城市化的迅猛推进使得区域土地的使用逐渐呈现饱和及过度使用状况，可供开发的土地已难以满足各种开发建设活动的需求。为开拓新的发展空间，区域开发建设活动逐步朝河流、湿地、水源地等生态敏感地区推进。由于忽视了区域生态保护要求，开发建设行为往往超过资源的承载能力，导致了许多环境负效应，有限的自然资源逐渐稀少，珍贵的资源受到破坏，社会和经济发展与资源、生态、环境之间的矛盾和冲突表现非常严重。

生态敏感地涵盖不同的地理区位和功能，由于各地资源特性与需求不同，生态敏感地划分的类型也不尽相同。中国科学院南京地理与湖泊研究所的董雅文（1995）将生态敏感地划为三类：即生态功能敏感地、地表水源敏感地和污染影响敏感地。生态功能敏感地是指那些具有重要生态功能的地区，如各类动植物保护区等；地表水源敏感地主要指城市地表饮用水源地，如长江取水口；污染影响敏感地则是指那些具有强烈污染危险不易继续进行建设的地区，如核电站。对于太仓市来说，其最重要的生态敏感地是水源保护区、湿地以及内陆的成片水域和河道水系。其水源保护区和湿地均位于长江沿岸（图 9-27）；成片水域主要分布在双凤镇境内，以璜泾和沙溪最为密集（图 9-28）。

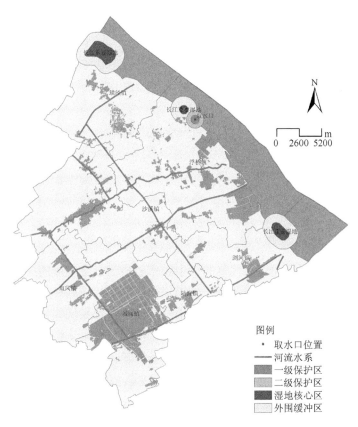

图例
· 取水口位置
— 河流水系
■ 一级保护区
■ 二级保护区
■ 湿地核心区
□ 外围缓冲区

图 9-27 湿地和水源保护区分布图

（三）潜在灾害

"自然灾害"是人类依赖的自然界中所发生的异常现象，自然灾害对人类社会所造成的危害往往是触目惊心的。它们之中既有地震、火山爆发、泥石流、海啸、台风、洪水等突发性灾害；也有地面沉降、土地沙漠化、干旱、海岸线变化等在较长时间中才能逐渐显现的渐变性灾害；还有臭氧层变化、水体污染、水土流失、酸雨等人类活动导致的环境灾害。这些自然灾害和环境破坏之间又有着复杂的相互联系。人类要从科学的意义上认识这些灾害的发生、发展以及尽可能减小它们所造成的危害，这已是国际社会的一个共同主题。

图 9-28　成片水域和河道水系分布图

随着经济的发展，建设现代化的大中城市已成为社会发展的必然。人们在建设现代化城市时，对自然灾害要有充分的认识，既要认识到在建设时尽量避免各种自然灾害对人们工作和生活的危害，还要考虑到在建设现代化城市时不要增加新的自然灾害。对于太仓市来说，主要要防止两种自然灾害：一是地质灾害，包括地震断裂带和地面沉降；二是洪涝灾害，具体分布情况如图 9-29 所示。

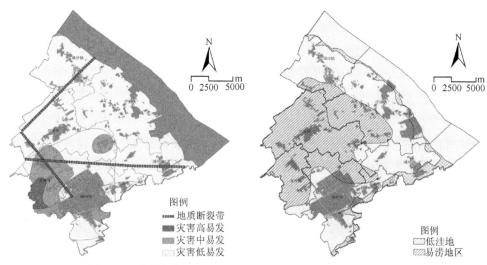

图 9-29　潜在灾害区分布图（左为地质灾害，右为洪涝灾害）

四、建设用地扩展动力分析

社会经济发展是建设用地扩展的主要动力，其中以生活驱动和生产驱动两项驱动力量最为显著。空间上不同区位相对于不同社会经济活动的适宜性，或者各类社会经济活动对不同区位的驱动作用力是不同的，通过选取一定的评价指标，借助 GIS 空间分析方法，对地域空间的驱动力大小进行评价。

（一）生活驱动

本书从生活品质角度，归纳影响未来生活区适宜程度的影响因素，认为主要有如下 5 个影响因素："到城市中心距离""到现有生活区距离""到优质活水距离""农村居民点密度""远离污染工业区距离"。

从图 9-30 上看，太仓城区是市域内生活适宜性最好的地区，并向双凤和陆渡两个方向延伸；其次是沙溪镇镇区，其沿河两边也比较适宜居住；而浏河、浮桥和璜泾三镇的生活适宜性普遍偏低，不适宜居住。

图例
- 0.0218159～0.2994818
- 0.2994819～0.4463845
- 0.4463846～0.5660405
- 0.5660406～0.6886284
- 0.6886285～0.8204682
- 0.8204683～0.9962636

图 9-30　生活区适宜性分布图

（二）生产驱动

生产适宜性主要从影响经济效益的角度考虑，选取了如下 5 个因素："与高速公路出口的距离""与国道省道的距离""到长江岸线的距离""与现有工业区的距离""农村居民点密度"。

从图 9-31 上看，沿江的浮桥镇全域和璜泾镇东部是市域内工业发展条件最好的地区；其次是城区的西部，靠近苏昆太高速双凤出入口的区域；沙溪镇域的工业适宜性普遍偏低。

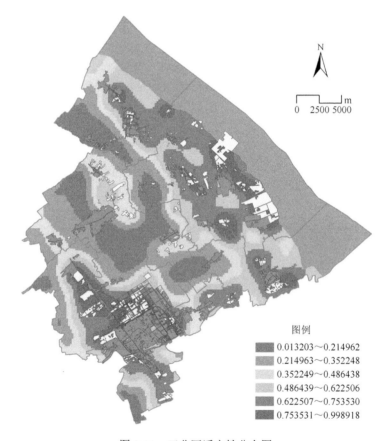

图例

■ 0.013203～0.214962
■ 0.214963～0.352248
□ 0.352249～0.486438
■ 0.486439～0.622506
■ 0.622507～0.753530
■ 0.753531～0.998918

图 9-31　工业区适宜性分布图

五、建设用地空间布局优化

城市土地利用布局一直是城市总体规划中最重要，同时也是最复杂、最困难的问题,以往的布局规划往往从美学和形态学的角度考虑,忽略了区域空间的本底差异和城市空间扩展的内在规律。本部分将采用 GIS 技术手段,结合太仓地区的区域特点,构建太仓市城市未来模型(taicang urban future model,TUFM);在此基础上,通过情景归纳、情景模拟与评价等步骤,生成并选择出最优的模拟方案作为太仓未来一段时间内城市土地利用布局的参考方案。

(一)城市未来模型

大尺度城市未来模型,起源于 20 世纪 50 年代北美关于土地使用和交通的研究。在 20 世纪六七十年代出现了很多实用的模型。本书的 TUFM 模型参考了它们的模型结构、空间划分等环节的设计思路,同时兼顾太仓地区的区域特点,能够有效解决该地区城市空间扩展的模拟问题。

TUFM 模型以一种网格与自然地理、社会经济等因素交叉分割的空间单元(即 DLU)作为基本分析单元。模型由 4 个子模型组成,分别是土地需求子模型、GIS 空间数据库、空间分配子模型、附加/合并子模型,分别如下。

1. 土地需求子模型

土地需求子模型是 TUFM 模型的需求方,用于预测区域建设用地,特别是城镇建设用地增长情况。目前常见的土地需求预测模拟都是把城市或者区域看做一个整体,进而借助一定的数理模型进行模拟。本书中的土地需求子模型采用上文的建设用地扩张模型,即系统动力学模型,由它来模拟建设用地变化过程,包括历年生活用地和工业用地的需求规模。

2. GIS 空间数据库

空间数据库是 TUFM 模型的供应方,由一系列地图图层组成,包括研究区域每个 DLU 的几何形状、位置、属性。相关属性包括现有的土地利用类型、行政区划以及是否是某一类限制地区,如果是可开发地区,则有生活适宜性/生产适宜性。这些不同的图层可以单独分析,也可以合并成一个包含所有相关属性的图层。GIS 空间数据库除了充当土地利用的分配载体外,同时也用于 TUFM 模型运行结果的显示、绘图输出。

3. 空间分配子模型

空间分配子模型作用是将预测的生活用地和工业用地增长量分配到合适的

DLU中去。其设计原理是将由土地需求子模型算出的用地增长需求与可开发地区的供应（DLU的属性、大小、位置）进行比较，确定可开发的DLU以及其土地利用功能。

4. 附加/合并子模型

这是一个扩展的模块，可以添加一些上述环节没有考虑的问题，如待开发用地、土地整理、功能置换等问题。它可以在需要的时刻中断模型运行，并将新的要求加入到模型中。

（二）扩展情景模拟

城市空间扩展往往面临着很多种扩展战略导向，采用不同的扩展战略将会有不同的城镇土地扩展情景。扩展情景模拟就是根据一定的城市空间扩展战略，借助城市未来模型的支持，模拟生产该种空间扩展战略下对应的未来土地使用情景。具体步骤是：

第一步，根据城市空间发展战略分配新增用地指标。一般来说，一旦确定一个城市的空间发展战略，就可以结合它的现状人口和经济数据分布情况预测其内部各子区域未来人口和经济分布情况，进而预测出各个子区域的用地增长情况。本书假设中心城区（城厢+陆渡）人均占地120m²，其他城镇人均占地100m²，浮桥镇因工业用地较多可适当多分配。

第二步，根据建设用地适宜性的高低，分配上步中的用地指标。考虑到各个子区域的发展定位不同，在浮桥可适当降低生产适宜性的门槛，以利于形成规模效益，而在中心城区、沙溪和浏河可适当降低生活适宜性的门槛，以利于共享生活基础设施。

第三步，根据上步中各转化单元自身的生活适宜性和工业适宜性的对比情况，进一步确定各单元转换后的用地类型，即是转化为新扩生活区还是转化为新扩工业区。

第四步，根据转换后各用地单元的领域情况做适当优化，也就是说如果新扩工业区单元的周围一大半以上是生活区，则将其纠正为新扩生活区；如果新扩生活区单元的周围一大半以上是工业区，则将其纠正为新扩工业区。

（三）模拟结果

（1）情景一："一市一城"战略：主动接受上海市服务业发展的辐射，大力发展太仓中心城区，形成极化发展能力，这种情景下用地扩展指标多数集中在中心城区，即"城厢+陆渡"（表9-24、图9-32）。

表 9-24　"一市一城"战略下的相关指标情况

地区	现状		规划	
	城镇人口/万人	城镇用地/hm²	城镇人口/万人	城镇用地/hm²
城厢+陆渡	28.11	46.9	74	80.5
浏河	5.17	5.6	9	8.7
浮桥	7.13	24.1	12	32.8
璜泾	4.84	6.6	8	7.8
沙溪	7.99	12.9	15	14.6
双凤	1.68	5.2	3	5.6
合计	54.92	101.3	119	150.0

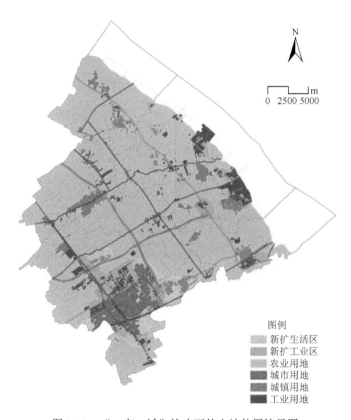

图 9-32　"一市一城"战略下的土地使用情景图

（2）情景二："一市两城"战略：抓住上海国际航运中心建设的机遇，大力发展港口贸易和临港产业，这种情景下用地指标除满足中心城区发展外多数供给港区，即浮桥镇（表 9-25、图 9-33）。

表9-25 "一市两城"战略下的相关指标情况

地区	现状		规划	
	城镇人口/万人	城镇用地/hm²	城镇人口/万人	城镇用地/hm²
城厢+陆渡	28.11	46.9	62	72.3
浏河	5.17	5.6	9	8.7
浮桥	7.13	24.1	22	42.7
璜泾	4.84	6.6	8	7.8
沙溪	7.99	12.9	15	14.6
双凤	1.68	5.2	3	5.6
合计	54.92	101.3	119	150.0

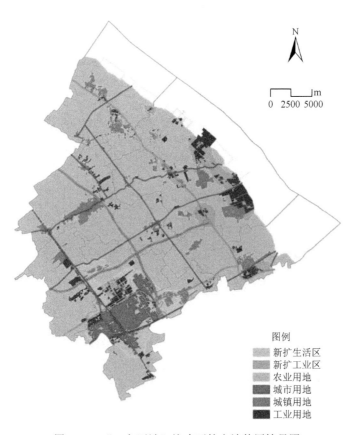

图例
新扩生活区
新扩工业区
农业用地
城市用地
城镇用地
工业用地

图9-33 "一市两城"战略下的土地使用情景图

（3）情景三："一市多城"战略：根据城乡统筹发展的要求，响应中央新农村建设的号召，积极发展境内其他中小城镇，这种情景下沙溪、浏河、璜泾、双凤等镇的用地规模都应有不同程度的扩展（表 9-26、图 9-34）。

表 9-26　"一市多城"战略下的相关指标情况

地区	现状		规划	
	城镇人口/万人	城镇用地/hm²	城镇人口/万人	城镇用地/hm²
城厢+陆渡	28.11	46.9	52	60.7
浏河	5.17	5.6	14	13.6
浮桥	7.13	24.1	15	38.8
璜泾	4.84	6.6	10	9.7
沙溪	7.99	12.9	21	20.4
双凤	1.68	5.2	7	6.8
合计	54.92	101.3	119	150.0

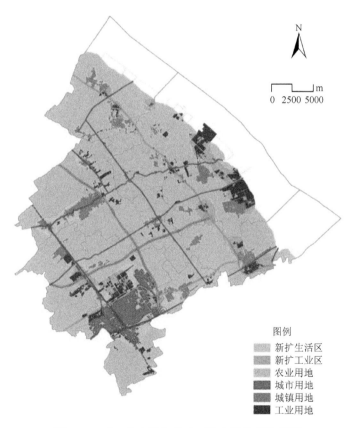

图 9-34　"一市多城"战略下的土地使用情景图

（四）扩展情景评价

对城市规划中模拟方案的评估是一个涉及面很广的问题，因为城市发展就其自身属性来说就是复杂的问题。不同学科的研究人员可能有不同、甚至完全矛盾的评估标准，比如一种模拟方案很可能从环境影响的角度来看很好，但是却对应着不理想的住房密度或者交通低效率，而另一个模拟方案结果可能正好相反。我们面临的挑战是，如何构建一个可比较的框架，能够综合比较本来不具比较性的评估因子。

1. 评价方法

本书在前面的土地使用情景方案生成过程中，已充分考虑到建设用地适宜性（包括生活区适宜性和生产区适宜性），但是尚未考虑耕地保护、生态敏感、潜在灾害等约束因素。因此，还需要进一步分析各方案跟这些约束目标的冲突情况。

目标达成矩阵法（goals achievement matrix，GAM）是一种评价规划是否符合预定目标的定量分析方法，最早由 Hill 在 20 世纪 60 年代提出。其方法是将规划原则具体化为 Z 个规划目标（O_1，O_2，O_3，$\cdots$，O_z）。对于每一个目标，先计算规划方案与预定目标之间的冲突率，公式为

$$\text{CMA} = A \cap B / A$$

其中，CMA 是冲突率；A 是规划方案；B 是预定目标；$A \cap B$ 表示规划和目标的冲突范围。计算每一目标的冲突指数 E_i 及综合冲突指数 E

$$E_i = \frac{W_o \times \text{CMA}_o}{100}$$

$$E = \sum_{i=0}^{z} W_z \cdot E_i$$

其中，E_i 为第 i 个目标的冲突指数；o 表示冲突的等级；CMA_o 为第 i 个目标下第 o 等级冲突的冲突率；W_o 表示权重；E 代表有效指数之和；z 为目标总数。

2. 评价结果

本书选择了 3 个需要进一步评价的目标，即耕地保护、生态敏感和潜在冲突。就太仓市而言，耕地保护涉及是否是农业园区和耕地地力等级 2 个因素，生态敏感涉及水源保护区和湿地保护区 2 个因素，潜在灾害又涉及地质灾害和洪水灾害 2 个因素（表 9-27）。

表 9-27 影响因素及其等级情况

目标	冲突等级		
	A	B	C
耕地保护	省级现代农业园区；一等农田	二等农田	三等以下的一般农田
生态敏感	一级水源保护区；湿地保护核心区	二级水源保护区；湿地保护外围缓冲区	成片水面和河道水系
潜在灾害	地质断裂带；灾害高易发	灾害中易发；	灾害低易发；低洼地；易涝地区

　　将土地使用模拟情景与相关约束目标的专题地图进行叠加，就可以算出每个大目标下各个冲突等级的冲突率，见表 9-28～表 9-30。

表 9-28 情景一对应的冲突情况

目标	冲突率		
	A	B	C
耕地保护	1.80	3.71	70.36
生态敏感	0.00	0.00	2.57
地质灾害	1.07	5.53	37.70

表 9-29 情景二对应的冲突情况

目标	冲突率		
	A	B	C
耕地保护	0.77	6.50	69.38
生态敏感	0.00	0.00	0.63
地质灾害	1.04	4.68	34.68

表 9-30 情景三对应的冲突情况

目标	冲突率		
	A	B	C
耕地保护	6.43	4.70	65.06
生态敏感	0.00	0.17	1.89
地质灾害	1.49	4.86	35.38

　　在此基础上，我们如果设定 A 等级的冲突权重为 5，B 等级的冲突权重为 3，

C 等级的冲突权重为 1，又可以算出每种土地使用情景对应的 4 个目标的冲突指数，见表 9-31。

表 9-31　三种情景的不同目标冲突指标对比

方案	目标		
	耕地保护	生态敏感	潜在灾害
情景一	90.50	2.57	59.63
情景二	92.71	0.63	53.92
情景三	111.33	2.40	57.43

从表 9-31 可以看出，情景一在"潜在灾害"方面冲突较大，选择情景一比其他两个情景需要的灾害预防和治理（如防洪除涝）的投入要大一些；情景三在"耕地保护"方面冲突较大，选择情景三则面临着更严峻的基本农田调整压力；而情景二虽在"耕地保护"方面冲突略大于情景一，但在"潜在灾害"方面显著低于其他两个方案，总体来看方案二在同时减少耕地保护、生态敏感区保护和灾害预防三个方面的目标冲突上相对优于其他两个方案，因此，本书认为情景二可以作为太仓市建设用地扩展的推荐方案。

第十章 江苏沿江地区土地开发利用调控对策建议

第一节 江苏沿江地区土地开发利用的调控思路

一、优化国土空间开发格局

统筹协调区域土地利用。试点"多规合一",探索形成统一衔接、功能互补、相互协调的规划体系,统筹谋划人口城镇化、产业发展、资源利用和环境保护,合理安排生产、生活、生态空间,推进国土集聚开发、分类保护和综合整治,逐步形成人口、经济、资源、环境相协调的节约集约型国土空间开发格局,为积极稳妥推进新型城镇化、促进城乡发展一体化和农业现代化提供有力支撑。严格执行生态红线区域保护,从根本上预防和控制各种不合理的开发建设活动对生态功能的破坏。根据不同区域的功能定位、发展目标和开发强度,科学配置土地资源。苏南地区与转型升级率先发展的目标相适应,编制实施苏南现代化建设示范区土地利用总体规划,建设苏南节约集约用地示范区,严格控制新增建设用地,加大城乡建设用地整治挖潜力度;苏中地区与融合发展、特色发展相适应,合理安排新增建设用地,调整优化城乡用地结构和布局,推进土地资源综合统筹和合理配置;苏北地区与跨越发展全面发展相适应,适度增加新增建设用地,重点开展农村土地综合整治,鼓励合理使用未利用地。充分发挥沿海地区区位独特、后备资源丰富的优势,坚持依法依规、科学合理综合开发利用滩涂资源,优先保护生态空间,合理拓展农业空间,统筹安排建设空间。按照陆海统筹要求,编制实施沿海地区土地利用总体规划,科学合理开发利用滩涂资源,促进江苏沿海地区发展战略的有效实施。

优化城乡土地资源配置。探索实行人地挂钩政策,以提升城镇化发展质量为目标,从严合理控制城市建设用地规模,科学划定城市发展边界,调整优化现有城镇各业用地内部结构,着力促进人的城镇化,将城镇建设用地增加规模与吸纳农村转移人口落户数量挂钩,城镇化地区建设用地增加规模与吸纳外来人口进入城镇定居规模挂钩,形成大中小城市和小城镇协调发展格局。在充分尊重农民意愿和维护农民合法权益的基础上,鼓励引导有条件地方的农户将集体资产所有权、土地承包经营权、宅基地及住房置换成股份合作社股权、社会保障和城镇住房。优化城乡建设用地和农业用地空间布局,开展建设用地普查,摸清建设用地存量家底，为盘活存量奠定坚实基础，着力释放存量建设用地空间，提高存量建设用地在土地供应总量中的比重，实现土地集约高效利用。

强化规划管控引领作用。城乡建设、区域发展、产业布局、基础设施建设、生态环境建设等相关规划涉及土地利用的内容，应当符合节约集约用地要求，与土地利用总体规划相衔接。制定实施土地利用总体规划管理办法，充分发挥土地利用总体规划和城乡总体规划对城乡用地规模、结构和布局的统筹管控作用，进一步落实建设用地空间管制制度，完善规划目标实现措施。将土地利用总体规划确定的管制分区以及地块所在区域的规划主导用途作为土地审批、土地利用规划审查的依据，增强规划实施的规范性和可操作性。建立土地利用总体规划实施评估修改制度，全面评价规划实施情况。确需修改土地利用总体规划的，必须在不突破城乡建设用地总规模的前提下，按照规定的条件和程序办理。鼓励线性基础设施并线规划、集约布局。

完善空间规划体系。适时组织编制江苏沿江地区土地利用与开发规划，统筹谋划人口城镇化、产业发展、资源利用和环境保护，合理安排生活、生产、生态空间，推进国土集聚开发、分类保护和综合整治，逐步形成人口、经济、资源、环境相协调的节约集约型土地空间开发格局。按照"空间整合、指标管控、集约集聚、功能凸显"的原则，选择有条件的地区开展试点，探索编制市、县域内功能片区土地利用总体规划，整合具有相同主导功能的江苏沿江地区不同级别行政区域的规划空间，统筹协调功能片区内的土地利用，提高规划的科学性、针对性和可操作性，促进区域特色发展。功能片区土地利用总体规划报省政府批准实施。同时，探索"多规合一"，统一规划空间布局。围绕新型城镇化建设和空间规划体系建立，选择江苏沿江地区部分县、市开展国民经济和社会发展规划、土地利用总体规划、城乡规划、生态规划等"多规合一"试点。以土地利用总体规划为依据，探索建立可供各个规划共同遵循的战略目标、管控方向和标准规范，统一各类规划空间布局，形成一张蓝图管控。

二、切实落实耕地保护责任

加强耕地保护和高标准基本农田建设。严格落实耕地保护责任和基本农田划定任务，以全国第二次土地调查成果为基础，划定永久基本农田和生态保护红线，实现数量管控、质量管理和生态管护目标，确保粮食安全。建立耕地保护补偿激励机制，逐步探索建立耕地保护基金制度，促进耕地尤其是基本农田的保护。探索"以补代投、以补促建"土地整治模式，促进和落实高标准基本农田建设任务。以新增建设用地土地有偿使用费为主体，引导和聚合相关涉农资金，加大高标准基本农田建设投入，并鼓励集体经济组织和社会团体投资，共同参与高标准基本农田建设。将土地整治形成的优质耕地及时划入基本农田管理，归并整合零散基本农田。健全耕地质量调查评价与监测体系，动态掌握全省耕地质量变化趋势。

加大补充耕地力度。部署开展耕地后备资源专项调查，通过土地开发复垦整理增加耕地补充来源。重点实施沿海滩涂土地综合开发利用和黄河故道流域土地综合整治等工程。适时提高耕地开垦费标准，调动各方开展土地整治的积极性。实行补充耕地指标市场交易机制，完善易地补充耕地激励机制。落实非农业建设占用耕地单位的耕地占补平衡法定义务，强化耕地占补平衡数量和质量整体考核。强化补充耕地后续培肥，提高补充耕地质量。

三、实行差别化土地管理政策

加强土地利用计划调节。完善土地利用年度计划分配办法，将新增建设用地计划指标安排与区域资源环境容量、土地开发强度、产业结构优化、耕地保护责任目标履行和节约集约用地水平以及依法用地情况相挂钩，与城乡建设用地增减挂钩指标和工矿废弃地复垦利用规模的安排相统筹。新增建设用地计划指标，重点支持民生工程、战略性新兴产业、高端制造业和现代服务业发展用地。支持国家级、省级开发园区建设，推进创新型园区和新型工业化产业示范基地建设，促进产业转型升级和创新发展能力的提升。实施土地利用年度计划指标预下达制度，有效提高年度计划使用效率。建立交通、水利、能源等重大建设项目用地的部门协调工作机制，统筹安排年度建设规模和开工时序。对单位地区生产总值建设用地消耗量下降幅度和单位建设用地二、三产业增加值提高幅度较大的地区，给予适当奖励。

严格落实供地政策。建立健全产业用地节地准入体系，根据产业结构调整和转型升级需要，修订完善并严格执行土地使用标准，动态调整《禁止用地项目目录》和《限制用地项目目录》，实行建设项目用地负面清单管理，凡纳入负面清单和不符合规定条件的建设项目，不得办理土地审批和供地手续。建立建设项目节地评价制度，全面开展城市和开发区节约集约用地评价，促进各类主体节约集约用地。对尚未发布土地使用标准、建设标准和因安全生产、地形地貌、工艺技术等确需突破土地使用标准的建设项目开展节地评价，依据节地评价结果办理供地手续。严格落实净地供地规定，禁止"毛地"出让。全面推行工业新增用地预申请制度，各地应当结合本地实际，制定新增工业建设用地亩均固定资产投资强度、建设强度、工业项目达产后的产出效益标准，不符合标准或适宜使用标准厂房的工业项目，不再单独供地。

引导土地立体开发利用。鼓励合理利用地上地下空间，研究制定促进地下空间开发利用的政策措施，促进城镇土地复合利用、立体利用、综合利用。鼓励土地使用者在符合规定条件的前提下，通过厂房加层、老厂改造、内部整理等途径提高土地利用率。对符合规划、不改变用途的现有工业用地，提高土地利用率和增加容积率的，不再增收土地价款；对依法办理出让、改变用途等相关用地手续的工业用地，鼓励改造升级和集约利用。全面推进四层及以上配工业电梯的高标准厂房建设与使用。建设用地使用权在地上地下分层设立，可以根据当地基准地价和不动产实际交易情况，评估确定分层的出让最低价标准，取得方式和使用年期，参照在地表设立的建设用地使用权相关规定执行。

四、强化土地资源市场配置

完善土地有偿使用制度。围绕使市场在资源配置中起决定性作用的要求，深化土地有偿使用制度改革，扩大国有土地有偿使用范围，减少非公益性用地划拨，推动经营性基础设施和社会公共事业用地有偿使用。各地可以结合区域经济发展的特点，制定高于国家标准的工业用地出让最低价标准，促进形成有效调节工业用地和居住用地的合理比价机制。强化土地利用全周期管理，在国有建设用地使用权法定最高有偿使用年期内，根据产业生命周期合理确定工业用地有偿使用年期。探索工业用地实行长期租赁、先租后让、租让结合等灵活多样的供地方式。工业用地可以先以招标拍卖挂牌方式租赁取得，并明确约定正式投产后转为出让建设用地的条件，达到约定的受让条件后，签订出让合同，转为出让建设用地。强化单位土地面积投资强度和税收等产出效益的硬约束，国有建设用地使用权出让合同中应当明确对达不到投入产出标准或约定要求的工业用地，采取有偿收购等方式收回的内容，探索实行土地出让合同履约保证金制度，推动产业结构调整和经济转型升级。

建立城乡统一的建设用地市场。改革土地征收制度，缩小征地范围，规范征地程序，落实征地补偿标准调整机制，提高农村集体和农民在土地增值收益中的分配比例。严格执行征地补偿资金预存制度，将被征地农民纳入城乡社会保障体系，做到即征即保，应保尽保。按照中央统一部署开展农村集体经营性建设用地流转，制定农村集体经营性建设用地流转办法，依法规范开展集体经营性建设用地流转。在符合规划和用途管制前提下，允许农村集体经营性建设用地出让、租赁、入股，实行与国有土地同等入市、同权同价，保障农民公平分享土地增值收益。完善土地租赁、转让、抵押二级市场。

加强土地市场动态监测。加强市场动态监测与分析研究，引导土地市场健康平稳发展。逐步建立标定地价体系，各地可以制定发布科研研发用地基准地价，实现基准地价、标定地价、市场交易地价等信息定期发布。完善土地收购储备制度，制定工业用地回购和转让政策。加强储备土地管理，各地应当编制土地储备规划和年度土地储备计划，科学确定储备土地的总量规模、融资需求和实施时序，合理编制年度资金收支预算，严格规范资金的使用与管理。

五、实施土地综合整治

推进农村土地综合整治。按照城乡一体化和现代农业发展要求，围绕新农村建设和农业现代化发展，综合运用土地整治、城乡建设用地增减挂钩、集体土地股份合作制改革等政策手段，发挥政策组合优势，提升农村土地综合整治工作水平。制定农村土地综合整治实施意见，坚持政府统一组织和农民主体地位，以农村土地确权登记发证为前提，科学编制土地整治规划，整合涉地涉农资金和项目，因地制宜整村整乡实施田、水、路、林、村综合整治，切实提高粮食综合生产能力和农村人居环境。保障农户宅基地用益物权，探索农村宅基地退出补偿机制。紧密围绕新型城镇化、新农村建设和城乡发展一体化，在充分尊重农民意愿、保障农民合法权益的前提下，规范推进城乡建设用地增减挂钩，确保耕地面积不减少、质量有提高，建设用地总量不增加、结构更优化。按照新型城镇化发展要求，探索增减挂钩指标合理使用范围和方式。在同一乡镇范围内村庄建设用地布局调整的，在确保先垦后用、建设用地总量不增加的前提下，由省国土资源厅统筹安排、严格监管，纳入国土资源部农村土地综合整治监管平台。

推进城镇低效用地再开发。适应新型城镇化发展和产业转型升级需要，按照"明晰产权、统筹规划、利益共享、规范运作"的原则，创新存量建设用地利用和管理制度，稳妥开展城镇低效用地再开发，推进旧城镇、旧工矿和"城中村"改造，积极推进建设用地"退二进三"，提升城镇土地的人口和产业承载能力。在严格保护历史文化遗产和传统建筑，保持城乡特色风貌的前提下，因地制宜采取协商收回、收购储备、调整用途等多种方式，推进城镇更新和用地再开发。在充分尊重权利人意愿的前提下，鼓励采取自主开发、联合开发等多种模式，分类开展"城中村"改造。加快批而未供、供而未用土地消化利用，严格执行闲置土地处置规定，依法加大闲置土地处置力度，对闲置土地足额征缴闲置费，达到收回条件的依法予以收回。对供地率较低和闲置土地率较高的地区，核减下一年度新增建设用地计划指标。

推进工矿废弃地复垦利用。按照生态文明建设和矿区可持续发展的要求，探索矿地一体化统筹管理的新路径，综合运用土地复垦、工矿废弃地复垦利用和矿业用地方式改革等政策手段，全面推进新建在建和历史遗留矿区土地综合整治，切实改善生态环境，提高节约集约用地水平。制定工矿废弃地复垦利用试点管理办法，规范推进工矿废弃地复垦利用试点。加大土地复垦的财政投入，在国土资源部批准的规模和范围内，有序推进工矿废弃地复垦利用，加快历史遗留、有合法权源的废弃矿山、采煤塌陷地和废弃盐田等的复垦利用，及时做好上图入库。严格落实矿山企业复垦义务，确保新建在建矿山全面复垦。

第二节 江苏沿江地区土地开发利用的战略重点

一、巩固全面建设小康社会的土地资源基础

落实最严格的耕地保护制度和最严格的节约用地制度，有效保护耕地，统筹安排江苏沿江地区各城市内城乡各类、各业经济发展用地。集中力量加强资源勘查，规范开发秩序，区域内各城市应该充分利用省内、省外资源和市场，为全面建设小康社会提供有效的国土资源支撑和建设用地开发利用空间。

二、实施土地资源节约集约利用战略

强化土地资源节约意识，全面实行建设用地利用总量控制、供需双向调节、差别化管理，促进土地资源利用向内涵集约利用转变。实行土地资源利用总量控制：要充分发挥规划计划的管控和引导作用，形成倒逼节约集约利用资源的机制，主要通过资源利用结构和布局的优化来满足资源需要；实行供需双向调节，在继续加强和改进供应调控的同时，强化需求侧管理，减少低效利用资源的需求，禁止浪费资源和不合理利用资源的需求；实行差别化管理：结合产业特点、区域实际和利用绩效制定差别化的资源供应政策，促进资源节约和优化配置。

三、构建高效土地开发空间新格局

（一）严格落实主体功能区战略

推动功能区布局基本形成。发挥主体功能区作为国土空间开发保护基础制度的作用，优化开发区域率先转变经济发展方式和空间开发方式，重点提高节约集约用地水平，实现建设用地增量逐年下降。重点开发区域加快人口和产业集聚，成为新型城镇化和工业化的新兴区域。限制开发区域与资源要素禀赋匹配发展，农产品主产区突出现代农业产业体系建设，打造农产品生产核心区；重点生态功能区适时拓展覆盖范围，加快生态保护与修复，增强生态公共服务产品供给。编制实施海洋主体功能区规划，全面划定自然岸线格局，促进陆海协调、人海和谐发展。

调整优化空间结构。把江苏沿江地区空间结构调整作为转变经济发展方式的重要内涵，实施国土空间综合整治，严格控制土地开发强度，提高存量空间再开发利用效率。依托基础测绘地理信息要素，以资源环境综合承载能力为依据，统筹行政边界和自然边界，合理配置城镇、农业、生态三类空间，加强对生产力布局和资源环境利用的空间引导与约束。强化空间用途管制，划定城市开发边界、永久基本农田红线和生态保护红线，规范开发秩序。

（二）完善空间开发体制机制

完善主体功能区制度。调整完善现行政策和制度安排，加大对江苏沿江地区农产品主产区和重点生态功能区的均衡性转移支付力度，强化激励性补偿，建立横向和流域生态补偿机制，对重点生态功能区实行产业负面清单管理。实行符合主体功能区定位的绩效考核评估体系。探索建立差别化的城镇、农业、生态空间调控政策。

健全空间衔接协调机制。按照主体功能定位，做好江苏沿江地区区域规划、专项规划、重大项目布局与主体功能区规划的衔接。以城镇、农业、生态三类空间为平台，促进各类规划的空间协调，推动城市规划依据开发强度目标和城镇空间范围，划定城镇建设用地增长边界，细化城镇内部空间功能布局；推动土地利用规划按照建设用地总量和开发强度双控要求，加强对各类用地规模、结构、布局的管控。

探索建立空间治理体系。总结推广镇江句容市、泰州姜堰区等国家"多规合一"试点经验，以主体功能区规划为基础统筹各类空间性规划，推动江苏沿江地区内部市县经济社会发展规划、土地利用规划、城市规划、生态环境保护规划等"多规合一"，实现一个市县一本规划、一张蓝图，促进建立省、市县两级空间规划体系。尊重并维护好区域自然生态环境本底，以市县级行政区为单元，探索构建以空间规划、用途管制、自然资源资产离任审计、差异化绩效考核等为主要内容的江苏沿江地区土地利用与开发的空间治理体系。发挥测绘地理信息服务功能，完善土地开发空间监测系统，建立资源环境承载能力监测预警机制。

四、实施区域差别化土地利用战略

江苏沿江地区内各城市社会经济发展水平差异及对土地的需求程度，客观上要求在未来的发展格局中必须采取区域差异化的土地利用战略。

苏南地区继续以特大、大城市为核心，积极发展中小城市，促进大中小城镇协调发展。在土地利用上要充分挖掘存量建设用地的潜力，按照产业结构优化升级的要求，合理配置增量建设用地；大力推进城市化和城乡发展一体化，加快农村劳动力的转移，提高农村居民点用地的利用效率；合理调整农用地的利用结构，加强地力建设，促进农用地经营的市场化、规模化；鼓励该地区充分利用城乡建设用地增减挂钩制度，有效集聚资源，有效统筹城乡发展；深入转变经济发展方式，按照资源集约型社会要求，大力开展国土资源整治，改善区域生态环境。

苏中地区着力抓住沿海与沿江开发的重大机遇，优化港口资源开发和整合，保障以制造业为龙头的产业发展用地和基础设施用地；稳步推进城市化和城乡发展一体化，适当强化对农村建设用地的集聚，保障城镇工业集中区的合理用地需求；推动农田示范区建设，稳定基本农田保护的数量，努力提高耕地和基本农田质量；保护生态环境，建设生态友好型社会。

五、深化国土资源管理制度改革

促进土地资源管理方式向数量、质量、生态综合方向转变。继续严格资源数量管控，从重行政配置、项目审批、微观管理向重市场调节、制度设计、宏观管理转变，加强监管和服务。加强国土资源质量管理，完善资源管理制度和标准，建立健全评价、考核和监管体系，重点加强基本农田质量建设、补充耕地质量考核、矿产资源综合利用，强化资源质量管理。加强国土资源生态管理，注意协调土地资源开发利用和保护的关系，拓宽资源利用和服务领域，协调资源开发利用和生态保护建设，大力推进农村土地整治、矿山环境恢复治理和地质灾害防治，发展资源领域循环经济，发挥资源生态服务功能。

通过对江苏沿江地区各城市土地、矿产、地质环境调查评价和管理等各类信息的汇集、整合，形成土地资源"一张图"核心数据库，全面掌握土地资源及其开发利用状况。建立批、供、用、补、查综合监管平台，推进管理业务网上运行，规范审批管理。加强土地资源科技创新体系建设，加强科技人才培养，实施"土地资源科技人才创新工程"，推动土地资源科技进步，发展土地资源科学理论和应用技术，发展地质科技理论与应用技术，加强地质环境保护治理技术研究与应用，开展地质灾害监测、预报和防治对策研究，提高防灾能力。加强土地资源信息化建设，进一步加强基础数据库建设，加强土地资源信息服务，推进电子政务建设。深化土地资源管理体制改革，推进基层国土资源队伍建设，全面履行行政管理职能。健全完善土地资源产权管理和争议裁决制度，合理划分省、市、县土地资源管理事权。

第三节 江苏沿江地区土地开发利用的调控措施

从资源投入的角度看，建设用地的适度扩展是工业化和城市化发展的基本条件，是社会经济发展的必然结果，有助于提高社会经济的发展水平；而建设用地的非理性增长由于未充分考虑社会、经济和生态的综合效益，因而会影响区域社会经济可持续发展。江苏沿江地区建设用地规模的不断扩张是在各种社会经济驱动因子综合作用下的结果，因此，对该地区建设用地进行调控，就不能脱离其社会经济发展的背景，也不能脱离建设用地利用及演化的客观规律。从江苏沿江地区未来的发展战略来看，推进有特色的新型城市化战略是改变传统城市化发展过程中所出现的一系列问题，促进江苏沿江地区经济在健康发展的基本路径。为了适应江苏沿江地区推进新型城市化战略的要求，江苏沿江地区建设用地调控必须立足于城乡区域统筹发展、立足于建设资源节约型及环境友好型社会、立足于推进健康和谐的工业化、城镇化进程。以统筹管理城乡，集约高效用地作为江苏沿江地区城乡建设用地调控的基本思路。

一、积极推进多规融合

体制障碍是各类、各项规划难以融合的根本性原因，而缺乏区域土地合理开发强度的评价与应用，则是各类、各项规划不能形成生态建设合力的科学原因。由于缺乏土地开发强度的科学评估，各地区城镇化发展规划、城乡规划中的建设用地规划缺少"底线"；忽视了环境容量以及生态空间的需求。因此，建立沿江地区各城市资源环境承载力"底线"，将土地合理开发强度作为各类、各项规划，尤其是市、县空间规划的基本依据，从而为科学融合各类、各项规划提供基础。

以区域内城市资源环境本底和土地承载力为依据，以合理土地开发强度为基础，加强江苏省土地利用总体规划与《江苏省生态红线区域保护规划》《江苏省生态省规划》和《江苏省城镇体系规划》等相关规划的对接与融合，实现多规协同，严格建设用地规模、布局、时序、效益管理，在此基础上，为江苏沿江地区土地合理利用与科学开发提供依据。强化国土开发空间管制，形成"基本农田保护控制线""生态控制线""建设用地开发边界"相衔接的三条红线管制机制。将合理土地开发强度实施纳入生态补偿体系，采用通过土地发展权建立的基金，对江苏沿江地区合理土地开发强度低于全省平均水平的地区给予生态补偿，以推进江苏沿江地区均衡发展。

二、建立土地资源开发监测、预警机制

《生态文明体制改革总体方案》提出"建立资源环境承载力监测预警机制，对水土资源、环境容量和海洋资源超载区域实行限制性措施"。江苏沿江地区作为资源环境承载力超载地区，又提出"要使生态文明成为江苏的品牌"，建议率先

建立资源环境承载力动态监测机制,并以此作为江苏沿江地区内各市、县考核重要战略安排的科学依据,切实落实自然资源用途管制制度。

据此,可以依据土地、矿产、地下水、地质灾害、生态和地质环境等专业监测体系建成的土地利用基础数据库、矿产资源数据库和地质环境数据库,并基于卫星遥感"一张图"和综合监管平台,将资源环境承载力评价结果纳入"一张图",建立江苏省资源环境动态监测、预警系统,构建区域土地资源承载力评价、监测、预警机制,并据此引导土地资源开发与利用的时空布局、结构优化。

三、科学调控人口与土地空间布局

一是从注重人口规模集聚向注重引导人口有序发展转变。长期以来各地区经济社会发展、城市发展等都以高密度、大规模的人口集聚为指向,以此作为推进经济社会发展、城镇化发展的动力。但人口集聚规模若超过资源环境承载力,必然加剧区域环境和生态退化。江苏沿江地区一些市、县业已深刻认知到这一问题,例如,昆山市开展注重外来人口控制,并实施城市规划规模的减量与控制,以此实现人口发展与资源环境、经济社会的协调。江苏沿江地区也需重视人口发展的合理引导,尤其是苏南地区,在经济转型、新型城镇化发展中,更需要注重人口有序发展,乃至考虑提前建立人口规模减量化引导政策,这不仅有利于减缓人口规模对于生态环境的压力,也有利于人口与经济社会发展的协同优化。

二是以建设用地规模和强度双控为路径,从江苏沿江地区建设用地空间蔓延发展向建设用地总体规模减增量、部分区域减总量转变。2011年,江苏沿江地区的土地开发强度已经达到23.7%,而且建设用地利用与开发面积增长快速。截至2013年业已用完了2020年的建设用地占用农用地指标,对生态空间保护产生了巨大的胁迫性。"十三五"期间,江苏沿江地区需要以节约集约用地"双提升"为抓手,全面实现建设用地总体规模减增量,实现建设用地增量、存量利用规模从7:3到3:7的转变,并积极推进实现苏南地区的建设用地零增量以及部分区域的减总量,为"十四五"期间实现江苏沿江地区各地市建设用地零增量打下基础。

三是优化城乡建设空间布局,严格控制建设用地开发规模。从土地开发强度阈值与土地合理开发强度评价等角度来看,江苏沿江地区部分城市建设用地面积仍有一定的拓展空间,为支撑"一带一路""长江经济带""苏南现代化建设示范区"、沿海开发等国家重大发展战略的实施,部分地区可适度拓展建设用地开发规模,进一步优化空间布局,严格划定城市发展边界,促进人口有序集疏、产业合理集聚、空间高效集约,推进区域协调发展和城乡一体化建设。并根据不同城市土地资源的承载力水平,严格控制土地开发强度,探索建立增量存量统筹、国有集体兼顾、刚柔并济的江苏沿江地区城市建设用地总量调控制度；发挥土地开发强度与单位 GDP 建设用地下降率"双控"作用，促进节约集约"双提升"目标实现，提高土地综合承载力能力。土地开发强度较高的苏南地区从严控制新增建设用地，充分挖掘存量建设用地潜力，优化整合城乡建设用地空间，逐步实现建设用地总规模的减量化。苏中地区与苏南融合发展、跨江联动和特色发展，重点加强江苏沿江城市带和沿海城镇轴建设，合理发展中小城市，推进农村建设用地的适度集聚，合理安排新增建设用地。

四、强化土地利用效率管制措施

一是以土地资源的综合化管理为基础，提升自然资源用途管制效率。充分考虑不同资源类型内部存在的物质能量交换和联系，在对土地资源开发利用的过程中，同时考虑由于其他资源和环境条件的承载容纳水平带来的影响，降低对土地资源系统整体影响，提升土地开发与利用的整体效益。

二是以土地合理开发强度为基础，划定土地整治空间。根据江苏沿江地区土地开发阈值与合理开发强度状况，对土地资源形成约束性的因素进行整治，降低部分资源环境要素对土地利用的限制。不断改善影响土地开发强度阈值和区域发展的限制性因素，提高土地资源承载力水平，逐步缓解建设用地开发与利用对经济社会发展的约束程度。尤其是针对苏南、苏中以及域内 8 个地级市的土地开发与利用实际情况，强化对于土地开发超载地区的建设用地规模控制，引导超载地区的建设用地零增量乃至总量减量开发；以建设用地总量控制为基础，通过市场化用地配置机制、资源权分配机制和排污权交易机制，引导临界区域和不超载地区的建设用地强度提升。

三是合理布局土地保护和开发空间，控制土地开发强度。根据江苏沿江地区资源环境本底和承载水平合理布局土地开发和保护空间，严格控制土地开发强度；建立基于土地开发阈值与合理开发强度的用途管制制度，严格落实用途管制，优化土地开发与利用格局，并对土地空间分区进行分类管理；建立以资源环境承载力为基础的发展权补偿制度，妥善处理开发空间和保护空间的矛盾，实现土地空间有序开发和持续发展。

五、建立科学的土地利用管理制度

从世界城市化发展规律来看，江苏沿江地区城市化正处于快速发展阶段，随着城市化进程的加快，经济的快速发展，建设用地瓶颈必将进一步凸显。从城市发展的角度来看，也有其阶段性，这种阶段性即包括城市自身的阶段性，也包括所处区域发展的阶段性。处于不同城市及城市化发展阶段，对建设用地的需求也会不同，因此，要充分认识并重视这种阶段性及区域性所带来的对土地需求的差异性，制定出合理的土地利用管理制度，采用不同的土地利用调控手段和调控目标，使土地利用调控更具有效性和针对性。

为实现土地的有序利用，针对不同区域城市及城市化发展阶段，从以下几个方面加强和完善土地利用管理。

一是科学利用土地资源，深化土地经营管理体制改革。就江苏沿江地区而言，土地资源的有限性与社会经济发展对土地的需求之间的矛盾已经凸显，因此，要结合江苏沿江地区各城市发展的实际，充分运用政府干预和市场竞争相结合的土地经营机制，强化以用途管制为核心的土地管理制度，同时要对现行的土地利用规划制度、土地征用制度进行改革和完善，注重土地经营管理的整体性和差异性。

二是严格土地审批制度，建立项目用地控制标准，保证土地利用效益。通过制定严格的土地审批制度，建立项目用地控制标准，增加土地供应的层次性，避免某些过度的土地需求，以确保土地的有效利用，保持用地结构的合理性，也可以确保城市经济的发展以及某些重大项目对土地的需求。

三是强化城市规划和土地利用规划对土地利用的宏观调控作用。城市规划和土地利用规划是我国对城市规模和新增建设用地控制的主要依据。城市规划是城市发展和城市建设的依据，任何城市发展和建设项目都要落实到城市地域空间上，而土地利用规划则着重于从土地资源配置角度，对土地供给和需求在总量和结构上进行调节，实现城乡协调发展，因此，应严格实施规划，强化规划的宏观调控作用。

参 考 文 献

摆万奇，张镱锂. 2002. 青藏高原土地利用变化中的传统文化因素分析. 资源科学，（04）：11-15.

摆万奇，张永民，阎建忠，等. 2005. 大渡河上游地区土地利用动态模拟分析. 地理研究，24（02）：206-212.

摆万奇，赵士洞. 2001. 土地利用变化驱动力系统分析. 资源科学，23（3）：39-41.

毕宝德. 2006. 土地经济学（第五版）. 北京：中国人民大学出版社.

曹广忠，白晓. 2010. 中国城镇建设用地经济密度的区位差异及影响因素——基于 273 个地级及以上城市的分析. 中国人口·资源与环境，（02）：12-18.

陈百明. 1991. "中国土地资源生产能力及人口承载量"项目研究方法概论. 自然资源学报，（03）：197-205.

陈梅英，郑荣宝，王朝晖. 2009. 土地资源优化配置研究进展与展望. 热带地理，（05）：466-471.

陈爽，刘云霞，彭立华. 2008. 城市生态空间演变规律及调控机制——以南京市为例. 生态学报，（05）：2270-2278.

陈逸，黄贤金，吴绍华. 2013. 快速城镇化背景下的土地开发度研究综述. 现代城市研究，07：9-15.

丛明珠，欧向军，赵清，等. 2008. 基于主成分分析法的江苏省土地利用综合分区研究. 地理研究，（03）：574-582.

戴庆苏. 2013. 国富与民富——亚当·斯密《国富论》研究. 南京师范大学.

邓静中. 1964. 我国土地利用现状区划//农业部全国土壤普查办公室. 中国农业土壤志. 北京：农业出版社.

董雅文. 1995. 城市生态的氧平衡研究——以南京市为例. 城市环境与城市生态，08（01）：15-18.

段学军，秦贤宏，陈江龙. 2009. 基于生态-经济导向的泰州市建设用地优化配置. 自然资源学报，（07）：1181-1191.

段增强，Verburg P H，张凤荣，等. 2004. 土地利用动态模拟模型的构建及其应用——以北京市海淀区为例. 地理学报，59（06）：1037-1047.

樊杰. 2013. 主体功能区战略与优化国土空间开发格局. 中国科学院院刊，28（02）：193-206.

付小艳，陈婕. 2007. 土地利用变化的驱动力分析. 安徽农业科学，35（7）：2053-2055.

国家环境保护总局. 2003. 生态县、生态市、生态省建设指标（试行）. 环境保护，（9）：21-28.

顾宝昌. 2001. 从历史的透镜认识中国人口——读《人类的四分之一：马尔萨斯的神话与中国的现实（1700—2000）》. 人口研究，25（3）：77-80.

韩立新. 2007. 《穆勒评注》中的交往异化：马克思的转折点——马克思《詹姆斯·穆勒〈政治经济学原理〉一书摘要》研究. 现代哲学，（05）：1-15.

何芳，吴正训. 2002. 国内外城市土地集约利用研究综述与分析. 国土经济，（3）：193-195.

何流，崔功豪. 2000. 南京城市空间扩展的特征与机制. 城市规划汇刊，（06）：56-60.

何英彬, 陈佑启, 李志斌, 等. 2010. 北京市土地利用空间结构特征分析. 农业工程学报, (02): 313-318.

黄常锋, 何伦志. 2011. 相对资源承载力模型的改进及其实证分析. 资源科学, 33 (01): 41-49.

黄季焜, 朱莉芬, 邓祥征. 2007. 中国建设用地扩张的区域差异及其影响因素. 中国科学 (D 辑: 地球科学), (09): 1235-1241.

季团胜, 石铁矛, 肖笃宁. 1999. 大城市区域的景观生态规划理论与方法. 地理学与国土研究, 15 (02): 53-56.

贾鹏, 杨钢桥. 2006. 城市用地扩张驱动力分析——以湖北省为例. 水土保持研究, 4: 182-185.

姜海, 曲福田. 2009. 不同发展阶段建设用地扩张对经济增长的贡献与响应. 中国人口·资源与环境, 19 (01): 70-75.

金志丰, 陈雯, 孙伟, 等. 2008. 基于土地开发适宜性分区的土地空间配置——以宿迁市区为例. 中国土地科学, (09): 43-50.

孔祥斌, 张凤荣, 李玉兰, 等. 2005. 区域土地利用与产业结构变化互动关系研究. 资源科学, (02): 59-64.

雷军, 张雪艳, 等. 2005. 新疆城乡建设用地动态变化的时空特征分析. 地理科学, 25 (2): 162-166.

李海鹏, 叶慧, 张俊飚. 2006. 中国收入差距与耕地非农化关系的实证研究——基于对耕地库兹涅茨曲线的扩展. 中国土地科学, (05): 7-12.

李颖, 黄贤金, 甄峰. 2008. 江苏省区域不同土地利用方式的碳排放效应分析. 农业工程学报, (S2): 102-107.

林毅夫. 2002. 发展战略、自生能力和经济收敛. 经济学 (季刊), 01 (01): 269-300.

刘涛, 曹广忠. 2010. 城市用地扩张及驱动力研究进展. 地理科学进展, 29 (8): 927-934.

刘涛, 曹广忠. 2011. 中国城市用地规模的影响因素分析——以 2005 年县级及以上城市为例. 资源科学, (08): 1570-1577.

刘彦随, 王业侨, 陈玉福, 等. 2011. 土地利用系统评估与整治决策技术研究. 北京: 中国科学技术出版社.

刘彦随, 杨子生. 2008. 我国土地资源学研究进展及其展望. 自然资源学报, 23 (2): 353-360.

刘彦随. 1997. 区域土地利用优化配置. 北京: 学苑出版社.

刘彦随. 1999. 土地利用优化配置中系列模型的应用——以乐清市为例. 地理科学进展, (01): 28-33.

陆效平, 严长清, 段学军, 等. 2013. 长三角村镇土地规模利用研究. 南京: 江苏人民出版社.

路易斯. 2004. 一种成功、宜人并可行的城市形态: 紧凑城市——一种可持续发展的城市形态. 北京: 中国建筑工业出版社.

吕梁山. 2013. 马克思《詹姆斯·穆勒〈政治经济学原理〉一书摘要》研究读本. 北京: 中央编译出版社.

吕卫国, 陈雯. 2009. 制造业企业区位选择与南京城市空间重构. 地理学报, (02): 142-152.

罗俊, 周寅康, 彭补拙. 2001. 浙江平阳县土地资源利用分区研究. 土壤, (05): 247-250.

毛振强, 左玉强. 2007. 土地投入对中国二三产业发展贡献的定量研究. 中国土地科学, (03): 59-63.

孟旭光, 吕宾, 安翠娟. 2006. 应重视和加强土地承载力评价研究. 中国国土资源经济, (02):

38-40.

闵捷, 张安录, 高巍, 等. 2009. 湖北省不同地貌类型城市农地城市流转驱动机制比较研究. 资源科学, (07): 1125-1132.

邵景安, 李阳兵, 等. 2007. 区域土地利用变化驱动力研究前景展望. 地球科学进展, 8 (22): 798-810.

申元村, 李昌文. 1983. 土地类型结构与农业综合自然区划的初步研究——以北京市为例. 地理研究, (04): 11-22.

宋开山, 刘殿伟, 王宗明, 等. 2008. 1954 年以来三江平原土地利用变化及驱动力. 地理学报, (01): 93-104.

谭少华, 倪绍祥. 2005. 区域土地利用变化驱动力的成因分析. 地理与地理信息科学, 21(3): 47-50.

谭永忠, 吴次芳, 牟永铭, 等. 2006. 经济快速发展地区县级尺度土地利用空间格局变化模拟. 农业工程学报, 22 (12): 72-77.

唐礼智. 2007. 我国城市用地扩展影响因素的实证研究——以长江三角洲和珠江三角洲为比较分析对象. 厦门大学学报 (哲学社会科学版), (06): 90-96.

王宝刚. 2003. 国外小城镇建设经验探讨. 规划, (11): 96-99.

王汉花, 刘艳芳. 2008. 基于生态位与约束 CA 的土地资源优化配置模型研究——以武汉市黄陂区为例. 中国人口·资源与环境, 18 (2): 97-102.

王介勇, 刘彦随. 2009. 三亚市土地利用/覆被变化及其驱动机制研究. 自然资源学报, (08): 1458-1466.

王学锋, 崔功豪. 2007. 国外大都市地区规划重点内容剖析和借鉴. 国际城市规划, (05): 81-85.

王志宝, 曹广忠. 2010. 中国各省市区建设用地空间差异分析: 1996-2004 年. 中国土地科学, (06): 20-25.

吴桂平, 曾永年, 冯学智, 等. 2010. CLUE-S 模型的改进与土地利用变化动态模拟——以张家界市永定区为例. 地理研究, 29 (03): 460-470.

谢高地, 鲁春霞, 冷允法等. 2003. 青藏高原生态资产的价值评估. 自然资源学报, 18 (2): 189-196.

谢高地, 甄霖, 鲁春霞, 等. 2008. 生态系统服的供给、消费和价值化. 资源科学, 30 (1): 93-99.

许牧. 1982. 试论土地利用区划. 经济地理, (1): 81-21.

杨朝现, 陈荣蓉, 等. 2003. 重庆市北碚区土地利用变化及驱动力分析. 西南农业大学学报 (社会社会科学版), 1 (2): 12-16.

杨山, 周蕾, 陈升, 等. 2010. 大规模投资建设背景下城市过度扩张的约束机制——以无锡市为例. 地理科学进展, (10): 1193-1200.

俞孔坚, 王思思, 李迪华, 等. 2010. 北京城市扩张的生态底线——基本生态系统服务及其安全格局. 城市规划, (02): 19-24.

张静. 2007. 太平洋国际学会与 1929—1937 年中国农村问题研究——以金陵大学中国土地利用调查为中心. 民国档案, (02): 84-92.

张维阳. 2013. 城市空间模式的水环境影响研究——以无锡市区为例. 北京: 中国科学院大学.

赵丹, 李锋, 王如松. 2011. 基于生态位与约束 CA 的土地资源优化配置模型及其应用. 地理学报, 31 (20): 6242-6250.

赵其国. 1989. 中国土地资源及其利用区划. 土壤，（3）：113-119.

郑新奇，孙元军，付梅臣，等. 2008. 中国城镇建设用地结构合理性分析方法研究. 中国土地科学，（05）：4-10.

中央人民政府林业部. 1984. 中华人民共和国森林法. 北京：法律出版社.

Amold. 1989. Politics，administration，and local land-use regulation：analyzing zoning as a policy process. Public Administration Review，49（4）：337-344.

Batty M，Xie Y，Sun Z. 1999. Modeling urban dynamics through GIS-based cellular automata. Computer，Environment and Urban Systems，23：205-233.

Batty M. 1998. Urban evolution on the desktop：simulation with the use of extended cellular automata. Environment and Planning A，30：1943-1967.

Christopher P C. 2005. Allocation rules for land division. Journal of Economic Theory，121（2）：236-258.

Clawson M. 1962. Urban sprawl and speculation in suburban land. Land Economics，38（2）：99-111.

Costanza R，Arge R，Groot R，et al. 1997. The value of the world's ecosystem services and natural capital. Nature，387（6630）：253-260.

Daniel P M，John F M. 1990. A two-limit to bit model of suburb land-use zoning. Land Economics，66（3）：272-282.

Daniel P M，John F M. 1999. Land use before zoning：the case of 1920's. Chicago Regional Science and Urban Economics，29（4）：473-489.

Erin J N，Derek B B. 2002. Sediment sources in an urbanizing，mixed land-use watershed. Journal of Hydrology，264：51-68.

English M R，Peretz J H，Manderschied M J. 1999. Smart growth for Tennessee towns and counties：a process guide. Knoxville：The University of Tennessee Press.

FAO. 1982. Population supporting capacity of land in the Asia and Pacific Region：note by FAO. Technical report，37（3）：347-360.

Fleischmann A. 1989. Politics，administration and local land-use regulation：analyzing zoning as a policy process. Pubic Administration Review，49（4）：337-344.

Gordon Oliver. 2001. The transportation and land-use connection Hollywood and sandy plan. Planning，35（2）：15-18.

Guttmann J. 1961. Megalopolis：the urbanized northeastern sea board of the United States. Twentieth Century Fund 31（4）：247-248.

Janssen R，Herwijnen M V. 2008. Multi-objective decision support for land-use planning. Environment and Planning B：Planning and Design，35（4）：740-756.

Jenks M B R. 2000. Compact cities：sustainable urban forms for development countries. USA& Canada：Spon Press.

Li Y，Ye J，Chen X，et al. 2010. Transportation characteristics change under rapid urban expansion：a case study of Shanghai. Chinese Geographical Science，20（6）：554-561.

Ligmann-Zielinska A，Church R L，Jankowski P. 2008. Spatial optimization as a generative technique for sustainable mutiobjective land use allocation. International Journal of Geographical Information System，22（6）：601-622.

Marulla J，Pinob J，Tello E，et al. 2010. Social metabolism，landscape change and land-use planning in the Barcelona Metroplitan Region. Land Use Policy，27：497-510.

Ojama D，Lavorel S，Graumlich L，et al. 2002. Terrestrial，human-environment systems：the future of land-research in IGBP II. IGBP Global Change Newsletter，50：31-34.

Ottensmann J R. 1977. Urban sprawl，land values and the density of development. Land Economics，53（4）：389-400.

Pereira H C. 1973. Land-use and weather resource. Cambridge：Cambridge University Press.

Preuss I，Vemuri A W. 2004. "Smart growth" and dynamic modeling：implications for quality of life in Montgomery County，Maryland. Ecological Modelling，171（4）：415-432.

Richey J E，Nobre C，Deser C. 1989. Amazon River discharge and climate variability：1903-1985. Science，246：101-103.

Rogers P. 1994. Hydrology and water quality. Changes in land use and land cover：a global Perspective. Cambridge：Cambridge University Press.

Sadeghi S H R，Jalili K，Nikkami D. 2009. Land use optimization in watershed scale. Land Use Policy，26（2）：186-193.

Stewart T J，Janssen R，Herwijnen M V. 2004. A genetic algorithm approach to multi-objective land use planning. Computers and Operations Research，311（14）：2293-2313.

Sudhira H S，Ramachanda T V，Jagadish K S. 2004. Urban sprawl metrics，dynamics and modeling using GIS. International Journal of Applies Earth Observation and Geoinformation，5：29-39.

Troll C. 1971. Landscape ecology（geoecology）and bioeocenology——A terminological study. Geoforum，8：43-46.

Turner B L，Lambin E F，Reenberg A. 2007. The emergence of land change science for global environment change and sustainability. Processings of the national academy of sciences of the united states of America，104（52）：20666-20671.

Turner B L，Skole D，Sanderson S，et al. 1995. Land-use and land-cover change science/ research plan. IGDP Report No. 35 and HDP Report No. 7. Stockholm：IGDP.

Verburg P H，Soepboer W，Veldkamp A，et al. 2002. Modeling the spatial dynamics of regional land use：The CLUE-S Model. Environmental Management，30（3）：391-405.

Vitousek P M. 1994. Beyond global warming：ecology and global change. Ecology，75（7）：1861-1876.

Weng Q. 2007. Seasonal variations in the relationship between landscape pattern and land surface temperature in Indianapolis，USA. Environment Monitoring & Assessment，144（1-3）：199-219.

Whyte W H J. 1958. The exploding metroolis. New York：N Y Doubleday.

Wu F L，Christopher. J. W. 1998. Simulation of natural land use zoning under free-market and incremental development control regime. Computer，Environ and Urban Systems，22（3）：241-256.